吴运铎在读书

吴运铎画传

把一切献给党

中国兵器工业集团第二〇二研究所◎编著

中国工人出版社

编委会

目　录

附　录

代序

把一切献给党

——纪念吴运铎同志诞辰100周年

尹家绪　温　刚

吴运铎同志是“100位为新中国成立作出突出贡献的英雄模范人物”之一。80多年来，一代又一代的兵工人在吴运铎精神的感召下，为党的兵工事业不懈奋斗，从初创时期的战地兵工起步，从无到有、从小到大、从弱到强，发展成为今天国家安全和全军装备发展的基础、陆军装备研制生产的主体、全军毁伤打击和信息化装备发展的骨干、国家实施“走出去”和“一带一路”的支撑、国家推进军民融合深度发展的主力。在吴运铎同志诞辰100周年之际，我们深切缅怀他的卓越贡献和精神风范，大力弘扬“把一切献给党”的人民兵工精神，激励兵工战线全体同志不忘初心、继续前进，谱写好中华民族伟大复兴中国梦的壮丽兵器篇章。

一、吴运铎同志是“把一切献给党”的光辉典范

伟大的时代呼唤伟大的精神，崇高的事业需要榜样的引领。吴运铎同志出身贫苦，苦难的生活和残酷的斗争让他认识到一个真理，只有共产党才能救中国。自参加革命之日起，他就把献身党的事业作为毕生追求，刻苦钻研、勤奋工作，以铮铮铁骨书写了中国革命史和人民兵工发展史上的一段传奇。

忠诚于党的精神丰碑。1939年，22岁的吴运铎在加入中国共产党时

就下定决心："任何时候，一切以工作为重，面对危难，要勇于牺牲自己。"前线的需要就是命令。在根据地兵工厂设备简陋、无资料、缺材料的艰苦条件下，他舍生忘死地开展武器弹药研究试制，先后三次身负重伤，左手四根手指被炸掉了，左眼被炸瞎了，右腿被炸断了，全身伤口达百余处，前后做了20多次手术，体内依然残留着几十块弹片无法取出。但他毫无怨言，一直强忍伤痛折磨，坚持忘我工作，用无怨无悔持续奋斗的一生，践行了"把一切献给党"的庄重誓言，把自己的毕生精力毫无保留地献给了他所热爱的党和兵工事业。

功勋卓著的兵工先驱。吴运铎同志是新四军兵工事业的创建者和新中国兵器工业的开拓者。在革命战争年代，他带领战友们因地制宜、艰苦创业，在极端困难的条件下成功制造了枪榴弹、平射炮、地雷、枪弹、炮弹、手榴弹、炸药包等一大批武器弹药，为抗日战争的胜利和中华民族的独立解放贡献了自己的一切力量。新中国成立后，他以超人的毅力战胜伤残病痛，始终坚持战斗在兵工科研生产一线，领导和创建了一批兵工厂和研究所，培养了一大批青年技术专家，先后主持研制了无坐力炮、高射炮、迫击炮等多项武器装备，为抗美援朝战争和历次边境自卫反击战的胜利作出了历史性贡献。

光辉永存的时代楷模。吴运铎同志一生为国为民、鞠躬尽瘁，是兵工人世代敬仰和学习的楷模，被誉为中国的"保尔·柯察金"。早在20世纪50年代，他的自传体小说《把一切献给党》，就鼓舞着一代又一代热血青年投身到建设祖国的历史洪流之中。1984年他病倒后住进医院，在日记本上深情地写道："我不能亲自参加社会主义建设了，可我的心依然在跳动，我的血依然是鲜红的。我要把我的亲身经历，把我的切身体会告诉年青一代，启迪、教育下一代。"他那颗"把一切献给党"的赤子之心，将永远闪烁着灿烂的光辉，成为兵器工业薪火相传的"根"和"魂"，引领我们为党的兵工事业拼搏奋斗、奉献进取。

二、以吴运铎同志为榜样，争做合格共产党员

几多往事，几许怀念；岁月匆匆，斯人宛在。虽然吴运铎同志已经离开我们多年，但他自强不息、勇于拼搏、不怕牺牲、甘于奉献的优秀品质，永远值得我们学习。站在新的历史起点上，我们要扎实推进“两学一做”学习教育，争做“四讲四有”合格党员，传承好、发扬好吴运铎等革命前辈的宝贵精神，把党的伟大事业不断推向前进。

学习吴运铎同志对党绝对忠诚、理想信念坚定的政治品格。习近平总书记指出，忠于党、忠于人民、无私奉献，是共产党人的优秀品质。党的事业，人民的事业，是靠千千万万党员的忠诚奉献而不断铸就的。对党绝对忠诚、对人民兵工事业绝对忠诚，是吴运铎同志生命中的第一追求，“把一切献给党”是他用一生实践兑现的诺言。人民兵工是我们党领导和创建的第一个军事工业部门，“听党的话，跟党走”是兵器工业世代传承的红色基因。我们必须牢固树立“四个意识”特别是核心意识、看齐意识，自觉在思想上政治上行动上同以习近平同志为核心的党中央保持高度一致，打造对党绝对忠诚的党员干部队伍，确保党中央的战略决策部署在兵器工业得到不折不扣的贯彻落实，永葆国企姓党、兵工姓军的政治本色。

学习吴运铎同志不怕牺牲、甘于奉献的献身精神。习近平总书记强调：“我们共产党人讲奉献，就要有一颗为党为人民矢志奋斗的心，有了这颗心，就会‘痛并快乐着’，再怎么艰苦也是美的、再怎么付出也是甜的，就不会患得患失。这才是符合党和人民要求的大奉献。”吴运铎同志的一生是为人民兵工事业无私奉献的一生，他身上的几十块弹片如同功勋章一样，诠释着一名共产党员忠诚一辈子、奉献一辈子的光辉形象。兵器工业作为我国陆军装备发展的主体，服务于全军装备建设，是党和国家最可信赖的依靠力量。我们必须始终坚持国家利益高于一切的价值观，在急难险重任务面前，不讲条件、不计代价、不打折扣，发扬特别能吃苦、特别能

战斗、特别能攻关、特别能奉献的顽强作风，撸起袖子加油干，努力为国防和军队现代化建设、为国民经济社会发展奉献出全部力量。

学习吴运铎同志自强不息、顽强拼搏的实干精神。习近平总书记指出：“全面建成小康社会要靠实干，基本实现现代化要靠实干，实现中华民族伟大复兴要靠实干。”强调实干、注重落实，是我们党的优良传统；干在实处、走在前列，是对党员的基本要求。吴运铎同志始终坚持实践第一的原则，即使在健康状况极度恶化的情况下，仍然坚持亲自动手，与技术人员和工人们一起研究、改进武器装备，为党工作到生命的最后一刻。兵器工业是一个以工业企业、科研单位为主体的企业集团，必须落实好习近平总书记关于国有企业要成为“六个力量”的指示要求，始终保持干事创业、开拓进取的精气神，更加注重创新驱动、转型发展，更加注重深化改革、扩大开放，更加注重精益管理、提质增效，努力实现有质量、有效益的可持续发展，理直气壮地做强做优做大。

三、传承红色基因，加快建设中国特色先进兵器工业体系

时代变迁，精神永存。在实现中华民族伟大复兴中国梦的历史征程中，兵器工业作为关系国家安全的战略性基础性产业，将更加紧密地团结在以习近平同志为核心的党中央周围，积极顺应党和国家、军队的新期待，加快建设“技术先进、自主可控、军民融合、经济高效、充满活力”的中国特色先进兵器工业体系，全面履行好“支撑国防军队建设、推动科学技术进步、服务经济社会发展”的使命任务。

坚持党的领导，深入推进全面从严治党。始终坚持党的领导这个重大政治原则，层层落实全面从严治党责任。坚持两个“一以贯之”，充分发挥党组织的领导核心和政治核心作用。严守政治纪律和政治规矩，驰而不息狠抓作风建设。按照习近平总书记提出的“对党忠诚、勇于创新、治企有方、兴企有为、清正廉洁”要求，努力营造风清气正、干事创业的政治生态，从严从实抓好领导班子和干部队伍建设。扎实推进“两

学一做”学习教育常态化制度化，深入开展党组织强基工程、党员创新工程和固“根”聚“魂”工程，更好地发挥各级党组织的战斗堡垒作用和党员的先锋模范作用。

聚焦强军首责，出色履行军品核心使命。紧紧围绕“能打仗、打胜仗”的强军之要，策划实施一批体现国家战略意图的重大科技专项和重点工程，推进核心关键技术攻关，加强战略性、前瞻性、基础性领域研究，积极抢占未来军事领域战略制高点。立足现代化新型陆军建设，以网络化、信息化和新型作战能力生成为重点，加快推动由机械总体向信息化总体的转型升级。充分发挥在毁伤打击、智能弹药、光电信息、红外夜视、侦察感知等领域的技术优势，不断提升全军作战效能，服务好全军装备建设。

推进军民融合，着力提升有效供给。坚持以推进供给侧结构性改革为主线，走技术相关、市场多元的军民融合式发展道路。大力构建“北斗＋双创”平台，着力打造“基础设施、服务平台、核心技术、产业生态”四位一体的北斗高精度服务能力。积极推进军工民用技术双向转化、双向溢出，大力发展高端装备制造、石油化工、精细化工、光电信息、汽车零部件等有兵器特色的军民融合产业。以海纳百川的胸怀，加大产学研用合作力度，构建完善军民一体、分工协作、动态开放的科研生产体系。

坚持创新驱动发展，持续提升核心竞争能力。把创新作为引领发展的第一动力，推动科技创新和体制机制创新“双轮驱动”，进一步发挥市场在资源配置中的决定性作用，促进科技体制机制创新，筑巢引凤吸引外部科技资源，鼓励多出创新成果、多出转化效益、多出精品工程。大力推进创新人才队伍建设，构建以知识价值为导向的激励机制，培育尊重人才、尊重创造、鼓励探索、宽容失败的创新文化，着力激发创新创造活力。积极开拓创新，努力把更多的项目“拿回来”，把到手的项目高质量“干出来”，把集团公司的创新能力“提起来”，让兵器工业的可持续发展“有未来”。

落实“一带一路”倡议，着力提升国际化经营水平。坚持全球视野、国际一流，促进军贸与海外战略资源、国际工程、民品出口、国际产能合作“五位一体”协同发展、良性互动，为“一带一路”建设提供有力支撑。坚决服从服务于国家政治军事外交大局，积极推进军贸业务向成建制、成体系、提供系统解决方案转型升级，巩固我国军贸行业领先者地位。充分发挥需、研、产、销一体化竞争优势，加快海外优质产业投资布局，加大海外油气资源和铜、钴、铂金等贵金属矿产资源的获取和开发，积极参与“一带一路”沿线国家重大基础设施建设，带动更多国内装备产品和优势产能“走出去”，努力争当“一带一路”建设的排头兵、主力军。

（注：本文发表于《求是》杂志2017年第14期。尹家绪，时任中国兵器工业集团公司党组书记，董事长；温刚，时任中国兵器工业集团公司党组副书记、总经理。）

前　言

《吴运铎画传》是一部图文并茂的传记体读物，对我们深入了解吴运铎的光辉一生，学习传承吴运铎精神具有非常重要的意义。

本书编者以文为经、以图为纬、经纬交织、图文结合，全视角讲述了吴运铎从童年苦难生活的磨炼和人生觉醒，到烽火岁月为创建新四军革命根据地兵工事业的无私奉献，从新中国成立后为国防现代化建设作出新贡献，到离休后为青少年教育和残疾人事业忙碌奔波、大力捐助等感人事迹，再现了吴运铎“自力更生、艰苦奋斗、开拓进取、无私奉献”的精神，体现了老一辈兵工人的优良传统和作风，讴歌了吴运铎的优秀品质和高尚的道德情操，揭示了吴运铎精神的深刻内涵，是一本引人入胜、催人奋进、具有感染力的作品。

人无精神不立，党无精神不兴，国无精神不强。正如习近平总书记说的：“一个有希望的民族不能没有英雄，一个有前途的国家不能没有先锋。”吴运铎作为民族英雄和时代先锋，他的精神教育和影响了几代人，他“把一切献给党”的追求是他忠于党、忠于革命事业崇高信仰的真挚表达，体现了他“党和国家的利益高于一切”的人生观和价值观。这也是人民兵工精神和中国兵器工业核心文化的重要源头之一。

吴运铎精神是人民兵工精神的核心，是我们党的宝贵精神财富。传承吴运铎精神是历史赋予我们义不容辞的职责和应尽的义务。我们要进一步发挥这一红色基因资源的优势，把传承和弘扬吴运铎精神贯穿于理想信念教育的始终，通过舆论宣传、行动实践，使全体职工筑牢信仰根基，更加坚定“把一切献给党”的核心理念，不断增强政治意识、大局意识、核心意识、看齐意识，努力凝聚中国兵工事业改革发展的正能量，以“不忘初心、牢记使命”的坚定意志和“创新驱动”的强大动力，不畏艰险，开拓创新，为不断研发新型武器装备、增强国防实力，努力攀登兵器科研事业的新高峰，为实现中华民族伟大复兴的中国梦作出更大的贡献。

本书编写得到了兵器离退休干部局的大力支持。其间，我们还专程拜访征求了吴运铎夫人陆平及其子女的意见，得到了吴运铎家人的支持和肯定，并提出了修改建议。我们踏着吴运铎的足迹，去他战斗、工作、生活的地方收集资料，所到之处，得到了吴运铎的战友、同事、亲人的热心帮助，同时得到了二八二厂、四四七厂、三三一厂、六二七厂等有关领导和同志的大力协助和支持。我们还要特别感谢长期致力于吴运铎精神研究的工人日报社原编委、高级编辑，中国工人出版社原副总编辑赵长安同志的大力支持和帮助。本书所用图片，由兵器工业神剑文学艺术学会、二〇二所吴运铎纪念馆、吴运铎同志的亲属，还有吕国兴、王光禄、车夫、陈德荣、李玉文、庞家驹、马立昆、郑志国、范世彬、郑立宏、傅安生等社会各界人士提供。在此，我们一并表示诚挚的谢意。

编　者

2018 年 7 月

一、苦难童年

吴运铎祖籍是湖北省汉阳县蔡甸柏林乡李家村吴家岭。老家无房无地，是个地地道道的穷苦人家。由于生活难以维持，吴运铎的父亲吴树棠被迫带领全家背井离乡，逃难到了江西萍乡安源煤矿。

1917 年 1 月 17 日，吴运铎出生在安源煤矿。他的童年也是在那里度过的。

6 岁时，父亲让他跟后山一个须发斑白、留着山羊胡子、戴着老花镜、穿着长衫的胡老先生读私塾。吴运铎天天跟着胡老先生念"人之初，性本善……"至于是什么意思，胡老先生从来不解释，而且也不许问，若要问他，遇他不高兴时还要挨打。对于这种读书方法，吴运铎感到太枯燥乏味了，一点儿兴趣也没有。

童年的吴运铎对机器非常感兴趣。他们家离煤矿的机器房不远，他每天都要去那里看看机器，也常去修理厂玩，有时还去修理火车的车间转一圈儿。他爱看工人们用榔头有节奏地敲打着烧红的铁，而且一看就是老半天，似乎想从中体味当工人的快乐滋味。因此，他上学时经常迟到，有时甚至逃学，不安心读书。

世上没有不透风的墙。他多次逃学的秘密终于暴露了。家里人看他实在不愿意读私塾，而且胡老先生也不愿意再教他，于是，吴运铎终于离开了私塾。

7 岁那年的秋天，父亲又让他跟哥哥们去萍矿小学读书。这所学校是教会办的，校长是个美国人。学校里每天第一节课是师生们排着队到大礼堂做早祷。吴运铎和很多同学都不愿意去受这个洋罪，就把学校后墙挖了个大洞，一到早祷时，就偷偷地钻出去玩耍。待早祷完了，上课铃一响，再迅速地从洞口钻进来。课堂上他不专心听讲，放学后又不按时复习功课和完成作业。期末考试时，他的算术、语文两门成绩均不及格，只好留级。

哥哥们的成绩很好，受到了父亲的奖励。父亲、母亲对他的表现很不满意，还当着哥哥们的面教训他："你打算留级到胡子白吗？"吴运铎沉思着，暗自流下了懊悔的眼泪。这件事大大刺伤了他的自尊心，但他没有气馁、没有低头。他明白这样混下去丢人，必须用功读书。从此，他不再贪图玩耍，而是抓紧时间学习。

第二年，他的学习成绩直线上升，等到二年级大考时，他夺得了班级甲等第一名。从一个留级生，一跃成为一名品学兼优的学生。此后，他在班上考试成绩一直保持在前 5 名。

1927 年 4 月，蒋介石反动集团叛变了革命。国民党反动派的军队占领了萍乡，开到了安源疯狂地屠杀人民。学校被迫停办，吴运铎失学了。煤矿陷入半停顿状态，银行也倒闭了，父亲一辈子的血汗钱转眼就没了。吴运铎一家穷得揭不开锅，生活非常困难。为了活命，为了减轻父亲的负担，小小年纪的吴运铎每天一大早就去后山挑煤。刚开始时，挑不了多少煤，还经常摔跤，肩头红肿，伤痕累累。后来，虽说能多挑一点，但一天仍挣不了几

童年的吴运铎对机器非常感兴趣，经常听工人师傅给他讲解机器运转的原理（尚沪生作）

个钱。特别是到冬天，大雪覆盖了安源山，暴风裹着团团碎雪和煤屑，搅得天昏地暗，山路又特别难走，稍不留心，就会被风雪卷到山底。吴运铎身穿一件破棉袄，腰间系一根草绳，赤脚穿着草鞋，挑着箩筐，从早到晚，在挑煤的山路上奔走。脚被碎冰块划出一道道血口子，山路又陡又滑，每走一步，身子都不住地乱晃，等赶到卸煤的地方，煤已洒掉了不少。像这样累得半死不活，一天也只能挣五六个铜板。干了一段时间，听朋友说，挑煤不如到锅炉房捡炭渣，一天能挣二十多个铜板。于是，吴运铎就不去挑煤了，晚上钻进八方井锅炉房里去捡炭渣。每天，他都围着渣子堆，寻找没烧尽的炭渣，一直捡到天明，再把捡到的炭渣挑到大街上去卖，用卖炭渣的钱去后山买红薯。红薯就是家里的上等饭食。后来，他又把二哥邀来一起捡炭渣，就这样，勉强维持着一家食不果腹的日子。

二、当矿工

矿山倒闭了，吴运铎父亲失业后成天在家发愁。没有办法，父亲只好拖儿带女，回到湖北汉阳老家谋生。父亲流落外地 20 多年，亲戚朋友见他穷着回来，谁也不敢沾边，饥寒仍旧无情地威胁着全家。无奈之下，父亲只好又带着全家逃难到大冶县。大冶县的汉冶萍公司下辖好几个煤矿，经人介绍，吴运铎进了富源煤矿，被分配到电机车间当学徒。

吴运铎当矿工时住过的宿舍

那年，吴运铎只有 13 岁。

那时候，在煤矿里干活儿非常不安全，煤窑里经常发生塌顶、瓦斯爆炸的事故。人们都说，进窑是鬼，出窑才算人。吴运铎当学徒的生活是很苦的，没日没夜地爬矿井，钻煤窑，像牛马一样地干活儿，一天挣一角钱工资，连喝稀粥都不够。

这还不算，工头对他动辄吹胡子，瞪眼睛，张口就骂，举手就打。吴运铎年龄虽小，就是不买这个账。工头骂他一句，他就反驳一句；工头动手打他时，他也毫不示弱地回敬他们。这样一来，工头们觉得他是个刺头，经常找碴儿报复他。因此，他的遭遇比别人更惨，成了全矿学徒工中受苦最多的一个。

一天，吴运铎下班后去洗澡，一个和他年龄相仿的工头的弟弟，看他是个初来乍到的小徒工，就想找个碴儿教训他一下。因此，对吴运铎说话张口总要带脏字，还横眉竖眼地骂他："你这个小子别太狂了，给我放老实点！想在这儿干，就得他妈的学乖一点儿。"吴运铎哪里受得了这个气，就回敬："你小子也别太牛气，老子不吃你那一套！你别认错人喽！"吵着吵着，那个工头的弟弟突然照着吴运铎就是一拳。吴运铎忍无可忍，狠狠地把他揍了一顿。工头弟弟自知不是吴运铎的对手，于是就像疯子一样一边骂一边喊，同时操起煤铲子朝锅炉上的水管、水表砸去，打坏了锅炉房的一些设备，然后就跑去找他哥哥，恶人先告状，说是吴运铎打坏的。他哥哥不问青红皂白，气势汹汹地找到吴运铎算账，骂了一阵子，并扬言要开除吴运铎、打死吴运铎。这还不算完，他哥哥又去找矿长汇报假情况，

吴运铎在修理水泵安装矿井电灯时不幸摔昏在矿井里（顾群　罗工柳作）

添油加醋，歪曲事实。矿长听了很生气，把吴运铎叫到办公室大加训斥。虽然吴运铎把事实真相告诉了矿长，可是，旧社会官官相护，有几个当官的讲道理？最后还是处罚了吴运铎，并贴出告示，扣了他一个月的工资。吴运铎非常气愤，他感到在旧社会里，可以任凭有钱有势的、当官的横行霸道，欺压工人，根本没有穷人说话的权利，哪有公平可言？

在那个黑暗的年月里，工头们想坑害谁，不费吹灰之力。有一次，小泵房的蒸汽管道破裂了，蒸汽喷出来，使得整个煤井和泵房都像一个高温的蒸笼。资本家为了赚钱，不肯停机修理，工头硬逼着吴运铎去抢修正在运转的机器。他是个电工，按理说，蒸汽管坏了与他毫不相干，但蛮不讲理的工头和机电工程师要报复他，非让他去修理不可，不然就要开除他。没办法，他只好脱光衣服，冒着灼人的高温钻进泵房里干活儿。吴运铎感到自己像被装在笼屉里一样，汗流如雨，头昏眼花，浑身的皮肤都蒸成了紫色。他咬紧牙关，含着眼泪把蒸汽管修好，趔趔趄趄地爬了出来。资本家看他出来了，不但毫无同情，还狠狠地骂道："你没死到里头！"

在之后当矿工的日子里，吴运铎多次遭遇到电击、被瓦斯熏倒、坠

当年的源华煤矿全景

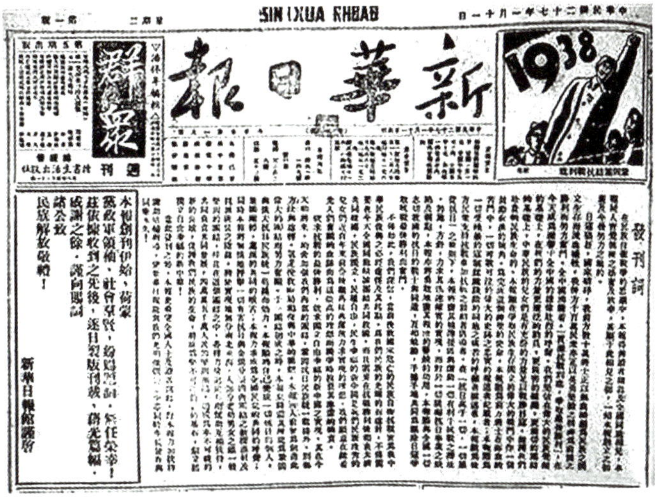
SIN HUA JIH PAO

新華日報

1938

發刊詞

本報創刊伊始，荷蒙黨政軍領袖，社會賢達，紛賜題詞，藉作榮幸！茲依據收到之先後，逐日製版刊載，藉光篇幅。感謝之餘，謹向賜詞諸公致民族解放敬禮！

新華日報館謹啓

1938 年 1 月 11 日出版的《新华日报》创刊号

落煤井……他成年累月地在死亡线上挣扎。与此同时，为了改变命运，他便开始刻苦学习。苦难和压迫，使吴运铎认识了一个真理：要翻身、要解放、要走向光明，就必须斗争。

1931 年“九一八”事变后，日本侵略者占领了我国的东北三省。这时，已经具有一定阶级觉悟的吴运铎开始关心起祖国的前途和命运。他除了坚持每天晚上读报外，还在晚饭后去汉冶萍大冶铁厂俱乐部里听新闻广播。1937 年 7 月 7 日“卢沟桥事变”后，日本强盗又掠夺了我国华北大片土地，并丧心病狂地驱兵南下。在相继占领了上海和南京后，继续进犯武汉。日本强盗血腥屠杀无辜的百姓，激起了中国人民的愤怒。全国人民同仇敌忾，掀起了抗日的怒潮。看到这一切，吴运铎产生了想上前线和日寇进行殊死斗争的念头。

1938 年，周恩来、叶剑英、董必武等同志到武汉，成立了八路军办事处，领导抗日斗争。1938 年 1 月 11 日，中国共产党在汉口创办《新华日报》，报社还派中共党员张明同志来矿区开展革命工作。经铁厂中共地下党员干仲儒同志的介绍，吴运铎认识了张明同志。从此吴运铎就在张明同志的领导下开展抗日宣传工作。

吴运铎在富源煤矿组织了“工人时事座谈会”，进行爱国教育活动。资方及其御用工会的人三天两头去找麻烦，搞破坏活动，吴运铎就同他们进行不屈不挠的斗争。在煤矿里成立了《新华日报》发行站，不间断地推销《新华日报》，向矿工们宣传党的抗日主张，并宣讲八路军在抗日前线频频取得胜利的捷报。为了让更多的矿工读到《新华日报》，吴运铎还在矿区的要道旁和矿工集会的地方设立了墙壁板报，摘要刊登《新华日报》的重要社论和消息。

1938年，抗日战争战线逼近了武汉，煤矿的经理们瞒着矿工，在黑夜里一批又一批地把大皮箱往船上装，原来这些家伙打算先送走家眷，回头炸毁煤窑后再逃跑，全然不顾矿工的死活。吴运铎得知消息后，立即发动机电工人带头罢工，义正词严地向矿主提出不准逃跑，共同抗日，对于要回家的矿工一律发给3个月费用等条件。但矿主认为条件苛刻，拒不接受。

在矿主仍不答应矿工提出的条件情况下，吴运铎动员了更多的矿工参加罢工。汽笛响了，这是信号，全矿职工冲向经理大楼。顿时公司大楼前面的广场上，聚满了罢工的矿工。而此时资本家躲在大楼里，正在策划一起血腥镇压罢工工人的阴谋。

当天晚上，警察局长易介甫，率领一个连的反动军警，疯狂地冲向罢工的工人。枪声划破了漆黑的夜空，在子弹的呼啸声中，工人倒下了一大片，20多个工友牺牲了，广场上洒满了工人的鲜血。

第二天，义愤填膺的工人们包围了经理大楼，要求严惩杀人凶手，

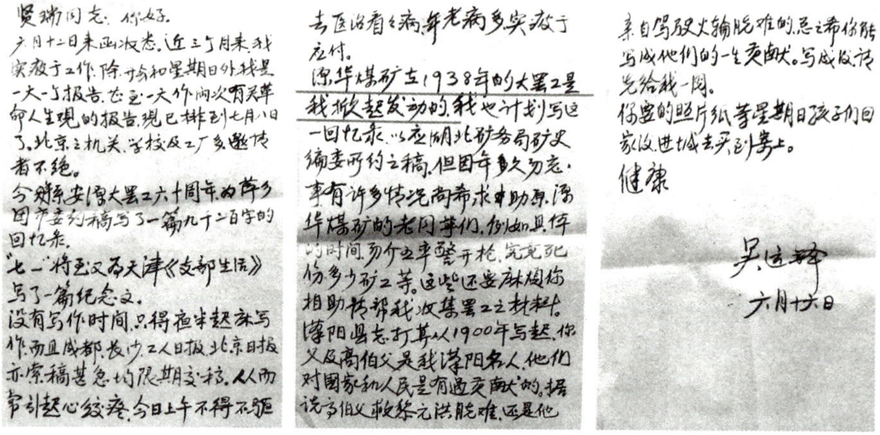
贤瑞同志：你好。
六月十二日来函收悉。近三个月来，我实在忙于工作，除开会和星期日外，我是一天一个报告，甚至一天作两次有关革命人生观的报告，现已排到七月八日了。北京之机关、学校及工厂多邀请者不绝。
今年系安源大罢工六十周年，为萍乡市委约稿写了一篇九千二百字的回忆录。
"七一"将至，又为天津《支部生活》写了一篇纪念文。
没有写作时间，只得夜半起床写作，而且成都、长沙、工人日报、北京日报亦索稿甚急，均限期交稿。从而常引起心绞疼，今日上午不得不驱去医治看病。年老病多，实在忙于应付。
源华煤矿在1938年的大罢工是我领导发动的，我也计划写这一回忆录，以应湖北矿务局矿史编委所约之稿。但因年久忘忘，其中有许多情况尚希求助于源华煤矿的老同事们。例如具体的时间，多少工友牺牲开枪，究竟死伤多少矿工等。这些还要麻烦你相助，请帮我收集罢工之材料。
溧阳县志打算从1900年写起，你父及高伯父是我溧阳名人，他们对国家和人民是有过贡献的。据说高伯父救黎元洪脱难，还是他亲自驾驶火轮脱难的。总之希你能写成他们的一生贡献。写成后请先给我一阅。
你要的照片纸等星期日孩子们回家后进城去买，到时寄上。
健康
吴运铎
六月十六日

吴运铎与当年的工友回忆罢工时的书信

煤矿的资本家被迫答应谈判。吴运铎和几名工人被推选为代表，去和资本家谈判。

在谈判桌上，吴运铎始终站在工友的立场上，严正地指出：一要答应工人提出的全部要求；二要把打伤的工人送进医院治疗，支付医药费、工资照发、家属给予补贴；三要安葬被打死的工人，发抚恤金……吴运铎还把此事写成文章，寄给《新华日报》发表。武汉一些工人也纷纷起来，支持并声援这次罢工。

最后，在强大的压力下，资本家只好答应了工人们提出的全部条件。罢工取得了胜利。

罢工以后，国民党反动派放出风声，要追查罢工的召集人。这样，吴运铎离开了矿山，毅然去投奔新四军。

三、参加新四军

吴运铎回到了萍乡县安源煤矿，见到了久别的母亲、妹妹和弟弟，并见到了安源党支部书记干仲儒同志，讲明了想参加新四军的愿望。干仲儒很支持他的果敢行动，于是以安源党支部的名义开了介绍信。母亲听说他要去参军，虽说舍不得他走，但还是一边抹眼泪，一边帮他收拾行李。吴运铎又约了三名会钳工技术的安源工人，离开了故乡，一起去找新四军。

几经辗转，四个人来到了南昌，找到了新四军驻南昌办事处。同志

新四军军部旧址

原为关帝殿，后为小河口兵工厂的分支机构，吴运铎在此工作过

们听说他们四人是煤矿工人，就像见到了久别重逢的亲人，忙着给他们打水洗脸，倒茶端饭。办事处黄主任给每人发了一套崭新的粗布军装，还有军帽、绑带、袖章等，并介绍他们去皖南云岭新四军军部报到。

1938 年 9 月，经过几天的长途跋涉，四个人终于到达新四军军部。报到后，过了几天，军政治部副主任邓子恢找吴运铎谈话。邓子恢先简单地介绍了新四军的光荣历史，然后又给他讲了军队的“三大纪律、八项注意”，以及优良的革命传统。最后，对吴运铎说：“你是机电

1941 年 2 月，新四军军工部部长韩振纪向吴运铎布置了研制子弹、炮弹的任务，图为 1942 年 12 月韩振纪（右一）在曹甸激战中攻下敌人的掩蔽部前留影

新四军云岭修械所制造的步枪枪托

工人，懂技术，我们部队正缺枪，你就去兵工厂修枪、造枪吧！”还再三叮嘱吴运铎：“拿枪和修枪、造枪都是革命的需要，你们是技术工人，应该到那里发挥自己的专长，为革命作出贡献。”吴运铎愉快地表示服从分配。

第二天，他们四人被分配到军部修械所。修械所设在黄山东北100多里的一个小山村里。所长接待了他们，让他们先看看修械所的工厂。他们走进一所普通农家小院，里面有两座土筑的锻铁炉，一个宽大的工作台，埋了几根粗树桩，树桩上都安了老虎钳。桌子上放了一些工具。一切都很简单，看不到任何一部像样的机器。他们正要往回走，跑过来一个十七八岁名叫罗克绳的小伙子。所长把吴运铎分配到罗克绳为组长的修枪组，吴运铎跟罗克绳学习修理各种枪械技术，时间不长，他就学会了修理各种枪支。后来，吴运铎调到刺刀班制造刺刀。

新四军军部修械所旧址

新四军政治部副主任邓子恢（中）接待了吴运铎一行，讲述了我军的光荣历史和纪律，并要求他们发挥自己的特长修枪造枪

新四军第二师军工厂生产的轻型迫击炮与迫击炮弹

四、建立兵工厂

前方的战斗越打越激烈，需要的枪支也越来越多，光靠修理的枪支供应已远远不够。于是，军部决定在山沟里建立第一座兵工厂，制造新步枪。

兵工厂选建在山谷的林荫深处。得知建厂的消息后，山村里的农民，成群结队地带着斧头锯子来帮助建厂。大家扫清腐朽的落叶，用砍倒的大树搭起屋架，用粗大的竹子编成围墙，把茅草铺上屋顶，墙壁糊上泥，刷上石灰。不到一个月，制造车间、修枪车间、锻工车间、枪托车间和炊事房、宿舍、办公室、俱乐部都一一建成。还专门为全厂青年人建了一座大宿舍。并派吴运铎担任青年班的班长。

车间里安上了土法制造的机器。枪筒必须要用旋床旋出来，可是没有旋床，他们就把大长木凳的四条腿半截埋在土里，在木凳一端钉上两个铁叉，叉子当中放一根带有木轮子的铁棍当车轴，车轴前面的凳子中间再钉上一个铁叉，枪筒一头卡在车轴上，一头搁在铁叉上，当木轮旋转时，枪筒也跟着旋转。这样就成了一部最简单的旋床。

枪筒里要有来复线，以使弹头稳定地飞行。没有造来复线的机器，就在地上埋了一截粗树桩，对面竖着埋上一块厚木板。木板中间钉个母螺丝，用一块扁铁板拧成和来复线相等的螺旋形，穿过木板上的母螺丝，一头安上有四个刀口的刀，一头安上木柄，把刀插进固定在树桩上的枪筒里，这就算是刻来复线的机器了。工作起来，握住木柄来回推拉螺旋，

1939 年 2 月，周恩来在叶挺军长的陪同下，来到安徽泾县云岭新四军军部，视察了吴运铎工作的修械所。图为周恩来（右三）和新四军领导人叶挺（右一）、粟裕（左二）、陈毅（左一）等人的合影

吴运铎在云岭时曾经使用过的台钻

新四军二师位于安徽盱眙黄花塘的军工厂旧址

江苏天高县金沟区平安乡小朱庄，掩映在树林中的福缘寺前山门，这里曾是新四军的兵工厂

修械所用于煅烧的手拉风箱土炉

枪筒就刻出来复线了。

同时又造了打光机。把铁棍插进枪筒里，浇上铅，拿下来抹上菜油，再把玻璃碾成碎末儿，用细罗筛好，洒在铅棍上。如果来复线有毛刺，就用自制的打光机在枪筒里来回摩擦，不一会儿，来复线就又光又滑了。

没有发动机，就借老乡磨面的石磨，在磨眼上插进一根铁棍当轮轴，埋下两根树桩当轴承，把石磨架起来摇，就算是发动机。再缝一条厚布带代替传动皮带，一摇磨扇，车轴转起来，土机器就能生产。

造好的新步枪一批又一批地送到了前线。

一天，有几个人来参观兵工厂，其中有一个外国妇女，身着新四军的军装，脚上穿着草鞋，还会说中国话，她就是国际友人史沫特莱。

她先要了一支新造的步枪，拉开枪栓，仔细查看了各部分的构造，不住口地赞扬工人们的手艺。她双手举起了枪，瞄准 100 米远的一块薄钢板连续发射了三发子弹，颗颗子弹都穿透了钢板。她放下枪问："枪是用什么机器造的？"吴运铎领她到车间参观，那里没有一部机器，

1938 年史沫特莱（中）在武汉采访周恩来（左二）

史沫特莱（左二）在新四军军部驻地

史沫特莱所著的部分作品

新四军云岭修械所工人正在生产武器的场景

修械所的车间设在竹棚里，工人在紧张地工作

只有一些长凳子、矮凳子、木桩和旋转着的石磨。吴运铎告诉她，我们的枪支就是靠这些“机器”制造出来的。她热情地跟大家一一握手，兴奋地说：“我从美洲到欧洲，去过很多国家，也参观过许多工厂，从来没见过像你们这样的兵工厂，你们的兵工厂真是世界少有，真是奇迹、奇迹！”

五、加入中国共产党

1939年春天，日本鬼子沿着浙赣铁路向西进攻，烧、杀、抢、掠，无恶不作。吴运铎的大哥在武汉被敌人逮捕并关进了集中营，二哥死在敌人的刺刀下，妹妹逃到了广西，年老的母亲流落到浙赣路的樟树镇，靠沿街乞讨度日。家庭的不幸遭遇，使吴运铎心情非常沉重。他想到中国多少个家庭在战争中被毁灭，多少人像自己一样丧失亲人。个人的不幸，正是祖国人民经受苦难的一部分。流泪、悲伤，不能结束这种苦难。只有英勇战斗，彻底消灭敌人，才能获得幸福。个人的幸福只能包含在集体的胜利之中。他决心化悲痛为力量，做一个无私无畏的革命战士，把自己融入集体之中，为中国人民的解放事业奋斗到底。

共产党员罗克绳与吴运铎亲切谈心（罗工柳作）

云岭修械所的工人在工作

为了实现这一崇高目标，他积极工作，一个人干两个人的活儿。即使这样，他仍觉得自己做得还不够，恨不得把所有的时间都用在工作上。他的工作表现，党组织看在眼里，记在心头。

一个星期日的早晨，吴运铎跑到后山坡的草地上看书学习。不一会儿，共产党员秦永祥手拿书本也来到了这里，并与他促膝谈心。

秦永祥问吴运铎："老吴，你将来准备做什么？"秦永祥的问话激起了吴运铎心中的涟漪，吴运铎想说的话很多，一时又不知从何说起。他想说"要做一个热爱自己事业的人"，又想说"要做一个生活中'吃苦在前，享受在后'，战斗中'冲锋在前，退却在后'的共产主义战士"。千言万语化作了一句话："做一个共产党员！"接着他又诚恳地对老秦说："老秦，我早就想参加党，为党做更多的工作，只是我有不少缺点，性情又急躁，恐怕离党员的标准太远了。"秦永祥说："做个革命战士，最重要的是要有坚定的立场，对党无限忠诚，经得起任何考验，不管什么时候，都跟着党走，永不变心！""只要努力争取，党一定会吸收你的！"吴运铎激动地说："为人类最美好的理想——共产主义事业而斗争，

吴运铎在共产党员秦永祥、罗克绳的介绍下，于 1939 年 5 月 18 日光荣加入中国共产党（王式廓作）

就是终身最大的幸福，我要把自己完全交给党，听党的话，希望得到你的帮助。”

谈话后，吴运铎很快就写了入党申请书，并且写了详细的自传。从此，吴运铎更加积极地工作，更加严格地要求自己。

1939 年 5 月 18 日的晚上，当月亮刚刚爬上山头，吴运铎在入党介绍人罗克绳的带领下，沿着林荫小路，走进一块不大的草地。在这里召开了支部大会。

支部书记宣读了吴运铎的入党申请书和自传，罗克绳介绍了吴运铎的工作表现。经表决，支部大会一致通过了吴运铎的入党申请。

吴运铎抑制不住内心的激动，面对挂在树枝上的党旗庄严宣誓：“我志愿加入中国共产党，积极工作，努力学习，不惜牺牲个人一切，誓为共产主义的最后实现，终身奋斗到底！”

六、从皖南到苏北

1940 年夏天，吴运铎在启动机器时，不小心摇柄滑落，正砸在他的左脚踝骨上，一块肌肉被砸破，流了不少血。在战争年代，划破皮、流点血是常有的事，吴运铎就没在意，也没有去找医生。可是过了半个月，伤口不但没有痊愈，反倒不停地流黄水并伴有发烧，还隐隐作痛。不得已，他只好先到留守处门诊检查，一测体温达 40℃。医生用小刀划开伤口，

云岭修械所

乌黑的脓血涌了出来，原来伤口感染，内部全烂了。第二天，他被送到了军司令部后方医院治疗。医生挖去腐烂的肌肉，沿着踝骨挖了一个月牙形的大洞，然后包扎起来。

吴运铎在医院住了一个多月，每天都惦记着工厂。伤口尚未愈合，他就急不可耐地要求出院。医院领导知道他担子很重，经不住他的多次请求，只好给他发了一些药膏、绷带，由工厂来人把他抬了回去。一回厂，他就立刻投入紧张的工作中。

1940年秋天，国民党顽固派准备向日本帝国主义投降，阴谋消灭在江南敌后坚持抗战的新四军。兵工厂接到向长江以北转移的命令后，连夜埋了机器，随着非战斗部队先撤。吴运铎的伤口尚未痊愈，脚依然肿着。领导把他交给老乡，等伤情好转再去追赶部队。他生怕离开自己的部队，坚决要跟随队伍走。领导最终同意了他的请求，让他自己慢慢追赶大部队。

他一天走不了几里路，随时都有被敌人发现抓去的危险。地方党组织怕他暴露身份，就让他化装成一个讨饭的乞丐。吴运铎拿着一根打狗棍，挎了个破篮子，怕脚上的伤口被敌人发现就买了帖狗皮膏药贴在纱布上。他穿着一件破烂棉衣，破棉衣上别了一个化名周其村的难民证，艰难地向江北走去。由于每天都无法洗脸，吴运铎蓬头垢面，越来越像个难民了。路旁田里，水面上已经飘起一层薄冰碴儿，寒风扫过了辽阔的田野，成群的乌鸦在头顶上盘旋。吴运铎咬紧牙关，一天又一天，一里又一里，往前赶路。

疲倦和伤痛无情地折磨着他。一天午后，太阳快落山了，吴运铎突然感到浑身发冷，两腿直哆嗦，一头栽倒在枯草窝里，缩成一团。剧烈的颤抖过后，接着又发高烧，嘴里干得冒火，两眼烧得睁不开，原来是得了疟疾。吴运铎连滚带爬，挣扎到水田旁边，大口大口地吞着污水。不一会儿，清醒了一些，就拄着树棍，继续向前边冒着炊烟的村子蹒跚走去。

一间草屋门前，坐着一个搓麻线的老大娘。吴运铎挣扎着走到老大

在向江北转移的途中，吴运铎得了疟疾。由于高烧，他口干舌燥，只好喝水田里的污水（罗工柳作）

娘面前，尚未来得及说话，两腿一颤就倒下了。老大娘连忙招呼来她的儿媳，把吴运铎扶进后院的牛棚。当她们得知吴运铎是新四军时，大娘给他送来了棉被，叫他休息。大娘的儿子回到家，见到吴运铎很是亲热，还想办法弄来了伤药，让老大娘掌着灯，用温水给吴运铎洗了伤口，再换上药。这位大哥告诉吴运铎，他给兵工厂的同志带路才回来，他们走的不太远，赶得快还能跟上。吴运铎一听，就急着要走。这位大哥说："也好，趁黑夜赶路，天亮了不方便。"大嫂搬出一个藤躺椅，上面铺了床棉被，两边绑上茶杯口粗的竹竿，做成一副担架。老大娘让吴运铎躺在上面，给他盖好被子。大哥又叫来了一个老乡，两人抬着吴运铎一直往北走去。

北风在耳边不断呼啸，阴冷阴冷的。虽然天黑，路很难走，但担架很平稳。吴运铎想着就要和同志们见面了，心里非常激动。由于伤痛和疲劳，不一会儿就蒙蒙眬眬地睡着了。

天蒙蒙亮时，已经走出 60 多里，担架上落了厚厚的一层白霜。他们把吴运铎安顿在一座破庙里，随身带的干粮都留给了吴运铎，并说：“天快亮了，我们得赶快回去。同志们离这儿不远，地方党组织也会跟你联系，多多保重吧！”吴运铎感动得不知说什么好，只说出一句：“太谢谢你们了！”

罗克绳等六位同志在向苏北转移的途中，住在一个村子里，被特务发现，经过一场激烈的搏斗，不幸被捕。六名同志遭到了敌人的严刑拷打，没有一个人屈服，最后被日本鬼子残忍杀害。

吴运铎幸亏没被敌人发现。当天夜里，地方党组织找到吴运铎，并把他送到一个小学校。吴运铎刚一进门，一个穿棉袍商人打扮的人就抱住了他：“老吴，你可来了！”原来是战友秦永祥。两个人紧紧拥抱着，激动得说不出话。想起那些英勇牺牲的同志，他俩都禁不住流下了热泪。

学校里还有 20 多个被敌人冲散的新四军同志。为了便于行动，党组织把大家编成几个小组。吴运铎和秦永祥以及四个女同志编为一组。过了两天，他们这个小组乘拂晓时分出发了。机警的带路人领着大家混过敌人一道又一道关卡，旁若无人地走过常州城内萧条的大街。城外的小河里一条小船正等待着他们。上船后，小船立即启动。在河里划行了 20 多里，到了岸边的最后一道岗哨。一个汉奸和一个日本鬼子从碉堡里走出来，跳上了船，进行检查。吴运铎暗暗地扯了扯秦永祥的衣角，并会意地交换了一下眼色。虽然没说话，但两人都明白，万一暴露了，就先把这两个家伙干掉！鬼子兵站在船头，嘴里喊着“美丽、美丽”，伸手向船夫讨要美丽牌香烟。坐在船舱口带路的同志连忙从口袋里掏出一块银圆，让船夫给了日本鬼子。鬼子立即对汉奸说：“叫他们开路，快快的！”小船划行到长江边就停了。大家都上了堤岸。

横在眼前的就是长江。暴风掀起的白浪，冲击着堤岸。江边停着几只破旧的小渔船，在惊涛骇浪的冲击下颠簸着。敌人的军舰来回巡逻，封锁了江面，看见渡船就用机枪扫射。为了尽量减少牺牲，小组成员又被分开，并分头找港口，设法渡江。吴运铎伤口未好，行动不便，秦永祥主动要求与吴运铎分在一起，好随时照顾他。

吴运铎与秦永祥一整天都趴伏在堤岸上，观察敌舰的动静。下午空中飘起了鹅毛大雪，江上灰蒙蒙一片。只见从下游飞驶来两艘鬼子的军舰，浪花翻滚起来。

他们的身体冻得有些麻木了，又不敢盲目渡江，看到不远的江堤下边，有一间孤零零的小茅屋，他们便走了过去。进了茅屋，屋里没人，灶台连一点儿烟火气也没有，尘土盖没了脚面，小屋四壁透风。没办法，只好先在小屋里躲躲大雪。黄昏时分，一个老渔夫背着一捆柴进了小屋，看到他们，很是吃惊。当渔夫老大爷得知他们是新四军时，立即热情地招呼他们，用背来的柴生了火。同时从布袋里掏出几个红薯，拨开通红的火灰，烤起了红薯。就这样，三个人吃着红薯，围着炉火聊了一夜。天快亮时，秦永祥凑到老人面前，亲切地说："老大爷，我们接到命令，要转移到江北去，你能不能把我们送过江去？"老大爷一听，就说："你们要去江北，就是拼上老命，我也要把你们送过去。你们放心好了，有我就有你们。"

三个人一块儿出了小茅屋，在老大爷的带领下，踏着积雪一直走到港口，准备趁鬼子的军舰到上游巡逻的空隙，冲过江去。

上了小渔船，老大爷撑着舵，摇动后橹。吴运铎和秦永祥坐在船的两边，使劲划桨，顶着西北风，破浪前进。小船行驶在汹涌的波涛之中，一会儿抛上去，像要离开水面，一会儿又陷下去，周围的浪头就像一堵堵围墙，浪花直扑人脸。紧张与劳累使吴运铎忘记了伤口的剧痛。大家都累得满头大汗，到达北岸后，衣服上都结满了厚厚的冰块。

吴运铎终于来到了苏北黄桥镇。这一天，镇上到处张灯结彩，锣鼓喧天，老乡们挑着鱼肉，背着成捆的鞋袜，正在慰劳在黄桥大战中取得大捷的战士们。当天晚上，吴运铎和秦永祥兴奋地参加了庆祝黄桥战斗胜利的军民大会。

七、第二次负重伤

1941年1月，皖南事变后，新四军司令部在江苏盐城成立了军工部，在一个大庙里建立了修械、炮弹、子弹等兵工厂。吴运铎担任军工部党支部书记。不久，军司令部将制造子弹的任务交给了吴运铎。吴运铎经过对步枪子弹的分解测绘，成功地生产出了步枪子弹。为了对付日寇的“扫荡”，工厂由大庙转移到海岸的荒滩上，与敌人周旋50多天，取得了反扫荡的胜利。

随着华中抗战形势的发展，军司令部决定把兵工厂的干部和工人分配到华中各根据地去，以便建立更多的兵工厂。

军工部吴师孟副部长带领一部分同志前往二师。二师的师长是罗炳辉，驻在淮南根据地。吴运铎也跟着吴师孟副部长去了淮南。

粉碎了日寇的大扫荡之后，吴师孟担任了二师军工部的部长。交给吴运铎的任务是建立年产60万发步枪子弹的工厂。

吴运铎具体负责设计各种机床。用木片订成丁字尺、三角板，门板作绘图板，绘制图样，工人照图加工。一天黄昏，正当紧张工作的时候，材料科的牲口大队运来了不少破铜碎铁，还有几匹牲口驮的是没有爆炸的迫击炮弹。这些炮弹有的是日本、意大利、德国制造的，有的是国民党制造的，都是打扫战场时收集的。炮弹上有的零件已被人拆走，只剩下一个个残缺的弹体。军工部长还给吴运铎写来一封情真意切的信：“运铎同志，前方等着要炮弹，务请尽一切力量，早日修好炮弹。”

的确，前方的战士每天都在焦急地等待着炮弹。二师有一个炮兵连，仅有三门迫击炮，都是缴获敌人的，但没有一发炮弹。吴运铎看完信后，深感身上的责任重大。他和工人们夜以继日地赶修炮弹，给炮弹重新装配了尾翼。经分析研究，炮弹之所以未爆炸，问题主要出在引信里的起爆装置上。起爆装置中有雷管和传爆管，雷管内装有敏感度较高的起爆药——雷汞。可是根据地当时没有制造雷汞的材料，前线又急需炮弹，怎么办呢？要想很快得到雷汞的办法只有一个，就是从旧炮弹里去挖取。

吴运铎为了制造炮弹，收集了不少旧炮弹（这些炮弹大多是在历次战斗中，敌人打过来没有爆炸的炮弹）。一方面是为了研究各种炮弹的构造，另一方面是为了获取炮弹中的起爆药——雷汞。他把炮弹的雷管拆卸下来，浸在洗脸盆里，等雷汞泡湿后，再进行挖取。

一天早晨，早饭后，同志们都到车间里工作去了，宿舍里只有吴运铎一个人。他关好门，把泡着雷管的脸盆搬到桌上，坐在桌子旁边。从脸盆里拣了一支最大的雷管，用小签子轻轻地抠出了一小块炸药，又仔细观察了一阵子，看到起爆药雷汞已被水浸湿，便用锤子敲打了几下，雷汞也没有任何异常现象。他想多得到一些雷汞，就继续从雷管里面一点一点往外抠。没想到凉水只浸透了雷汞表面一层，里面的药还是干的。当签子第二次接触炸药的表面时，轰的一声巨响，雷管就在吴运铎的左手里爆炸了。屋内火光四射，土块翻飞，吴运铎被炸得像个“血人”。左手除拇指还留多半截外，其余四个指头都被炸掉了；左腿的膝盖炸开了，露出了膝盖骨，左眼滴着血，什么也看不见；脸上炸了几个洞，浑身麻木得失去了知觉。

正在车间里工作的同志们听到爆炸声，丢下工具一起奔向吴运铎的宿舍。当人们见到他伤势那么严重时，有的人忍不住哭了起来。大家忙绑了个担架，把吴运铎抬到了医院。

院长和医生忙着为吴运铎一边洗伤口、消毒，一边准备手术。衣服脱不下来，只好用剪刀把衣服剪成碎块。

天黑了，解放区没有电灯，没法动手术，只好等到天亮。这天夜里，吴运铎一直昏迷不醒，死亡时刻威胁着他。一直熬到第二天才给吴运铎动手术，可是由于他休克不醒，手术只做了一半。三天后，吴运铎再次被抬到手术室，继续做完左手伤处的手术。

吴运铎一直处于半昏迷状态，大家天天细心地看护着他。

后来，护士同志们告诉吴运铎，在这些日子里，他时常猛地从床上跳下来，一直往大门外跑，挥舞着缠满绷带的胳膊，高声喊叫："我要回去造炮弹，前方等着要炮弹哪！"

可是吴运铎毕竟腿受了重伤，支撑不住整个身体，身体也极度虚弱，刚跑几步，就摔倒在地上。绷带挣断了，血管弄破了，护士和同志们含着眼泪把他抬回病房。

这样一连闹过几次后，对他的看护就更加严密了。同志们轮流守护在他的身旁，白天黑夜都不敢离开半步。

经过抢救和同志们的精心护理，吴运铎凭着顽强的毅力和为党的事业奋斗不息的无畏精神，终于战胜了死神。半个月后的一天下午，吴运铎突然清醒过来。他不知道自己为什么会睡在这里，当他看到手和腿上捆着绷带，一只眼睛也被包扎起来的时候，才想起那天挖雷汞引起的爆炸。他并不害怕残废，只是一想到再不能拿起铁锤，在机器旁为党工作，心里就特别难过。

同志们仍围在他身旁。吴运铎着急地说："你们别来了，赶快去修炮弹吧！"同志们说："你别担心，我们会把炮弹修好送到前方去的。"

同志们还告诉吴运铎，在他昏迷不醒的时候，吴师孟部长也来看过他。首长和同志们热诚的关怀，使吴运铎感动得流下了眼泪。

吴运铎的伤口仍很大，党组织决定把他转到二师中心医院继续治疗和休养。一天，司令部周参谋长到医院检查工作并看望伤员，带来不少补品和鸡、鸭等。他一一向伤病员问好，最后走到吴运铎的病床前，非常关心地问这问那，并问吴运铎有什么困难。吴运铎回答，最大的困难就是不能去工作。周参谋长微笑着说："那你就好好休养，不要为伤残担心，一个革命战士，只要心在跳动就能工作。”首长的鼓励，增强了吴运铎战胜伤病的信心。

在医院同志们的细心治疗与护理下，吴运铎脸部的伤口已愈合，体力也逐渐恢复。但是手和腿上的伤口仍不见好转。

窗外柳枝吐出了新芽，春天来到了根据地，也带来了好消息，津浦路西界牌反对国民党顽固派的战斗取得了胜利。这次战斗结束后，医院增添了一些伤员，吴运铎的病房也增加了两名年轻的伤员。一天晚上，这两名伤员谈起这次战斗的经过，说这回战斗吃亏就吃在弹药不够。如果弹药充足，胜利还会更大，枪缴得也会更多。其中一个战士说：“我们连每个战士只有三四发子弹。行动的时候，怕汉奸看破，只好选些粗壮的高粱秆，切成子弹一般长，排列起来装在子弹袋里。”

吴运铎听了这些话，心情非常沉重，在床上翻来覆去，怎么也睡不着。一会儿想到战士的子弹袋里是空的，一会儿又想到扛着迫击炮发愁没有炮弹的战士。吴运铎想，自己是一名共产党员，应当在最困难的时候，发挥共产党员的作用，不能再成天躺在病床上消磨时间。

第二天，天一亮，吴运铎就去找院长要求出院。院长大吃一惊，说：“你怎么能出院呢？你的伤口里还有很多铁片，碎骨还没有取出来呢！”吴运铎将昨晚上听到的话告诉了院长，并说：“我精神上的痛苦要比肉体上的痛苦大千万倍。不能看着咱们的阶级兄弟有困难，我还整天待在医院里啊！”院长又说：“这些情况我比你更清楚，我也愿意叫你早点回去，可是你的伤口不好也不能工作呀。”吴运铎连忙说：“我回去就安心了，自己不能工作，帮同志们出点主意也好。何况我们工厂附近有个诊所，可以每天到那儿去换药。”

院长终于被吴运铎说服了，同意了吴运铎的要求，并给他办了相关手续。护士同志给他换了最后一次药，并用新的三角巾把缠着绷带的左手吊起来。吴运铎和大家告别后，在陪护他的小战士的陪同下，拄着树棍离开了医院。

医院离工厂 20 多里地。吴运铎腿上有个大洞，还没有长好，体力又

新四军军工部使用过的机床

很差，拄着一根拐杖，尽管走得较慢，仍然走得伤口直淌血。吴运铎忍着痛，终于一步一拐地回到了久别的工厂。

回到工厂后，吴运铎立刻投入工作，眼前的任务是继续制造机器，建立兵工厂。许多制造子弹的机器还没有设计，车间里等着图纸加工制造。对此，他心如火燎，置伤痛于不顾，扯下挂在左手上的三角巾，用包扎绷带的左手按着三角板和丁字尺，忍着左手伤口的疼痛，趴在床铺上继续制图设计。有时也跑到车间，跟同志们一块做试验。但炸瞎的左眼和炸断指头的左手，给他的工作造成许多不便。铅笔秃了，就用左臂按着铅笔，再把它削尖。他顽强地练习用一只手工作。

星期天大清早，一个炮兵战士牵着一匹大骡子，驮来一门迫击炮，炮兵战士说："我们的迫击炮打坏了，请你们修理修理。要得很急，我住在厂里，等你们修好后，马上带回去。"

吴运铎把全炮仔细看了一遍，发现底座中间的一个零件震坏了，需要制造一个新的装上，于是他招呼大家把炮卸下来，抬到车间去。他装上毛坯，开动了机器。直到天近正午，才将零件做好，就是表面有许多

在战争年代，吴运铎曾修理过的迫击炮

毛刺，不够漂亮。他想再磨光一点，就拿起锉刀，左臂轻轻按着锉刀的尖端，由于机器转得飞快，锉刀刚触到制件，左臂上的绷带就被这零件表面的毛刺挂住了。受伤的左手也跟着被拉过去。在他身边干活儿的一个工人见状飞步跳过来，把机器停住。可是伤口已被挤破，流了很多血，浸透了纱布，把皮带也染红一大片。同志们又把他送到了医院。医生上了药，要他住院。他说："我刚出院，怎么好意思又住院？你还是给我配点药带回去吧！"医生说："回去可以，不过伤没有好不许工作。"

傍晚，回到工厂时，看见那个炮兵战士还在车间门口转来转去，要他休息一下，他直摇头，连一口水也不肯喝。吴运铎很了解小伙子的心情，如果今夜任务完不成，他连觉也睡不安稳。因为一门炮到了我们战士手里，就能发挥强大的威力，丢在这里，不过是一大块废铁。于是，便拿起锉刀又走到机器跟前去。同志们拦住他，把他扶到一边，拉过一条凳子叫他坐下，并说："你在这儿看着我们做，要是不对，你说一声就行了。"

同志们连夜把炮装好，试了又试，炮座很牢固，直到炮兵战士愉快地赶着骡子驮着炮走远了，大家才吃晚饭。

要造的机器很多，困难也一个紧跟着一个。大家并未被困难吓倒，而是以更顽强的斗志、创造性的劳动克服困难。

迫击炮炮弹及八一、八二迫击炮弹

要造的螺旋冲床，单是那个杠杆，就有半吨左右重，没有起重机，全靠人力来回移动。这个杠杆应当是中间加粗，如果有大气锤，只要那么几下，也就大功告成了。可是只有打铁的铁锤，只能用“蚂蚁啃骨头”的办法了。由于屋子太小，无法进行操作，于是在屋外的空场上，用砖砌好火炉，支起风箱；又在地下挖了一尺多深的坑，埋上铁砧；在坑的四周搭起一人多高的木架，铺好板子，安装上木轮滑车，将杠杆中间烧红后，再用粗绳子把一头拴牢，拖到铁砧上竖起来，五个小伙子光着膀子，爬上木架，抡起铁锤使劲地往下砸。6 月天的太阳像一团火，小伙子们身上流满了汗水，杠杆还没冷却，人已经没有力气了。大家累得放下铁锤大口喘气。天黑了木架上吊上汽灯，同志们不顾劳累，继续干活儿，硬是把那碗口粗的

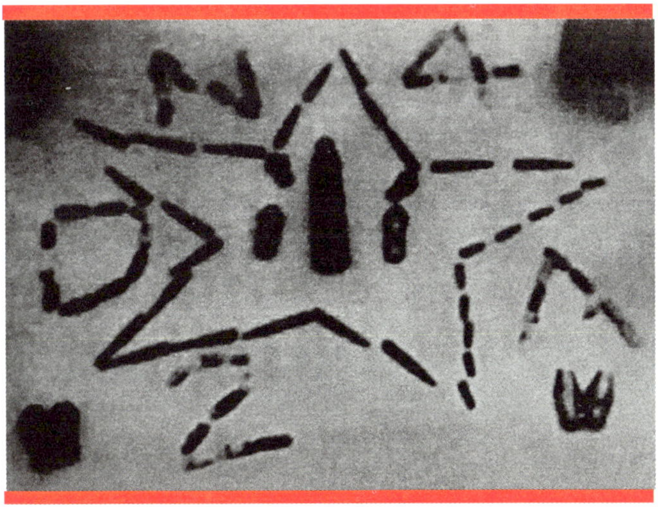
此为新四军军工部用生产的产品组成的图形照片。“五角星”及四周的 N4A2D 是由步枪子弹和手枪子弹组成的新四军二师的英文缩写。“五角星”内为一枚铜质 45 毫米平射炮炮弹和两枚炮弹引信以及两枚枪榴弹引信。照片左上角和右上角为两枚自制地雷

新四军兵工厂生产中的口号是：“把官兵关系建立在高度的政治自觉与深厚的革命友爱上面！”

铁杠中间挤鼓了。

接着又制造螺丝杠。在一根三英寸多粗二十多英寸长的铁棍上刻六条螺丝扣。如果用铣床加工，不仅省时省力，而且质量容易保证。可是没有铣床，只能用手工在铁棍上硬刻出一道道螺丝扣。刻完公螺丝后就用公螺丝杠翻砂制成坯模，灌进去铜水，铸成母螺丝。没有化铜用的坩埚，就利用废炮弹做成“钢锅”。不过，化过两次铜后，钢锅就被腐蚀得像蜂窝一样了。同志们心疼地说：“拿这些材料能造多少漂亮的工具呀！”

第二年夏天，制造子弹所需要的机器与工具全部造成了，大大小小一共 30 多台。接下来需要考虑的就是如何解决安装这些设备所需的厂房问题。找来找去，在村东头找到了一个大庙，把房子破漏的地方修补好，并打扫干净，把新机器搬进去后都刷上新的油漆，编了号码，有序地排列在大庙里。

机器虽然有了，但是缺少操作机器的工人。每年要生产 60 万发子弹，只靠 8 个人当然不行。经请求上级，从部队里调来 100 多个青年队员，到厂里当学徒。大家开始轮班带徒弟，师傅教了徒弟，徒弟再教徒弟，

这是新四军二师军工部生产的各类弹药

一边上课学习，一边实习操作。大家很快就掌握了制造子弹的技术。

工厂开工了，100 多个年轻小伙子，立即投入繁重的生产之中。他们用粗壮的臂膀推动沉重的冲床，在机器巨大的吼声里，第一颗子弹诞生了。接着，机器全部开动了，小伙子们呼喊着自己创造的号子，号子声几乎盖过了机器的轰鸣声。

得知工厂开工的消息后，吴师孟部长特地骑马跑了 90 多里路，赶来道喜。他走进车间，看见那整齐排列着的机器，看见那黄色的弹壳从冲床下面一个个滑出来，抑制不住内心的激动，在跟每个人握过手之后，也卷起袖管和大家一起忙碌了起来。

自工厂开始生产以来，虽然困难一个接着一个，先后出现过弹头变形、弹壳裂口、工具不足、材料短缺等问题，有时还遭到敌人的“扫荡”。但这些并没有吓住和难倒智慧、勇敢的兵工战士。战士们迎着困难，群策群力，出主意、想办法，每月都能超额完成任务，并不断改进工具和操作方法，制造出更多性能更先进的子弹送往前线。

八、接受新任务

1942年秋天，军工部给子弹厂下达了制造迫击炮弹的任务，同时还要求不能影响子弹的生产。工厂接受任务后，重新组织了力量，抽出一批人来专门学习迫击炮弹的生产技术。

这个任务对于从来没制造过炮弹的子弹厂来说犹如老虎吃天，不知从哪儿下口。为了完成这个任务，迫切需要获得有关的知识，可是这类

1940年，在新四军二师淮南敌后根据地担任子弹厂厂长时的吴运铎（中）

书籍根本找不到。吴运铎收集了敌人打过来的各种各样没有爆炸的炮弹，把它们拆开，又把每个弹壳、弹尾和引信锯开，通过实物解剖，来分析研究炮弹的结构原理，掌握炮弹的制造知识。他对每个零件都认真观察，弄清它的构造和作用。之后，他把各种炮弹的优点综合起来，再根据自己工厂的条件，设计迫击炮弹的图样。

第一颗炮弹制造出来后，便紧锣密鼓地搞起了炮弹的试验工作。在靶场的土丘上架起了一门炮，吴运铎站在炮旁，右手托起炮弹，准备打这谁也不知道会发生什么结果的第一炮。为了防止炮弹在炮筒里爆炸伤人，他让同志们伏在远远的洼地里。然后，他以十分敏捷的动作，把炮弹投入迫击炮筒，之后便立即翻身滚下土丘。谁知炮弹在炮筒里哑火，此时此刻试验场出现了可怕的沉寂，这意味着可能发生危险事故。等了一会儿，吴运铎便站起来走向炮位，同志们也连忙跑过去，一人用双手堵住炮口接拿炮弹，一人双手抬起炮的底部，把炮弹从炮筒里倒出来。

第一炮失败了。检查后，发现是炮弹直径过大，底火药调制得不好。于是，连夜重配了底火药，修正了弹带的尺寸，第二天早晨又走上了靶场。

试验的安全措施仍与前一天相同。炮弹投入炮筒，迫击炮大吼一声，炮弹立即发射出去。炮弹在空中疾驰飞行，大家欢呼起来。

可是，炮弹却落在前面不远的荒草地上，钻进土里，无声无息。长久难耐的沉寂告诉参试人员，它是存心不爆炸了。第二炮的试验又失败了。

吴运铎想，当前最重要的是弄清楚失败的原因。但是，炮弹钻到哪里去了呢？不把它找回来，分析和研究工作就缺乏第一手的材料和可靠依据。于是，大家跑到那宽广的荒草地上，寻找这颗十分有价值的炮弹。太阳下了山，同志们打起灯笼火把，拨开一丛丛的荒草搜寻，可炮弹还是杳无踪迹。

那天夜里，吴运铎一直思索炮弹不炸的原因，鸡叫头遍，他喊醒了同志们，又到荒草地上继续向炮弹飞行的方向寻找。结果在一堆乱草里发现了它的踪迹，炮弹入土一尺多深。因为炮弹信管的安全装置在发射前已经去掉，说不定它一发脾气，又要爆炸。同志们特别小心谨慎，冒着危险用锄头把它挖出来。经过反复检查和深入思考，终于弄清楚了没有爆炸的原因是信管里撞针的弹簧太软，冲击力不够所致。

于是，针对这个毛病给炮动了“手术”，又进行第三次试验。为了避免落地不炸，又不好寻找，这次准备了三颗炮弹。

试验开始了。炮弹在草地上空呼啸而去，一接触地面，立即闪出火光，发出巨大的轰鸣，泥土冲向半空。躲在四周的同志们一跃而起，举手欢呼。

紧接着，又发射出第二颗、第三颗炮弹。两颗炮弹都成功地爆炸了。第三发炮弹响过以后，大家都争先恐后向草地跑去，找到三个爆炸坑。同志们忙着测量坑的直径和深度，又查点了留在弹坑里没有飞出的破片的数目，量了破片的大小。一切数据都证明，炮弹的杀伤威力合乎要求规格，试验获得了成功。

吴运铎当天就给军工部首长写信，报告了炮弹的试验情况。吴师孟部长回信鼓励大家继续努力，要工厂先试造 300 发炮弹，还说军工部材料科的同志们突破敌人的封锁，从敌占区找到一部破旧的六尺车床。这有力的支援，更增强了大家的信心。工厂一边试制炮弹，一边赶造工具，准备建立炮弹车间。一个月后，300 发炮弹出厂了。

炮弹送到司令部的第四天下午，军工部的一个小通讯员急急忙忙地跑来，把吴师孟部长写的信交给吴运铎。吴运铎急忙拆开信，看见上面写着：“……第一批 300 发炮弹已发给部队，炮兵在演习射击时，将炮弹加足药包，也只能打 30 公尺，落地还不爆炸，现在炮弹已全部退回，师长要你明天一早赶到司令部。”

信纸从吴运铎手里落到地下，他深感愧疚，心想：“30 公尺远，还不如扔手榴弹呢！而且几乎要延误战士们执行战斗任务！”他的心被这只能打 30 公尺的 300 发哑巴炮弹咬住了。同志们拾起信来一看，也都是面面相觑。

吴运铎提醒自己，在失败面前，最需要的是镇定和清醒的头脑，绝不能垂头丧气，必须冷静地分析失败的原因，下定决心，哪怕失败一百次，也要做一百零一次的尝试，直到取得最终的胜利。

经过对制造炮弹的备份零件和图纸的对照核实和检查，零件都合乎规格，图样也找不出什么毛病。于是又把每道工序负责加工的人和成品检查员找来，详细询问，也没有发现制造过程中的疑点和意外情况。吴运铎后悔的是这批炮弹出厂时，为什么不来一次实弹射击呢？

又是一个难耐的不眠之夜，吴运铎躺在床上翻来覆去怎么也睡不着，好像那些打不响的炮弹直在眼前晃来晃去。他心想，既然炮弹零件没发现什么问题，那么炮弹射程只能打30公尺远，最大的可能就是发射火药没有燃烧完，炮弹就飞出炮口，火药的效力未得到充分发挥。可火药的问题又出在哪里呢？想到自己没有火药厂，全是靠缴获来的火药拼凑的，什么火药都有。想到这里，他便静悄悄地推开门，跑到后配殿旁的草屋里，叫醒装配工老王，询问火药的情况。老王说，上次试验炮弹用的发射火药早用完了，这次给部队生产的300发炮弹，用的是日本鬼子的山炮弹火药。听完老王的话，他觉得原因多半就在这里。

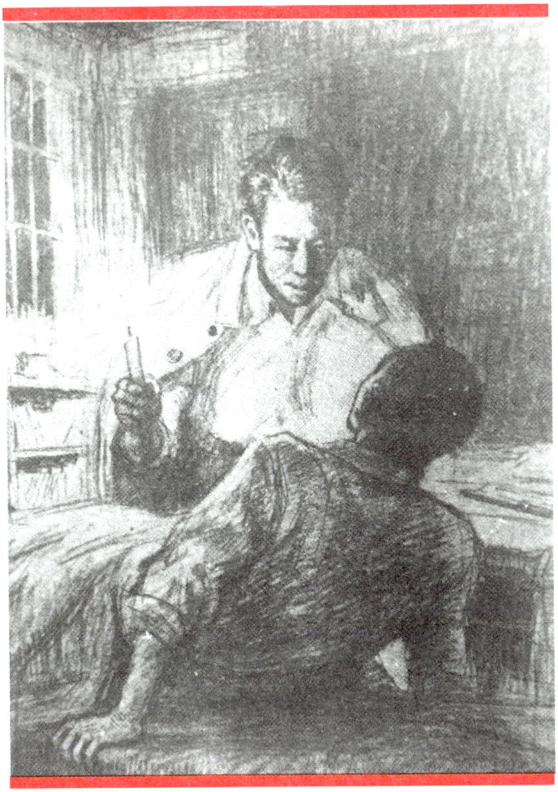

深夜，吴运铎找王师傅了解使用发射火药的情况（罗工柳作）

回到宿舍里，火药问题仍然使他不能入睡，怎样把火药的燃烧速度加快，从化学成分上来改进它呢？因为没有制药厂，根本做不到。想来想去，觉得把火药片压得更薄、更小一些，可能燃烧得更快一些。于是一骨碌爬起来，又跑去叫醒了老王。两人一起跑到车间，点起灯来压制火药。

天一亮，他带了两个技工，带了重新压制的火药和工具，赶到了司令部。

参谋长命令在靶场支上一门炮进行试验。靶场周围人山人海，大家都关心着这一批炮弹的命运。

吴运铎拿起一颗信管上装有保险的炮弹，有意不让炮弹爆炸，以免发生危险。炮弹投入炮筒后，只听炮筒里轻轻地响了一声，炮弹无力地飞出炮口，落在20多公尺远的田里，炮弹尾翼上的绸布药包还在空中燃烧，原来真的是火药燃烧太慢。

于是，他们立刻拆掉十个炮弹的火药管，换上自己带来的火药，同时用两门炮进行试验。每门炮发射五发炮弹，第一发不加药包发射。两门炮同时一声怒吼，炮弹射到500公尺远的山坡上，发出闷雷般的爆炸声。同志们都热烈地鼓掌欢呼。

第三发和第四发炮弹，各加了三个药包，在炮口巨大的吼声中炮弹飞过对面山头，落在2000公尺远的山地里，猛烈地爆炸了。正准备再试时，参谋长过来说："运铎同志，可以了，不用再打了！"

试验成功后，大家动手，迅速建立了一个迫击炮车间。这里不但能够修理坏的炮弹，而且还可以自己制造新炮弹了。

生活永远是紧张的战斗，一件工作完成了，新的任务接着就来到了面前。当子弹和炮弹生产正紧张进行的时候，上级又要求工厂想办法制造多种地雷，以便在游击战中发挥地雷轻便灵巧、便于使用、杀伤力大的特点，用地雷战狠狠地打击敌人。

对于当了几年兵，却连地雷都没有见过的吴运铎来说，要完成这项任务，其难度是可想而知的。他凭着主观的模糊感觉，认为既然叫地雷，可能就是埋在地里的炸弹，也是利用爆炸的破片杀伤敌人。顺着这个思路，准备造一种定时地雷，让它在一定的时间里起火爆炸。可是用什么装置来控制起火时间呢？想来想去，也得不到一个确定的答案。受炮弹延期信管的启发，想到用加长地雷引火线的办法，先算好时间，点燃了埋进土里，再一细想，显然是行不通的。因为地雷埋进土里，引火线被

新四军第二师军工部生产的各种手榴弹和地雷

土压着的部分就断绝了空气，是无法再进行燃烧的。试用压缩空气的方法，也失败了。于是想到去翻书本、找参考、寻线索。联想到人类历史上的许多计时方法，决定用铜壶滴漏的原理，进行反复试验，取得了可以引火起爆的效果，但是时间不准确。后来就进一步按照钟表那样的装置，加上用电发火的结构进行试验。在制造试验装置中，解决了电发火用的钨丝问题，把手电筒上的小灯泡卸下来，磨个小洞，装上火药，然后用纸把小洞堵起来，一过电，钨丝把火药点着……定时地雷成功了。

从这以后，他们又成功地制造出了脚踏地雷、拉火地雷等。

为了对付敌人的扫荡，在根据地遍地埋下地雷。于是上级开办了地雷干部训练班，先训练干部，再由干部去培训战士和民兵。上级指派吴运铎来训练干部。为此，他除了照顾工厂生产外，每天还要骑马到邻县去上课。有时只能在马背上打个盹儿。

地雷制造成功后，罗师长托人从上海买了一部《现代工厂实习法》奖给吴运铎。在书的第一页上，师长亲笔写着："只有把科学和无产阶级的利益结合起来，才是真正的科学家。"吴运铎时刻牢记这一教导，心中默默地想，为了战斗的需要，他将不畏挫折，老老实实地虚心学习，努力掌握科学知识，真正把无产阶级的利益和科学结合起来。

九、制造枪榴筒、枪榴弹

为了能更好地为党工作，吴运铎请求组织调他到司令部学习一段时间，再回工厂工作。不久吴师孟部长通知他，上级决定调他去延安马列学院学习。

第二天一早，吴运铎冒着大雪赶到司令部办好了去延安学习的手续，拿着介绍信，跑出大门时，恰好碰到罗炳辉师长。师长亲切地拉着他到自己的住处坐一坐。像往日一样，师长十分亲切地和他谈话。

“运铎同志，学习是很重要的，不过现在战斗很紧张，还有重要任务交给你。我想跟你商量一下，暂时不去延安学习好不好？”

“学习是为了更好地工作,既然工作需要我留下,就继续在工作中学习吧。”

罗师长满意地笑了。他一边在屋子里来回踱着步，一边分析着当前的形势和战争的特点。罗师长再三地说，对待敌人，就应该狠，狠到连他的骨头都给敲碎，叫他永远爬不起来。我们现在就需要有各种各样能敲碎敌人骨头的武器。

“你看能不能想出办法来？”他微笑着问。

“我的一切都是属于党的。党要我做什么，我就做什么。”

吴运铎接受了研究新武器的任务，回到工厂后就一直在想怎样按照现有的条件，研究出一种杀伤威力大的新武器。当时最大的困难就是没有材料、没有机器、没有工具。光凭主观去想，就是想得再好，把图样设计好了也没有用。所以，第一件事是找材料，然后根据这些材

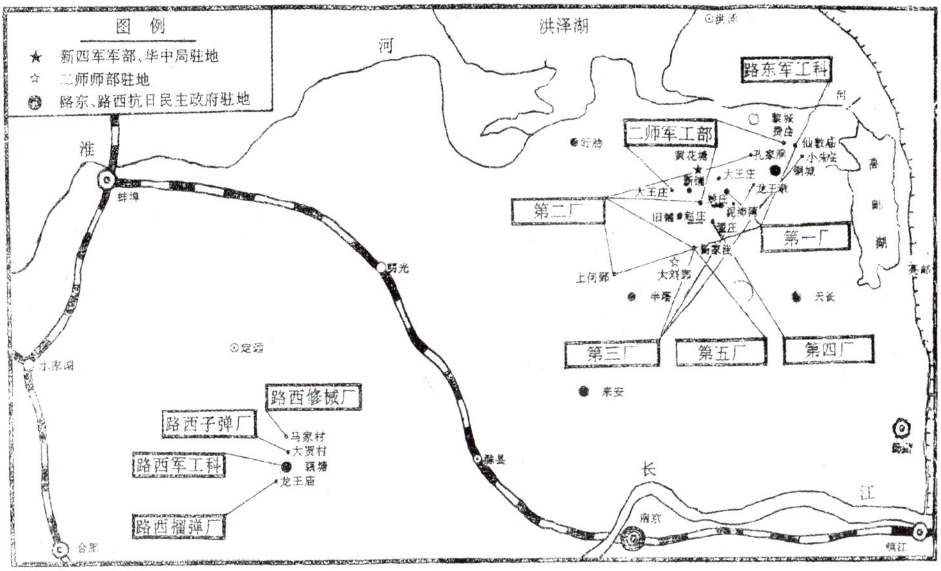

新四军第二师军工部及工厂驻地变迁图

料进行设计。

听老乡们说，以前国民党打着“治淮”的幌子，说要在洪泽湖附近造水闸，运来一批铁棍，后来水闸没造成，铁棍也没影儿了。得到这个消息，军工部材料科全体动员，整天沿着湖岸寻找，最后在湖边一片枯烂的苇子地里，找到一批被土埋着的铁棍。铁棍有好几百根，每根3寸多粗。发现这批材料，真比找到金矿还高兴。

究竟拿这些材料造什么东西呢？凭空研究一种武器，真比大海里捞针还要难。吴运铎把能找到的书都搬出来，翻来翻去，在一本旧杂志上翻到一篇介绍枪榴弹的文章。说来也可怜，那篇文章总共不过二三百字，而且多半是空话，无非是讲枪榴弹如何厉害之类。唯一的收获，就是从这里知道了所谓枪榴弹，就是利用步枪发射一个小型炮弹，至于它的构造，却未提及。

经过反复思考，吴运铎决定研究和制造枪榴弹。于是他终日伏在桌子上设计，碰到想不通的问题，就和同志们商量。最后决定把铁棍锯断掏空，制成枪榴筒，像装刺刀那样套在步枪口；再用铸铁造成形状像迫

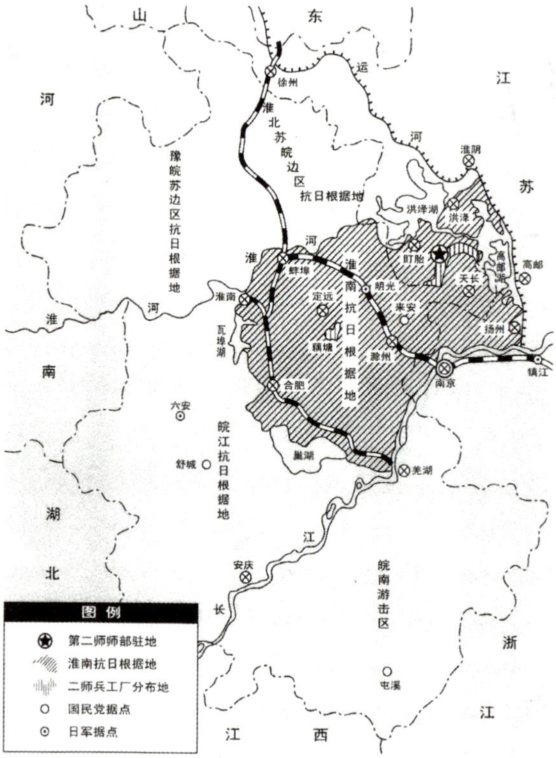

新四军第二师军事工业分布图

击炮弹一样的炮弹，装在筒里，利用没有弹头的步枪子弹的火药气体，把筒里的枪榴弹发射出去。

草图设计出来后，他又对每一部分做了详细的研究，认真地听取了工人们的意见，并采纳了一些好的建议。根据草图和大家的意见，进行最后的设计。设计中遇到的第一个难题是计算枪榴筒内火药气体的压力，这需要高等数学知识。可是对于一个只上过小学的人来说，根本就不懂得高等数学知识，只好现做实验。先做个筒子，量好直径，打一枪，再量一量，看它长了多少，不行的话再改一改。射程距离的调节也是一个难题。怎样控制射程的远近呢？思来想去，想到用调节枪膛压力大小的办法来调节枪榴弹的射程。可是，要采用一种什么样的机械装置才行呢？他跑到车间和大家商量，根据大家的意见，最后决定按照调节车床速度的道理来设计。经过反复实验，不停地和大家商量，第一个初步图样设计出来了。吴运铎日夜忙着绘图，整个心思都在图样上，吃饭、睡觉，似乎都成了多余的事情。

图纸交到各个车间，同志们便抢着干。半个月后，第一批枪榴弹和第一支枪榴筒都造出来了。

试验的那一天，谁也猜想不到这第一枪是什么结果。为了避免意外

1941 年 3 月 15 日，新四军二师部分领导人员合影，前排左起：张劲夫（一）、郑位三（二）、张云逸（三）、罗炳辉（四），后排左起：邓子恢（四）

事故，就用绳子把步枪捆在树干上，枪的扳机上系一根长绳子，待参试人员和参观人员都隐蔽好了以后，开始试验。绳子一拉，轰隆一声，枪榴弹射了出去。听见第一个枪榴弹的爆炸声，正像母亲听见自己的胎儿坠地后的哭声一样，那种喜悦、那种激动，是无法形容的。

枪榴弹是射出去了，但枪榴弹在空中飞行的时候，却摇摇摆摆，极不稳定，这会降低命中率。量了一下射程，也只有 220 米远。

枪榴筒、枪榴弹和木柄手榴弹

接下来，提高射程，便是枪榴弹设计的当务之急。于是修改设计方案，把弹体的弧线加大，减少空气阻力，

吴运铎和工友们试射枪榴弹（李宗津作）

把枪榴弹的重心再往尾部移动。经过试验，枪榴弹能够一直向前飞行，再也不摆动了，但射程增加不大，总是不过二百三四十米。

枪榴筒和枪榴弹的各部分，都做过仔细的考查，没有毛病。剩下来的就是发射用的无头子弹，很可能和以前试验迫击炮弹一样，问题出在无烟火药上。

吴运铎和几个同志一起，把火药研成碎末儿，又混合了另一种火药，使它燃烧加快，接连装好了几个子弹，再去试验。

试验开始了，扣动扳机，只听见轰的一声，枪榴弹没影儿了，它跑到哪儿去了呢？同志们都昂起头向远处张望，忽然听到荒地那边传来低沉的爆炸声。大家不约而同地向前奔去。

一测量，射程 540 米，增加了一倍还多。

同志们一路兴高采烈地谈笑着，回到工厂。

第二天，吴运铎带了两个同志，扛着枪榴筒，挑着枪榴弹，到司令部去做汇报试验。

参谋长看过枪榴筒后，招呼大家坐下，拿起电话筒命令立刻布置靶场。师长、政治委员、参谋长都到了试验现场。一连打了十几发枪榴弹，个个都炸得十分漂亮。

试验完了，罗师长拉着吴运铎的手，一起走进参谋长的办公室。参谋长问道："你们一个月能生产多少？"怎么回答呢？工厂只有一部车床，每个月要制造300发迫击炮弹，其他机器只能造子弹，没有别的生产工具。参谋长见他迟疑，就又问："有什么困难吗？"吴运铎回答："困难不少，我们一定想办法克服。"

参谋长又拿起枪榴筒，提出许多重要的改进意见。吴运铎按照首长的指示，经过进一步改进，不仅使生产时间缩短了许多，也使射程提高到700多米。

由于精兵简政，军工部缩小编制，改为军工科。在这以前，吴师孟部长因为积劳成疾，不幸去世了。司令部派吴运铎担任科长。

当时，淮南根据地已经有了四个兵工厂，都由军工科领导。吴运铎肩负的责任更加重大了。除了技术工作，还要处理很多行政事务，包括财务支出、材料采购等问题。但是最担心的还是枪榴弹。于是他就住在工厂，一边布置各厂的生产，一边计划枪榴弹和枪榴筒的生产。同时，还设计了制造枪榴筒的机器，制造了几部生产枪榴弹的小车床，又建立了一个枪榴弹的生产车间。

制造的枪榴筒和枪榴弹，很快就装备了前线部队。

不久，日本鬼子又向根据地桂子山发起进攻，但他们万万没有想到，在这里吃到了我方给他们准备的苦果。我们的战士用枪榴弹打死了80多个日本鬼子。指挥战斗的成钧旅长，特地把一支从鬼子军官身上缴获的手枪送给

新四军兵工厂工人在紧张地生产枪支配件

吴运铎，作为制造枪榴弹的奖励。

在战斗中，枪榴弹一次又一次地发挥了它的威力。

秋天，根据地的稻子熟了，鬼子伪军又到来安县抢粮。这地方四面环山，鬼子来到半山腰，坐在山洼里休息，命令伪军打头阵。那些伪军刚翻过山梁，我们的枪榴弹就像雨点般飞了过去。战士和民兵们的射击技术还不够熟练，枪榴弹全飞远了，没有打着伪军，可是，正好落在山梁后边鬼子休息的地方，一下子打死了十几个鬼子。鬼子们拖着死尸，拔腿就跑。伪军们见势头不好，也跟在后面逃跑了。

十、研制平射炮

1943年夏天，在江南坚持战斗的六师兵工厂一部分同志，突破敌人的重重封锁，来到了淮南。

军工科又扩大成为军工部，吴运铎同志担任工务科长。

淮南根据地处在日本鬼子、汉奸军队和国民党顽军的夹击之下。这批国民党军队抗日消极，反共积极，他们张牙舞爪地进攻津浦路以西地区，他们跟日本鬼子一样，沿路拆房毁屋来修筑碉堡，前锋一个团进攻占鸡岗。

1944年夏，时任二师军工部工务科长吴运铎（左）与时任军工部部长王新民在一起

1944年10月，新四军司令部发出紧急命令，要求兵工厂立刻制造攻坚的

平射炮，准备摧毁津浦路西林立的碉堡群，保卫抗日民主根据地。

军工部当天召集了会议，决定抽调人员建立大炮制造厂，原先的迫击炮弹厂改造成平射炮弹厂，由吴运铎主持设计和制造工作。

要制造平射炮，没有资料可查，没有现成的经验，除了在少得可怜的关于兵器的书籍中寻找星星点点火炮的知识以外，就是和同志们一起商量探索，结合自己制造炮弹的经验，在边学习边研究讨论的基础上进行设计。

大炮的主要材料是钢，当时能找到的材料只有钢轨，无法锻成粗大的炮筒。

造枪榴弹剩下的许多铁棍，还存放在材料科，估计能造几十门炮的炮管，只是这铁棍不够粗，炮的口径不能太大。

为使炮弹出炮口后，能在空中稳定飞行，炮管内壁必须刻出一种围绕炮管轴线旋转的斜线，这就是平常说的来复线。但是没有刻来复线的机器，怎么办？吴运铎想起在皖南兵工厂造步枪时，枪管内的来复线是用手工方法拉出来的，可是炮管比枪管粗好几倍，“拉”是不行的。曾听人说过，来复线还可以“挤”，不妨来试一试。

吴运铎心想，如果做一个有凸起斜线的橄榄形钢柱，把钢柱楔入炮管，也许就能挤出和钢柱上螺旋形一样的来复线。

45毫米口径平射炮及炮弹

究竟行不行，只有通过试验才知道。于是他马上绘制了一张简单的钢模图样交给了车间。

同志们立刻动工，根据图纸制造了炮管、钢模和钢垫片。晚饭时间到了，可是没有人去吃饭，直到把试

二师军工部吴运铎的战友们在45毫米平射炮前合影，前排左起第一人为程远，第二人王新民（惠永昌）部长，第三人王文值副部长，后排左起第一人为吴屏周政委

验用的工件全部赶制出来，大家才肯停下。

吃过晚饭，大院里点起了明亮的汽灯，院子中间放好铁砧，同志们把炮筒竖在铁砧上，把钢模插进炮管口，四周注上润滑油。同志们抡起大锤，把钢模打进炮管，接着把钢垫垫在钢模上面，继续往下打。那钢模被压挤着，通过炮管，从另一端钻出来了。抬起炮管来对着灯光一照，里面的来复线又光又滑，跟原来设想的一样。

造炮弹没有钢料，就和造枪榴弹一样，用铸铁来造。最后还缺少容纳发射火药的铜壳，别说工厂没有铜，就是有，也没有制造铜壳的机器。吴运铎思来想去，决定用药包代替铜壳。再用黄杨木做成炮轮，周围包上铁箍；把小铁轨锯断，用螺丝钉连接起来做炮架，这样火炮的设计算是初步完成了。

图纸完全送出以后，吴运铎感到一阵阵头晕，两眼疼痛难忍，浑身绵软无力，倒在了工作台上。

医生给他吃了药，又上了眼药，同志们扶着他躺下。

第二天，他又跑到炮厂帮助造炮。

没几天，试验炮造好了。在厂外荒坡上，筑起一座高大的土墙，离土墙 300 多米远的地方，筑起了一道壕沟，架起试验炮。第一发炮弹没装炸药和药包，把 4 尺多厚的土墙打穿了一个大洞。第二发炮弹打出去，土墙被揭掉了一半。又打了几发，土墙全倒塌了。

参谋长特地从几十里路以外赶来参加试验，并提出了许多改进的意见。这天晚上，又开会总结造炮的经验。根据大家的意见和参谋长的指示，改进了草图，绘制出了正式的火炮图样。炮弹厂的同志也改进了生产方法，制造了铁模型代替翻砂，来嵌装弹带，又用铁模子铸造引信的毛坯，减少了材料的消耗，从而使节省下来的材料能生产更多的炮弹。

到秋天，工厂造出了平射炮 36 门和大批炮弹。

1944 年 11 月，攻打占鸡岗的计划开始实施，所有的火炮对准顽军的大碉堡。敌人根本就不会想到我们有大炮，表现出了十分傲慢的态度。当我们的 36 门大炮齐声怒吼时，他们才乱了阵脚，预感到灭顶之灾的来临。高大的碉堡被炸开了，敌人举枪投降了，反共的少将团长蒙佩琼在隐蔽的水沟里被擒获后，直喊饶命。

占鸡岗战斗结束不久，日本鬼子就发动了“扫荡”，兵工厂开始了紧张的备战。同志们抬着笨重的机器和材料，踏着烂泥，隐藏好机器，在工厂的四周布满了地雷。

为了随时掌握敌人的情况，司令部决定在敌占区建立秘密联络站，传递情报。炮弹厂装配工人陆平受命负责建站工作，她常扮成一个老百姓新媳妇的模样开展工作。吴运铎对陆平比较熟悉，她也是六师的，平时有空时，两人经常聊天儿。吴运铎有病时，陆平也来照顾他。

这天，为备战，吴运铎正忙着在屋里清理文件，陆平来看他，两人便亲切地交谈起来。

吴运铎先开了腔，“怎么啦？你又要回娘家？”

“你看像不像？”陆平没有直接回答他的问话，只咧着嘴笑，“我特地来看看，一打仗就见不着你了，这阵子你身体太坏，可要当心，别搞垮了。知道吗？”

看着陆平那一本正经的“老大姐”派头，吴运铎忍不住大笑起来。

陆平老家在扬中的一个小村里。1942年鬼子“扫荡”时，一把火把她家的两间茅草棚子烧光了，一家人落得无家可归。陆平瞒着年老的父母，参加了丹北人民抗日游击队。

陆平到兵工厂看望吴运铎（尚沪生作）

陆平小时候读过五年书，入伍分配到文工团工作，不久参加了共产党。文工团转到江南以后，她被调到六师军工部火药厂当工人，后来又调到二师。在长期的战斗生活中，她与吴运铎彼此有了更多的接触和了解。

有一天，在和军工部长王新民的闲聊中，吴运铎谈到了他对陆平的看法和两人相处中的感受：“陆平是一个好同志，一个勤劳的女工，一个真诚的朋友。以前和她在一起也不觉得怎样，现在一离开，像是生活里少了什么东西，这究竟是什么原因，连我自己也解释不清楚。”

军工部长说：“原来是这样，这就是爱情。我来做媒吧！”

吴运铎不好意思地说：

“这太莽撞吧？如果她没有这种感受，就太不好意思了！”

“你的顾虑真多！”部长笑了。

这时候到了抗战胜利的前夕。在欧洲战场上，苏联已经向德国法西斯展开了全面进攻。在国内，解放区军民打退了国民党第三次反共高潮，正在积极准备对日本侵略者实施反攻。我们的炮厂也在继续扩大，只是大炮还不能满足战斗需要，必须继续改进，增强它的威力。

吴运铎负责加大火炮的口径，秦永祥负责改进炮弹，用钢制造，信管也要改为自动化的。当时全部力量都集中在争取最后胜利这个目标上。

不幸的事情发生了。一天，老秦坐在工作台前把一个日本信管拆开研究，引起了剧烈的爆炸，一块无情的爆片，割断了他的咽喉。等同志们赶到，秦永祥已经停止了呼吸。

老秦的牺牲使大家非常难过，也更激励大家把未完成的工作做好。吴运铎把对战友的思念化为无穷的力量。为了实现最后胜利的目标，他拼命地工作，骑着马跑到前线，实地查看火炮的杀伤力，又跟战士们开座谈会，了解他们对火炮的要求。还在部队住了十多天，帮助部队组织了一个随军行动的流动修械厂。临动身时，部队派了一个骑兵班护送他到炮弹厂。刚回到工厂，新任厂长便把他拉到屋里，谈起了提高炮弹威力的问题。从厂长的谈话中，吴运铎得知陆平受伤了，起火管把她的胸部、腹部炸伤了，而且住了院，昨天刚刚出院。

谈话结束后，他正准备去看望陆平，刚一出门，就碰见了她。

陆平说："我来看你啦！瞧见你们谈问题，不敢打搅，就在外边等你。"他俩出了厂门，走进了山脚下的林荫道。

"你受了伤，怎么不给我写信呢？"

"怕你着急呀！听说你上前方去了。"

她停下脚步，看着吴运铎，好像有句要紧的话哽在喉咙里说不出来。

"老吴，你跟部长说什么了？"陆平终于憋不住了。

"什么也没说啊！"吴运铎一时想不起来。

"别打埋伏了。同志们都知道了，还要我请客！部长来检查工作，找我谈过。你到底是怎么想的？"

吴运铎这才记起那次的谈话，就说：

"我是个残废，你不觉得有什么遗憾吗？"

新四军军工部修械所生产现场

“怎么能这么说呢？你是为革命事业受的伤，我应该向你学习。”

第二天，他俩就一起给师政治部写了份报告，申请结婚。

回到军工部吴运铎又忙着搞设计，一边画图样，一边到工厂实验，把火炮口径从 36 毫米扩大到 42 毫米。

1945 年入夏以来，淮南解放区闹旱灾，眼看秋收将要落空，军工部把各厂的生产力做了新的调整，组织了救灾队，拖着抽水机去为农民兄弟灌溉。一部分同志被派到新解放的高邮，修理面粉厂的机器。各工厂向军工部附近集中，炮弹厂也从盱眙搬回来。吴运铎担任军工部副部长兼工务科长，负责领导生产。紧急的任务使他顾不得考虑个人问题了，结婚的事只好延期。

中国人民殷切盼望的伟大日子来到了！1945 年 8 月 9 日，毛主席向解放区军民发出了响亮的号召：

“最后地战胜日本侵略者及其一切走狗的时间已经到来了。……八路军、新四军及其他人民军队，应在一切可能条件下，对于一切不愿投降的侵略者及其走狗实行广泛的进攻，歼灭这些敌人的力量，夺取其武器和资材，扩大解放区，缩小沦陷区。……中国民族解放战争的新阶段已经到来了，全国人民应该加强团结，为争取最后胜利而斗争。”

8 月 15 日，日本政府宣布无条件投降。就在这一天，朱总司令命令各战区的人民解放军迅速前进，收缴敌伪武装。

淮南解放区军民以英勇的战斗回答了党的号召。战士们向敌伪盘踞的城镇进军，军工厂日日夜夜赶造炮弹。工厂的院子里，搭起了两丈多高的支架，上面架上滑车，拴上一个 100 多斤的生铁疙瘩，算是“大汽锤”，再把烧红的一节钢轨放进炮弹钢模内。“大汽锤”从两丈高的上方一起一落地锤打，就制成了钢弹壳。经长期反复实验，火炮的射程已经提高到 8 华里。在前线，我们的火炮，抬起了头，张大了口，要消灭那些敢于拒绝投降的敌人，解放祖国神圣的土地！

十一、拆定时炸弹

兵工厂制造枪支、弹药的材料一直很缺乏。民兵同志们常常拿他们拆来的钢轨到兵工厂换手榴弹和地雷。在这样的情况下，许多同志化了装，冒着生命危险，挑上担子到敌人占领的城市里，在替老百姓修补锅盆的同时，收集破铜烂铁，凑齐一担子就送回根据地来。不少同志被敌人查出，有的被杀害，有的被关进了监狱，有的材料不容易搞到，就不得不花巨大的代价。像翻砂用的红砂土，需要的数量很多，敌人控制得很紧，只好派战斗队强攻敌人的据点，夺取些过来。炸药更是困难，其来源多半是从敌人打过来的没有爆炸的炮弹内挖取。

珍珠港事变以后，太平洋战争爆发，日本又和美国打起来了。美国利用我国西南部一些基地，有时派飞机到日本占领区轰炸。在一个秋天的深夜里，美国飞机在根据地，丢下了 8 颗大炸弹，都没有爆炸。

东方刚露出鱼肚白，司令部得到报告，在仪扬地区（仪征和扬州两县交界地区）发现了 8 颗都没有爆炸的炸弹。参谋长马上打电话给军工科，叫吴运铎赶快去把炮弹中的炸药想法弄出来。

得到命令后，吴运铎找了 3 个同志并带上了工具，每人骑上一匹马，飞也似的向仪扬边界奔去。

到了炸弹掉落的地点，区政府已经动员了三四百个农民在挖炸弹，炸弹钻到地下有两丈来深，一直挖到吃过晌午饭，才看见炸弹。这样大的炸弹还从来没有见过。大概是日本鬼子的战斗机追得紧，美国飞机为

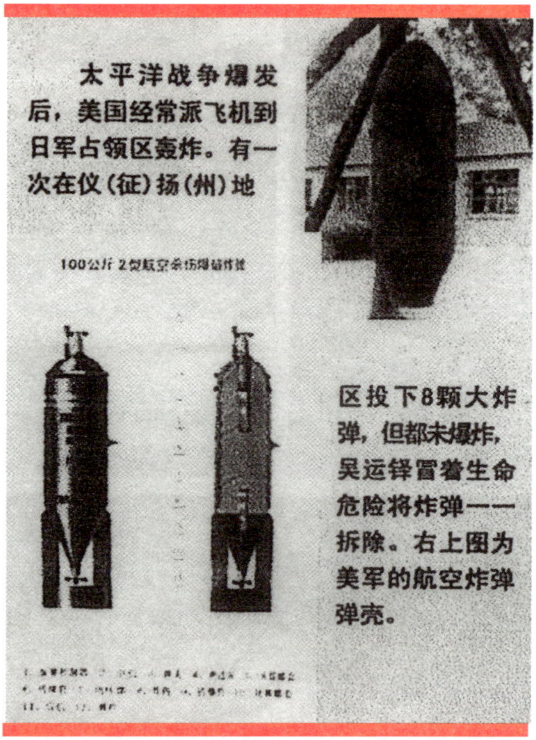

太平洋战争期间美国投下的航空炸弹

了逃脱，就急忙把炸弹扔了下来。

炸弹的半截露出来了，不能继续再往下挖了。因为炸弹上装有引火的信管，这东西是非常危险的。炸弹挂在飞机上是有安全装置的，可当它脱离了飞机就断掉了安全装置，而且炸弹从空中落下来，信管里面的机件已经受到剧烈的震动，机件的结构变了形，再受到一点碰撞或是摩擦，就可能会引起爆炸。这 8 颗炸弹都离得不远，要是有一颗爆炸，其余的受到爆炸波的感应，也会一起爆炸。如果这 8 颗炸弹都爆炸了，这一带的村庄将会全部毁灭，人民的生命财产将遭到无法估量的损失。一定得把信管先拔掉，不拔掉信管也无法取出炸药。拔信管是非常危险的事，万一失手，就会发生不幸。为了避免无谓牺牲，首先动员农民们到两里外的土坡后面隐蔽起来。在没有把握的情况下，前来执行拆炸弹任务的 4 个同志也不宜一起上。在吴运铎的耐心劝说下，其他 3 人才离开，由他一人先去了解炸弹的构造，弄清楚之后，大家再一起拆卸炸弹。

吴运铎顺着新挖开的斜坡走下弹坑，拨开炸弹头部和尾部的浮土，看到炸弹头尾都有一个引信，奇怪的是这引信头上没有螺旋桨的装置，不像是碰炸的瞬发引信。心中没底就不敢动手。经过仔细查看，他发现信管的外壳被震裂了一条缝，便拿螺丝刀插进裂缝，撬开一看，里面是构造十分复杂的定时炸弹。

定时炸弹什么时候爆炸是一个谜，说不定两三天以后才炸，也说不定立刻就炸。吴运铎一只腿跪在地上双手轻轻地旋动信管，往外拔了拔，信管一动不动，里面似乎连接着什么东西。他突然踌躇起来，不知不觉地从坑道里往外走。

刚到洞口，一阵凉风吹来，使他头脑清醒了。吴运铎对自己走出弹坑的行为大惑不解，炸弹在坑里，可跑上来干什么？——怕死吗？他立刻意识到，这是一种临阵脱逃行为，在这严峻考验的时刻，怎能迟疑不前？活着就要为党的事业奋斗而不怕牺牲，死了就算革命到底！在这一刹那，他又恢复了镇静，充满了完成任务的信心。

吴运铎拿着工具又回到炸弹坑里，十分细心地把炸弹顶上和弹尾上的信管都卸下来了。一手抱着一个爬出弹坑，把它放在山脚下的凹地里。连续花了四个多钟头，才把那8颗炸弹上的信管全部拆掉。他高兴地喊道："快来啊！快来拖炸弹呀！"

大家一拥而上，几十个人拉一颗，把8颗炸弹都拖到了平地上。接着4个人一起动手，取出了8个大弹壳里的炸药，有700多斤。当地区政府和驻军战士借了麻袋装炸药，借来了毛驴驮运炸药，动员了民工抬弹壳，大队人马浩浩荡荡，回到了兵工厂。

十二、第三次负重伤

抗日战争胜利后，在 1946 年的元旦，吴运铎和陆平结婚了。

这年夏天，在美帝国主义的支持下，国民党反动派大举进攻解放区，企图抢夺人民的胜利果实。淮南又成了硝烟弥漫的战场。上级命令吴运铎负责把所有兵工厂向北转移，并要继续生产，供应部队战斗需要。

各工厂编成了战斗队，拆下机器，把材料装了箱，在当地老百姓的支援下，转移了机器和材料，和敌人展开了游击战。

在大连兵工厂时期的吴运铎

当时战斗很紧张，当离敌人的炮声渐远时，就在树林里、破庙里把机器架起来生产。炮声近了时，就带着机器往后退一退。打了一个多月，战斗队撤到了淮阴新四军司令部所在地，之后就与华中的军工部门合并。吴运铎调到华中军械处担任副处长，兼任华中炮弹厂厂长。

敌人疯狂地向北进犯，战争的中心移到了两淮（淮阴、淮安）。根据上级的指示，当年冬天，把工厂的机器和材料从江苏省运到山东的沂蒙山区，建立兵工厂继续制造炮弹。

经过这一次极度困难的长途强行军，吴运铎的健康受到了严重损伤。时常头晕，被炸瞎的那只左眼老是红肿不退，且直流脓水。不想吃饭，夜间还失眠，有时工作着就晕倒了。

军工部大连建新公司奖章

党组织决定送吴运铎去东北，把眼睛治好。

1947 年初春的一个黄昏，吴运铎和陆平由烟台乘小火轮，在惊涛骇浪里，躲过敌舰的探照灯光。第二天黎明，冲破敌人的封锁线，到了东北的一个海港。

军工部大连建新公司编印的科技书籍

在海滨的山坡上，他们住在一座小楼里。上级给吴运铎找来医生，给他治疗眼睛。医生们诊断：眼睛红肿流脓水是因为左眼里留有弹片，在当时的技术条件下无法取出来，唯一的办法就是静养并多休息。

吴运铎心想，如果医治无效就赶快到工厂去吧！这样拖下去白白荒废时日。在当下的每时每刻，我们的同志，我们的人民，都会流血牺牲，都在从事最艰苦的战斗，而自己却不能尽到一个兵工战士的责任，岂不惭愧。休养了一个多月，他再也不能安心住下去，就请求回去工作。

这时候，解放战争已经进入反攻阶段，国民党反动派在各战场上都遭到惨败，我们缴获了很多的火炮和枪支。但是，如果没有大量的炮弹，就不能保证战斗的胜利。此时当地党组织得到指示，争取在最短的时间内，建立大规模的炮弹厂，支援伟大的人民解放战争。

1947 年 7 月，吴运铎被留下参加建立新的兵工厂，被任命为大连联合兵工企业建新公司工程部副部长兼引信厂厂长。前淮南军工部政治委员吴屏周也被调到东北，负责建立炮弹厂并担任厂长。

为了提高炮弹产量，吴运铎建议改变生产方法，用水压机压制代替半手工切削，这样可以使产量提高数十倍。领导同意了他的意见，并委托他去帮助吴屏周建厂，同时负责安装水压机。

1948 年 10 月引信厂召开职工代表大会，吴运铎（二排右九）和全体代表合影

在荒凉的山沟里，筑起了钢筋水泥架构的工厂，高大的水压机一座座地耸立在车间里，各种工作母机整齐地排满了加工车间。无数的电动机拖动着全厂的机器。传动已经电气化了，也不再用手工方式造生铁炮弹，而是使用较为现代化的机器来制造大型的钢炮弹了。同时，我们还拥有了近代化的电气炼钢厂和新型火药制造厂。

吴运铎在大连建新公司工作时的办公室

吴运铎废寝忘食地工作着，一边帮助建炮弹厂，一边筹划和从事引信厂的建厂工作。为了赢得时间，他决定提前进行炮弹试验，准备在厂房建成后立即正式投入生产。

军工部大连建新公司压制炮弹弹体的水压机

在炮弹的试验生产中，遇到了许多技术问题，由于责任感的驱使和炮弹知识的积累，以及实践经验的启示，吴运铎攻克了一道道技术难关，特别是在没有专用的大型水压机的情况下，设计制成了漏斗型的钢模具，保证

吴运铎曾工作过的原大连国营五二三厂旧厂房

使弹带牢固地嵌压在炮弹上。在炮弹钢要不要热处理的问题上，他决定通过炮弹爆炸试验，检查破片的情况来确定。

头一天晚上，吴运铎亲自动手装好了8个大炮弹，准备第二天去试验炮弹爆炸。

第二天早晨，把炮弹搬上了车。临上车时陆平赶来笑着嘱咐道：

“老吴，可要当心点，不要又挨炸了。”

“得了吧！炮弹总算跟我有了交情，这回也许客气点。”吴运铎顺口回答她。

午饭后，试验开始了。

在傍海岸的山脚下，选好了试验场。怕试验中发生意外，吴运铎让同志们都留在山外边。只有他和吴屏周走进山里，在山脚的乱石坪上，挖了一个坑，把炮弹埋进去，只露出炮弹的信管。又在信管撞针的横销上系了一根绳子，两人卧倒在土丘后面，绳子一拉岩脚下立刻像火山爆发一样，炮弹的破片和碎石凶猛地向四面飞溅。过了几分钟之后，他俩掸掸身上的土，就去搜寻破片，而且还做了爆炸结果的记录。接着埋下了第二颗炮弹。

第二颗炮弹也爆炸了。

但在第三颗炮弹试验中，炮弹却没有爆炸。吴屏周有些忍耐不住了，站起来，想跑去看个究竟。吴运铎连忙扯住他的衣服说："再等一下！像这样的事也是常有的：炮弹当时不爆炸，过一会儿也可能会爆炸。"

他俩抽完了一支烟，炮弹仍然没有动静。吴运铎对吴屏周说："你蹲在这里等我，我先去看看。"他蹑手蹑脚地走近炮弹，轻轻卧倒在地上，仔细地观察，寻找它不爆炸的原因，心里一阵阵地紧张。心在怦怦直跳，他长长地呼吸了两下，让自己镇静下来。

吴运铎冒着危险把信管拧下来，发现是引信有问题。

试验继续往下进行。第四颗、第五颗、第六颗都爆炸得很好。到了第七颗炮弹，又没有爆炸。他俩一声不响地蹲在土坡后面，低着头苦苦地思索炮弹不爆炸的原因。吴屏周等得实在不耐烦了，拔腿就向炮弹跑去，吴运铎发现后急忙追了过去。当他俩同时快到埋炮弹的地方时，突然这颗炮弹就山崩地裂似的爆炸了。

巨大的爆炸气浪，把吴运铎抛到了五六丈外的海滩上，顿时只觉得天旋地转。他想站起来寻找吴屏周，可是马上又摔倒在地上。他的左手腕被炮弹炸断了骨头，右腿膝盖被炮弹炸劈一半，骨头也截断了，脚趾被炸去一半，脸上许多伤口不住地流血，简直成了个血人。这时，他还在想着寻找吴屏周同志。他翻身跪在地上，右手撑着地，向靠山坡的地方爬去，刚移动一步，又摔倒了。他拼命地高声叫喊：

"老吴！老吴！……"

等在山坡外的同志们，在巨大的爆炸声后，听见有人喊叫，连忙跑过来，只见吴屏周躺在山脚下。

"同志们！快把吴厂长送到医院去。快点！快点！"吴运铎声嘶力竭地喊着。

在吴屏周同志的身旁，同志们都摘下帽子，沉默地低下了头。

吴屏周牺牲了！

吴运铎知道亲密的战友牺牲了，眼泪夺眶而出，泪水掺和着脸上的鲜血，滴了下来。

原国营五二三厂附近的海滩，吴运铎在此处做炮弹试验时身负重伤

一辆大卡车开到山脚下，车上垫好三床棉被，把吴运铎抬上车送往医院。汽车开出山口，总厂党委书记带着护士急忙地赶来，给他注射强心剂和止痛剂，并做了止血手术。到达医院时，他已经有些昏迷了。医生给他施行手术，要把那些弹片取出来。因为吴运铎全身都是伤，没法施行局部麻醉，如果全身麻醉又怕麻醉过去醒不过来。医生干脆不用麻醉，把他按在手术台上施行手术。

吴运铎昏过去，又醒过来，凭着坚强的毅力，忍着疼痛。他硬忍受着、忍受着，竭力不让自己叫出声来……

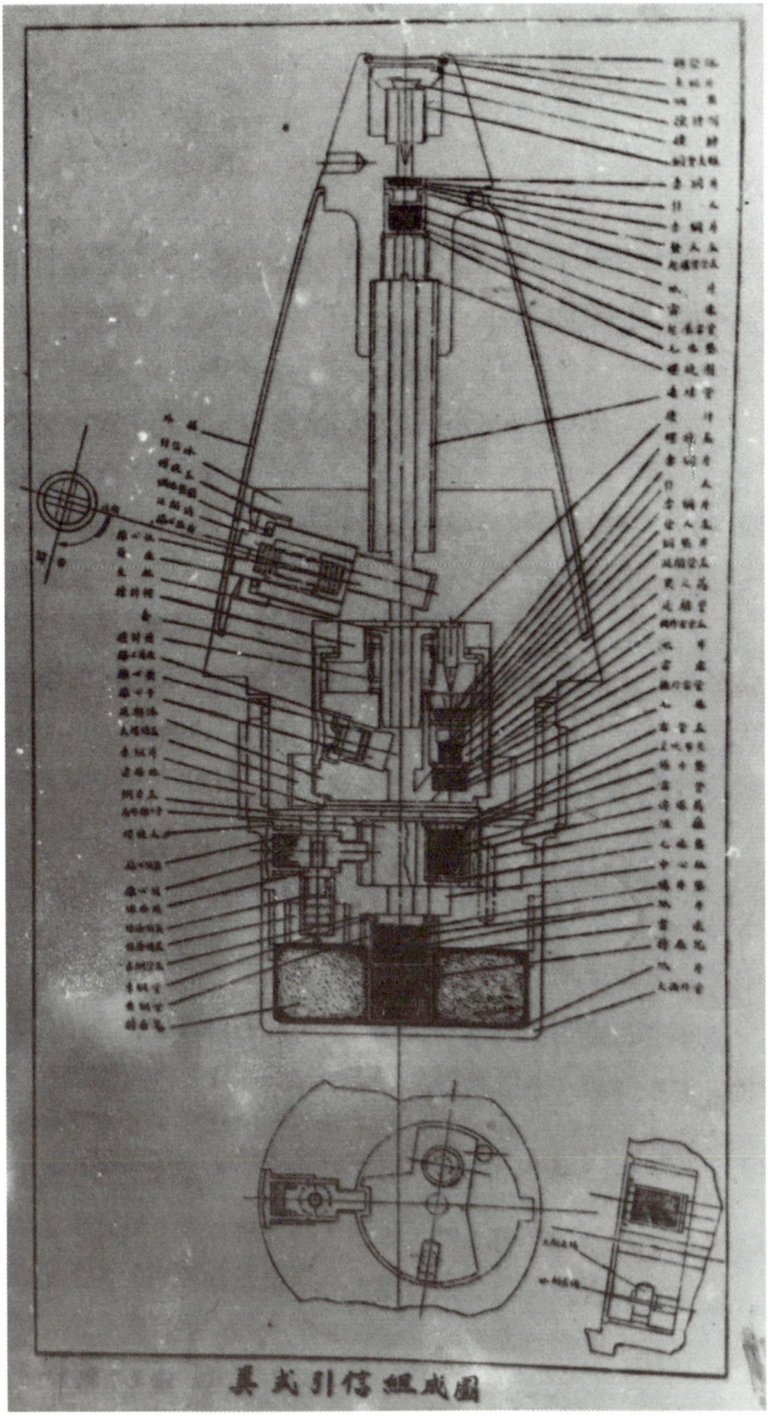

吴运铎测绘的 M48 引信图

十三、永远前进

一个星期以后，吴运铎从昏迷中苏醒过来。医生给他换药时，在其右腿的大伤口上，一连塞进去几大卷纱布。同时，对身体其他部位的伤口也得一一进行处理，因此换一次药足足得用一个多小时。

吴运铎躺在病床上，左手和右腿都被夹板牢牢地固定住了，头部、腹部一直到脚尖全被纱布绷带缠满，就像被铁钉楔在床上一样，一动也不能动。他深知伤势是严重的。在皖南，机器砸坏了他左腿，在淮南，雷管炸断了他左手四根手指并炸瞎了左眼，身上留下多处大大小小的伤疤。这次右腿下半截几乎被炸掉，左腿被炸得尽是大小不一的血窟窿。每一次受伤后，他都以十足的自信和顽强的毅力同伤痛作斗争，而且总能战胜它。

吴运铎后来说：在我这次负重伤的时候，我又想起保尔·柯察金所说的话：

“人最宝贵的是生命。生命每个人只有一次。人的一生应当这样度过：当回忆往事的时候，他不会因为虚度年华而悔恨，也不会因为碌碌无为而羞愧；在临死的时候，他能够说：‘我的整个生命和全部精力，都已经献给了世界上最壮丽的事业——为人类的解放而斗争。’”

吴运铎说：“保尔给了我无限的勇气和力量，我不仅要学习他战胜死神的勇敢，更要学习他在最艰苦的时候，尽力争取为党和人民工作的精神。”

长期地躺在病床上，一动也不能动。这时候正是解放战争的紧要关头，吴运铎的心里十分焦急和不安。他不时地打听工厂的生产和前线的战争情况，恨不得立即飞回工厂，与大家一起生产炮弹，支援前方战斗。

他挣扎着，试图站立起来，不料刚一挪动身体，剧烈的疼痛又把他扳倒了，使尽了最后一点儿力气也没有爬起来。他恨得流下了眼泪。

腿上那根要被炸断的筋已经割掉了，只剩下一根细骨头连着脚和腿，腿骨缺了一寸多，短时间是长不好的。听医生们说，如果把腿锯掉，一星期就可以出院。他曾几次下决心锯掉腿，装一只假腿，回去马上就可以工作，但是陆平却不同意，并严肃地说："最简单的办法，不一定是最好的办法。腿能锯掉，眼也能挖掉，对个人来说，顶多有些不便，可是怎么工作呢？快别胡思乱想了！"

吴运铎再也无话可说，不得不丢掉锯腿的念头。可是他还是极力想做点什么事情。

他对医生说："我曾多次拆过信管，也读过有关信管知识的材

吴运铎和他的战友研制的炮弹支援了淮海战役

吴运铎在病床上写作心得体会和工作经验（罗工柳作）

料，如果把自己的心得写出来告诉同志们，他们一定会少走一些弯路，对建厂也许有些帮助。”

经过再三请求，才得到医生们的同意。第二天，医生亲自把吴运铎扶起来，在他的背后垫了两床棉被，面前放了一块木板并摆好纸。他用缠满绷带的左手按着纸张，右手拿笔写文章。

他咬着牙忍着疼，经过三天的时间，完成了初稿，送到总厂。厂里用油印机印成小册子，党委还在第一页上加了按语。听医生说，据X光片显示，他的右眼里也有一小粒碎弹片，弄不好就可能失明。吴运铎说，如果我瞎了就到农村去，做一个盲人歌唱宣传员。

吴运铎央求陆平给他买了一把胡琴，用左手仅剩下的半个拇指，在弦上滑动，学习拉胡琴。

他知道自己不能很快地恢复工作，就给自己安排了一个课程表，抓紧时间学习，积累知识。他如饥似渴地读着各种文学和理论书籍，也学了外科医学知识。后来又学习外国语言。为了读懂日本武器制造的书籍，他请求组织上安排来一个日文教师，学了三四个月后，借着字典的帮助，居然能看日文书籍了。

七个月后，断了的骨头开始长起来。吴运铎挣扎着下了床，拄着双拐在床前走来走去且逐渐加大运动量，想尽快康复，以便投入工作。他走近墙边的沙发，放下双拐，坐下来写报告，请求区党委准许他出院。

1948 年冬，大连建新公司组织了第一批仿美 M48 引信和仿美 75 山炮炮弹靶场试验（后立者右三为张珍，前蹲者左为桂蓉，右是叶英）

当天下午接到区党委指示，已经在离海岸不远的风景区，拨了一栋楼房，安排他继续休养。

每逢假日，工厂的同志们常常来看他，告诉他许多令人兴奋的消息：工厂已经建立起来，炮弹也开始生产了。他对同志们说：“我想研究一种烈性炸药，增强炮弹的杀伤力。”大家劝他，还是静下心来休养，待身体康复之后再考虑工作的事。

吴运铎收集了许多有关炸药的日文书籍来阅读。他一边读一边做记录，把那些片断的知识连贯起来。

他又请求上级购买了化学实验仪器和药品，在疗养的地方请人给布置了一间小型的炸药实验室，做起了实验。首先精制原料，使原料重新结晶。接着制造冷冻液，使炸药原料在零下 15 度硝化。可是实验总不顺利，一连好几次盛硝酸的烧杯，一接触冰碴儿就碎了，屋里硝烟弥漫，呛得人不能张口。但他并不灰心，而是坚持实验，克服了各种困难，两个月后终于研制成功这种高级炸药。

随着解放战争的胜利，缴获的美国火炮更多了，这就需要兵工厂制造大量的美式炮弹。此时吴运铎坐不住了，他主动请缨，承担设计信管的任务。经再三请求，组织上让他在疗养院研究和设计草图，并且送来新的制图机和仪器，还有信管的参考实样。他又布置了一个机械设计室，动手研究信管每个零件的制造。

1948 年冬，吴运铎组织人员对 M48 引信和仿制 75 山炮炮弹进行靶场试验

参试人员在准备试验用的炮弹

为了分析美国炮弹雷管里炸药的化学成分，吴运铎坐在钳工桌旁边，用两块木板夹着雷管，再轻轻地卡在老虎钳口里，特别小心地用小刀一点又一点地挖去雷管口上的金属封闭片。不料，忽然，雷管轰的一声爆炸了。幸亏老虎钳口挡住了破片的横飞，破片向上冲起，把天花板捣了个窟窿，老虎钳的钢口也崩掉了一块。好在人无大碍。

第二年的秋天，吴运铎完成了信管的全部设计工作，身体也好了一些，就再次请求回工厂工作。

这时候，总厂成立了一个专门学院，培养技术人才。讲课的人都请来了，只有机械系少一个机械制图讲师。总厂厂长跟吴运铎商量：

大连建新公司的工人正在抓紧为前线生产炮弹

炮弹装药定量破片实验，收集的破片大小均匀，界面锋利，说明吴运铎选定的炮弹钢材、品种和加工方法是正确的

“老吴，你教书吧！”

“厂长，我小学还没上完，怎么能够去教大学生呢？”

“那你说，该谁干呢？”

“你知道，我是个工人……”

“还有最重要的一点：你是共产党员，咱们学会了打仗，学会了造枪造炮，也得学会教书！再说你又有丰富的实际经验，还有什么可怕的呢？”

他知道不应该再推辞，就同意去试试。

同学们在讲台上摆好了座位，还在脚下安置了一个搁脚的软垫子，他就坐着讲了半年课。此外，每天晚上他在灯下阅读参考书，结合自己的经验，编写讲义。他深有感触地说，在教学的工作中自己也得到了很大提高，要当先生就得先当学生。

大连建新公司生产的“一二四”式炮弹

吴运铎所在的大连建新公司副经理张珍（左二）和战友在做试验

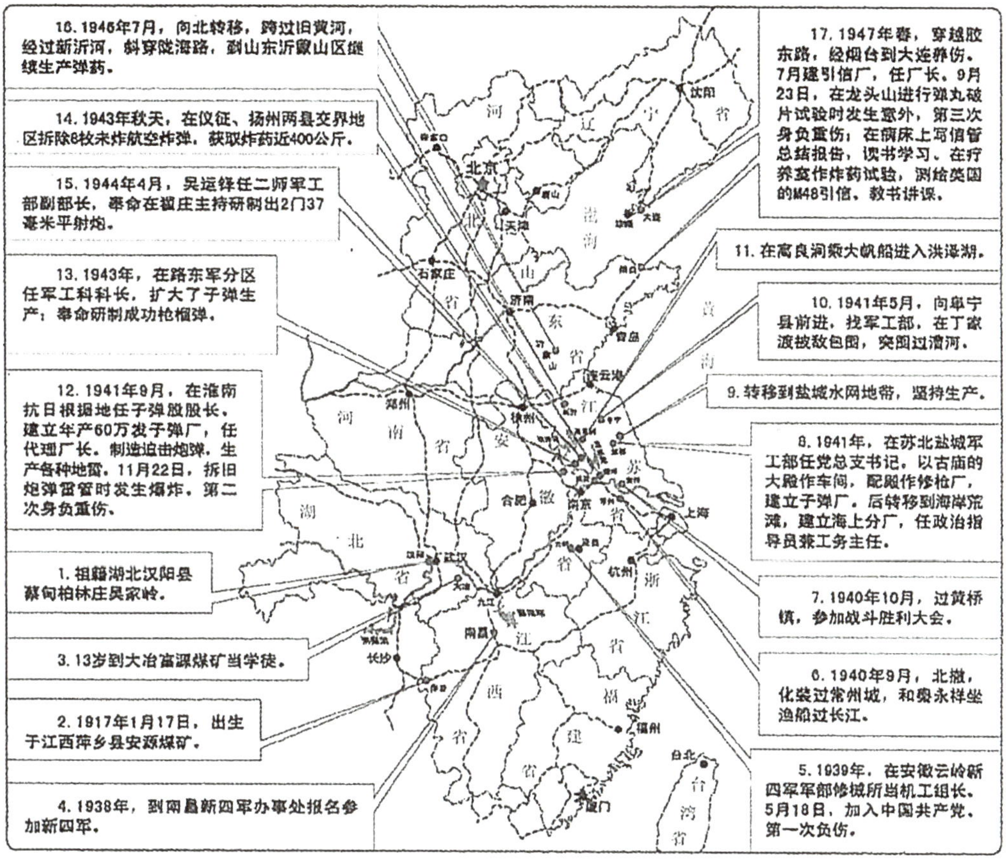

吴运铎在战争年代战斗生活的足迹

在党的领导下，吴运铎所在的兵工厂在十分艰苦的环境和条件下，不断发展壮大。工厂造出的炮弹，不仅源源不断地送到辽沈战场，并且送到遥远的淮海前线。吴运铎深深为之自豪，因为在人民解放战争中，无论在什么情况下，他都始终坚守着自己的工作岗位，做一个真正的战士。

十四、左眼重见光明

1949年10月1日，毛泽东同志向全世界庄严宣告：中华人民共和国中央人民政府成立了！中国人民站起来了！从此，中国结束了帝国主义、封建主义和官僚资本主义的压迫，人民做了国家和社会的主人，满怀热情地投身社会主义革命和建设的宏伟事业。吴运铎仍以兵工主人翁的姿态投入国防事业建设的新征程中。

吴运铎由于在战争年代多次负伤，新中国成立后伤病时常发作，给他的生活和工作带来了严重的影响。因此，组织上决定送他去苏联治疗伤病。

吴运铎从沈阳乘火车到满洲里出了国门，经过9天9夜长途跋涉到达莫斯科。苏联有关方面负责的同志把他接到距莫斯科50公里的郊外松林疗养院。在那里，他休养了20多天，转入克里姆林眼科医院治疗眼伤。

在去苏联之前，吴运铎被炸伤的左眼已经完全失明，右眼长期发炎红肿，流眼泪，看东西头晕。病魔一直困扰着他，他做梦都想治好自己的眼睛，为党为祖国多做工作。

克里姆林眼科医院的医生全面地为他进行了检查和会诊，又特别从敖德萨请来了世界眼科权威费拉托夫教授亲自为他悉心治疗。这位70多岁的老专家对他说："运铎同志，放心吧！我们苏联医生一定要把你的眼睛治好。我要把你的眼睛当作我的眼睛来治疗。"费拉托夫教授进一步检查了吴运铎的眼睛，一次又一次组织专家研究治疗方案。最后决定

1949 年冬，党组织送吴运铎（左三）去苏联治疗眼疾，苏联政府邀请他参加了 1950 年“五一”国际劳动节莫斯科红场观礼活动

对他的左眼施行手术治疗，右眼用药治疗。因为，苏联医生用 X 光从正面和侧面进行透视时，发现右眼内也有一小块碎片，但不在眼球里面，而是从头部的侧面钻进去的，留在了眼球的后面。小碎片和眼球没有直接关系，右眼不会有危险，所以对右眼进行保守治疗。

经过进一步检查，专家们认为，从左眼球中取出小碎片，是可以治愈的。开始，他们想用磁力刀把小碎片吸出来。医生把吴运铎的头固定在磁力机的一个大圈子里，用磁力吸的办法却没有成功。原来，那个碎片是铜的。最后医生改用手术的方法，从左眼中取出了这个碎铜片，再把已经损坏的玻璃体取出来，前后只用了半个小时。手术以后，医生要求吴运铎在半个月之内保持仰卧，不要侧头。吴运铎说：“在我未睡的时候，这个纪律是可以遵守的，但要是睡着了，怕不保险。”于是，医院派了两个护士轮流值班，一直守护了半个月，这使吴运铎深受感动。

半个月之后，医生把他右眼贴的治疗软纸取下来，却发现两只眼都

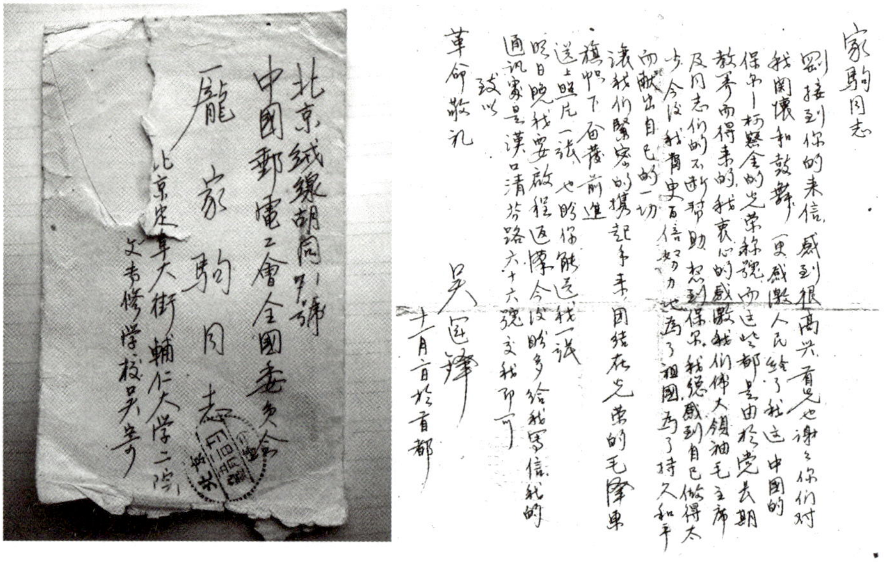
北京绒線胡同51號
中國郵電工會全國委員會
龐家駒同志
北京定阜大街輔仁大學二院
文書學校吳寄

家駒同志：
剛接到你的来信，感到很高兴，首先也謝謝你们对我関懷和鼓舞，更感激人民给了我这中国的保尔—柯察金的光荣称號，而这些都是由於党長期教养而得来的，我衷心的感激我们伟大領袖毛主席及同志们的不断帮助，想到保尔，我总感到自已做得太少，今後我有更百倍努力，也為了祖國，為了持久和平而献出自已的一切。
議我们緊密的携起手来团结在光荣的毛澤東旗帜下，奋發前進。
送上照片一张，也盼你能送我一張。
明日晚我要啟程回漢，今後盼多給我写信，我的通讯处是漢口清芬路六十六號交我即可。
致以
革命敬礼
吴運鐸
十一月二日於首都

吴运铎于 1951 年 11 月 2 日写给青年朋友的书信

有严重的充血现象，继而红肿起来。医生拿来一个瓶子，里面装了三条蚂蟥，让吴运铎躺好，把蚂蟥放在他的脸上，那蚂蟥在他的脸上爬了一圈儿，找到了血管，一口咬了进去，蚂蟥吸足了血。第二天，吴运铎红肿的眼睛就完全好了。

又过了半个月，吴运铎的梦想变成了现实，手术后的左眼重见了光明。这一天，他激动得流下了眼泪……九年了，3200 多个日日夜夜，他战胜了左眼失明的痛苦，战胜了失明带来的巨大困难。如今，他重见光明，又可以更好地研制新武器了。他打心眼儿里感谢党组织的关怀，感谢苏联医护人员为他付出的辛勤而有创造性的劳动。最让吴运铎感动的是，苏联医生把从他眼里取出的破碎弹片装在玻璃瓶里，保存在克里姆林医院，作为中苏两国人民诚挚友谊的纪念。

吴运铎的眼睛治好之后，医生又把他转入苏联巴尔维哈疗养院，医治腿部关节硬化和神经衰弱等伤病。

医院派了一位名叫戈拉拉的按摩医生为他治疗。戈拉拉是个从大学毕业不久的医生，工作认真，责任心强，在治疗中尽心竭力。当戈拉拉得知吴运铎的事迹后，非常崇拜这位中国英雄。因此，她常常让吴运铎讲他经历的革命斗争故事，讲中国的社会状况，讲中国的风土人情，讲中国的地理、历史和壮丽的锦绣河山。从此，他们结下了令吴运铎终生难忘的深厚友谊。

吴运铎在疗养院治疗的条件十分优越，病友们都对他很尊重。吴运铎后来回忆说："苏共中央用将军级的伙食照顾我。在医院里，每天都有很多人来看我，有个病重的老太太和护士商量好，每天下午 5 点钟以后来请我到她们那里聊天儿。"这使吴运铎的心情很放松，也很舒畅，加上医生戈拉拉为他精心治疗，身体恢复得很快。因此，吴运铎十分珍惜中苏两国人民这份深情厚谊……

第二年春天，吴运铎觉得身体日渐好转，他想念自己的祖国，惦记他为之奋斗的兵工事业，便向莫斯科市委提出回国的请求。苏联同志真诚地挽留他，让他在莫斯科过"五一"国际劳动节。

1950 年，吴运铎在莫斯科参加了"五一"国际劳动节红场观礼，参观了心仪已久的奥斯特洛夫斯基博物馆，从中又学习了保尔的英雄

吴运铎在苏联学习时，应奥斯特洛夫斯基的夫人达雅的邀请到她家里做客，并参观奥斯特洛夫斯基博物馆

事迹，获得了无比强大的精神力量。他还随苏联的翻译拜见了奥斯特洛夫斯基的夫人达雅。翻译向馆里的工作人员介绍吴运铎说：“这位中国同志叫吴运铎，他在中国人民抗日战争和解放战争中像‘保尔’一样多次负伤，他被砸坏过左腿，炸坏过左手，炸断了右脚，也炸瞎了左眼，我们的政府已经为他治好了眼睛，治好了创伤。”达雅亲自陪同他参观了奥斯特洛夫斯基一生斗争事迹和留下的遗物。他看着展柜中散发着灿烂光辉的列宁勋章和摆放着的《钢铁是怎样炼成的》这本不朽的著作等一件件实物，听着达雅的讲解。吴运铎深受教育，他在博物馆的留言册上写道：“保尔，你给了我们中国人民无穷的勇气和力量，使我们战胜了一切困难和一切敌人。”

十五、奉命组建株洲兵工厂

1950年5月，在党的关怀和苏联医生的精心治疗下，吴运铎的视力和身体大有好转，他归心似箭，火速从苏联赶回阔别半年的祖国。

不久，国家重工业部对吴运铎的工作作出了安排。部长何长工找吴运铎谈话：“经党组织研究，决定让你到湖南株洲兵工厂任第一任厂长。”何部长关切地嘱咐他：“全国虽然解放了，但我们从国民党手中接管的兵工厂情况还比较复杂，出现了暗杀、破坏等严重事件。当前，兵工厂急需恢复生产，急需把厂里的定型生产项目确定下来。”何部长接着说：“兵工厂的人很多，要把工人队伍稳定下来，在逐步提高和改善他们生活水平的基础上，坚决打击坏人坏事和国民党潜伏特务。同时，要宣传党的方针

1950年，吴运铎任株洲兵工厂第一任厂长

政策，团结一切可以团结的力量……”

吴运铎临危受命，即刻辞别了刚到北京的妻子陆平，乘火车去了湖南。

在跟“株洲”结缘的短短几个月中，他带领第一代军工人在一片荒芜中开垦出新中国军工魂的同时，也把那不懈追求的信仰撒向了这片充满希望的热土。

株洲兵工厂是晚清重臣张之洞于 1890 年 3 月创立的湖北枪炮厂，1904 年 9 月更名为湖北兵工厂，又名汉阳兵工厂。在国民党统治时期，更名为第十一兵工厂、第三十兵工厂。解放初期，经过拆分、整合，更名为株洲二八二厂。

吴运铎奉命到任后，果然遭到了国民党潜伏特务的恐吓和威胁，有那么一伙人在“磨刀淬剑”，扬言要暗杀吴运铎和军管会人员，甚至公然叫嚣“共产党领导不了兵工厂”，还提出要召开所谓的什么“辩论大会”，以混淆视听，对抗工厂和军管会的领导。

面对国民党潜伏特务的嚣张气焰，吴运铎义正词严地说，要辩论好啊，真理越辩越明嘛！共产党人还怕辩论吗？

吴运铎决定立即召开辩论大会。

辩论会开始了。一伙人冲上讲台，但根本不搞什么辩论，而是散布反动言论，煽动群众，企图把会场搅乱，酿成事端。

历经战火洗礼和生死考验的吴运铎，以锐利的眼光和政治洞察力，早已看透了这伙人的险恶用心。他厉声警告：“今天，谁敢胡来，谁敢乱动，我们就把他抓起来交公安机关处置！”

在这种剑拔弩张的气氛中，吴运铎的警告一下子镇住了那伙人。会场刹那间沉静了下来。吴运铎铿锵有力地说：“谁要辩论，就请台上发言！”但却没有一个人敢上台。他又心平气和地说：“有人不是提出要召开辩论会吗？今天可以在台上亮明观点，讲对的地方，工厂和军管会要接受批评，改正错误。但是，如果有人想借辩论会之机浑水摸鱼，那是白日做梦！”接着，吴运铎号召在场的广大工人要擦亮眼睛，提高觉悟，坚决跟着共产党走。他说，真正的工人阶级要大胆地揭露国民党潜伏特务，要把劲头用在生产上，争取立功受奖。

吴运铎的讲话，得到了在场工人的热烈响应。

在党中央和重工业部的大力扶持下，在当地党政部门的配合下，吴运铎等共产党人不畏反动势力，始终保持高度的警惕性和对反动势力的高压态势，带领工人有力地打击了国民党潜伏特务的嚣张气焰，很快稳定了局势，为兵工厂步入正常发展轨道创造了条件。

那时候，新中国镇压反革命的阶级斗争在全国轰轰烈烈地展开，作为厂长的吴运铎，阶级觉悟和警惕性当然要高于常人。在株洲兵工厂组建初期，吴运铎的一大习惯就是绕厂巡视，由于他为人低调，穿着朴素，不认识他的人都以为他是个普通工人。有一次，吴运铎在工厂外围巡视时，一个看似过路的人主动上前与他搭话，问一些与工厂有关的话题，这引起了吴运铎的高度警觉。于是，他灵机一动，一边与那人聊天，一边巧妙地把他引向有关部门。经过审问和审查，原来此

株洲兵工厂建厂时紧张施工的场景

人正是一个国民党潜伏特务，工厂及时将此人交给当地有关部门处置。由于吴运铎的机智和果敢，为兵工厂消除了一大安全隐患。

在那个百废待兴的年代，创业是艰难的。

由于国民党在败退前转移走了大部分生产设备，厂房和基础设施遭到严重破坏，厂区的残垣断壁，在无声地控诉着国民党反动派的罪行。吴运铎和他的团队抵达株洲时，呈现在眼前的，除了几栋相对完好的一字形厂房，就是十几门锈蚀斑斑的山炮和一堆废弃的炮弹。加上军工厂位置偏僻，居住、交通条件都很差，用当时老军工的话说："吃饭缺食堂，解手缺茅房，喝的是塘泥巴水，走的是稀泥浆路。"

面对这一状况，对于肩负着恢复生产任务的吴运铎来说，困难确实不小。但是，相对于战争年代的艰难险阻，这点困难吴运铎根本没有放在眼里。他说，在抗美援朝战场上，前方将士对武器弹药望眼欲穿，我们后方就要克服一切困难，艰苦奋斗，撸起袖子拼命干，为前线的胜利作坚强的后盾。于是，他带领几百人的职工队伍，在这片几近荒芜的瓦砾废土上打下了第一根地基桩。

当时的居住环境

株洲兵工厂建成后的生产厂区

没有宿舍，家属们就用篾片和泥巴搭成简易的棚子住，几家共用一间，中间用床单隔着，做饭就在屋外垒灶。职工们为了赶工程，尽快开工，则百人左右组成一队，一人抱一捆稻草，一个挨一个睡在四面透风的工房的地上，吴运铎也抱一捆稻草和大家挤在了一起。

吴运铎和他的团队，就是凭着这股韧劲和苦干精神修复了厂房和设施，重新安装了设备，以最快的速度恢复了生产。

随着兵工厂步入正常发展轨道，越来越多的建设力量投入进来，整个“株洲”变得人丁兴旺，对生活设施的需求也越来越高。尤其是到厂医务室看病的人越来越多，在3间小小的医务室里，只有两个医生，医疗资源严重不足，影响着职工的健康和兵工厂的发展。

“看病这事情岂能马虎？”吴运铎得知情况后，立即赶往湘潭某部队求援，部队派卫生队负责人宋山带着医护人员前来支援，并协助兵工厂扩建医务室。经过一个多月的努力，医务室由原来的3间扩建为14间。宋山医生临走时，留下了全部医疗器材，还特意暂时留下5名医护人员继续为兵工厂职工服务。就这样，厂医务室变成了门诊部，算是解决了工厂的燃眉之急。

但是，当职工和家属人数发展到2000多人时，扩建后的门诊部也显得越发吃力。此时，吴运铎又找人请来了徐州兵工厂医务所所长王浩哉助阵。这是他的老相识，也是大恩人——最早发现吴运铎被炸伤的眼睛可以通过手术恢复光明的，正是王浩哉。

王所长带来了一支22人的医疗队伍，虽然医务力量得到了扩充，但对于只有200多平方米的门诊部来说，住院条件实在有限，医生大部分情况下要到家属区出诊，还要经常安排重病患者到长沙转院，医生们常常忙得不可开交。

“动辄就要跑长沙，这不是长久之计，我们必须要建自己的医院！”为了职工的健康，吴运铎下决心建设兵工厂医院。他一边组织人员选择建院地址，一边按王所长的建议筹备卫生训练班，培养初级护理人员。

医院最终选建在袁氏家庙，对外称作“株洲兵工厂临时医院”。为了给医院提供良好的条件，吴运铎特意从缴获的国民党物资中拨出汽灯、马灯、蜡烛等保障医院的照明，又找出仓库里仅有的器材和物资，解决了医院的通信和交通难题。

在临时医院正式启用的当天，吴运铎亲临现场，他对医护人员说，今天是临时医院的开张之日，也是新医院开始建设之时，在祠堂租期的两年内，我们一定把厂区的新医院建起来！这还要靠大家继续努力。说完，他向所有人敬了一个军礼。

遗憾的是，相处的时间总是短暂的。没等新医院建成，吴运铎就另有任用，调离了兵工厂。临行时，他仍然牵挂着医院的事，亲临医院与医护人员道别。在医护人员的请求下，他留下了“工人医院”的题词后，才依依不舍地离开了他亲手培育的这颗军工新星。

1950年10月，吴运铎升任中南兵工局副局长，负责中南兵工生产和技术科研工作。其间，他仍然关心着株洲兵工厂的建设，并为该厂的发展倾注了大量的心血。

1951年2月，株洲兵工厂更名为七一兵工厂，6月更名为株洲二八二厂。1951年10月，国家调整规划，建设航空工业，中南兵工局

株洲兵工厂50年代建成的职工医院

把株洲二八二厂一分为二，一部分留在株洲原址，组建了三三一厂，从事飞机发动机生产；生产弹药的人员迁往湘潭，与湘潭本地的三六四厂、汉阳七六八厂、柳洲八八四厂合并为一个万人大厂——湘潭二八二厂，即江南机器厂。

在吴运铎的具体领导下，工厂的地址首先选在长沙南郊大托铺和暮云市一带，后因该地另有规划，又在湘潭七里铺、湾槽、楠竹山等地选点，几经艰辛，最终选定在了楠竹山。在选点、勘测、布局、建设期间，吴运铎身先士卒，和工作人员一块摸爬滚打，凡事他都想在前头、干在前头；在生活中，他平易近人，没有一点官架子，处处与同志们打成一片，而且说话做事妙趣横生，让人感到愉悦轻松。由于当时没有电，有时晚上他就与大伙儿一道，打着手电筒去抓泥鳅、黄鳝，并与大家一起尝鲜。

在吴运铎的领导下，在中南兵工局计划处与二八二厂的共同努力

吴运铎指导建设的江南机器厂老工房

下，新厂于1952年10月正式落成。吴运铎作为兵工局领导，为该厂的建设作出了卓越的贡献。

建厂之初，工厂主要任务是生产手榴弹，服务于抗美援朝。其间，吴运铎多次到新厂视察工作，进行技术指导。据吴运铎在大连建新公司工作时的老部下、二八二厂原厂长乔世仁回忆：当时生产手榴弹弹壳时，打孔使用的是简易模具，转一下打一个孔，三个孔要转三次、打三次，生产效率较低。吴运铎视察后说："这太落后了，我帮你们改进一下。"

于是，工厂就在招待所里为他配好了画图的桌椅和用具，吴运铎还从乔世仁那里借来相关书籍作参考，开始了设计和改进工作。

吴运铎凭着在战争年代制造枪炮积累的经验，很快就解决了技术难题。工厂根据他设计的图样生产了新的钻床，使手榴弹弹壳打孔实现了半自动化，一次能打三个孔，大幅度地提高了生产效率。同时也提高了产品质量，有力地保障了抗美援朝前线的需求。

此后，吴运铎曾回忆："我们需要的是战士的速度。我选择一个重点厂，亲自来实验机械化、自动化。我伏在桌上设计图样，常常熬到深夜。

南方的雨季多雨，每逢天气变坏，我的伤口就表现出十足的叛徒，它疼得你浑身大汗。即使这样，我也不跟它妥协。和同志们一起，我们终于造出了装配手榴弹的三眼钻床。”

江南机器厂建厂初期的生产设备

其实，在吴运铎的脑子里、眼睛里，处处都有技术革新的课题。有人说，吴运铎的“大脑细胞好用”“天生聪明”。而吴运铎却不相信自己有什么天分！他只确信有两句话对他有影响，即“凡事总要有信心，老想着‘行’”，“心之官则思，思则得之，不思则不得也”。

吴运铎虽然离开了南方，但他始终牵挂、关心、关注着他在那里的“两个孩子”——二八二厂和三三一厂。

1957 年 7 月下旬，吴运铎应湖南省委邀请，到各大党政机关、工厂作报告，时间长达一个月。其间，他得到了二八二厂的热情邀请，便欣然同意前往。

作为二八二厂的奠基者，吴运铎最大的愿望就是看看自己亲手组建的兵工厂发展情况。到达工厂后，他顶着 7 月的骄阳，风尘仆仆地到工厂各处查看，看着那错落有序，布局合理的机加区、火工区、总装车间、试验场和产品排列整齐的仓库，他不时地微笑点头；他还兴致勃勃地详细观看主要产品的生产流程，不时询问产品加工工艺、技术特点，他边察看边对大家说：“搞得不错，像个大军工企业的样子。”看得出，在短短的几年里，自己亲手组建的兵工厂发展成为一个崭新的大型国防骨干企业，他感到欣慰和自豪。

应工厂党委之邀，吴运铎在露天电影广场与职工见面并作报告。

当时的报告会现场，除了全体职工，还有不少家属纷纷前来参加。

吴运铎在报告中回顾了自己参加新四军、制造枪炮弹药、浴血奋战的革命历程，回忆了当年筚路蓝缕建设工厂的艰辛经历，再次向广大一线兵工人畅谈“把一切献给党”的体会。这种面对面的传授，为该厂广大职工献身国防提供了强大的精神支撑，也奠定了二八二厂深厚的文化底蕴。

吴运铎有着很深的“江南情结”，他的家人与江南厂也有不解之缘。吴运铎的母亲万洪邱于 1952 年随大儿子吴运钧来到正在建设中的二八二厂，在此定居 28 年。吴运钧曾担任该厂卫生科副科长。在该厂工作的还有吴运铎的妹妹吴淑敏一家，吴淑敏退休前是二八二厂医院的药剂师。

吴运铎对在这里的亲属要求很严格，经常勉励他们努力工作，为工厂多作贡献。

20 世纪 70 年代，吴运铎（前排右一）一家与外甥周律（后排右一）合影

周宪（左）、周律兄弟俩在翻阅有关吴运铎的书籍

周宪、周律兄弟俩清楚地记得，1979年舅舅吴运铎听说在中越边境自卫反击战中出现炮弹瞎火、炸膛等导致战士伤亡的严重事故，他心急如焚。当得知周宪在工厂从事质量管理工作时，吴运铎语重心长地说："军工产品质量第一，这是用血的教训换来的，当年我们在艰苦的条件下，冒着生命危险做试验，就是为了让战士在战场上少流血。现在条件好了，如果放松产品质量，那是可耻的行为、犯罪的行为！"吴运铎还一再叮嘱周宪干好质量管理本职工作，确保二八二厂不出现类似的事故。

周律于1974—1977年在北京理工大学火箭战斗部设计与制造专业

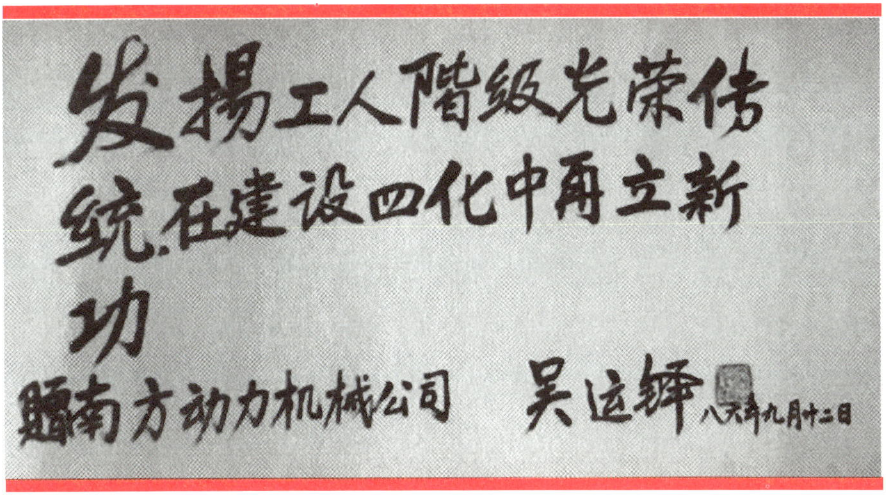

1986年9月12日，吴运铎为三三一厂题词

竖立在三三一厂办公大楼前的吴运铎铜像

学习，毕业后与舅舅吴运铎从事的工作相似。平时，舅舅对他要求十分严格，舅甥俩交流谈得最多的是国内外军工先进技术的发展趋势，以及武器弹药的设计、制造先进理念和前沿理论在实践中的应用。

在吴运铎的教育与直接影响下，周律刻苦钻研业务，勤奋工作，在二八二厂科研战线上发挥了重要的作用，成长为该厂研究员级高级工程师，为我国几代反坦克武器的研制作出了突出的贡献。

吴运铎特别关心兵工厂的生产和发展情况。

据吴运铎在二八二厂科技战线工作的外甥周宪、周律回忆，每当看望舅舅时，他总要问“江南厂怎么样？又上了什么新产品？某某技术改进没有？”那神情就像关心自己的孩子一样。

二八二厂原厂长乔世仁回忆说，每次去北京看望老厂长吴运铎时，他总是关切地询问工厂发生了哪些变化，询问工厂的生产、科研和发展情况，并提出了许多建议。

三三一厂虽然早已归属中国航空系统，但吴运铎对这个“孩子”仍然关爱有加。1986年9月12日，三三一厂收到了一幅特殊而珍贵的题词，上边用苍劲有力的字体写着“发扬工人阶级光荣传统，在建设四化中再立新功”。右下方“吴运铎”三个字尤为瞩目。虽然阔别数十载，对于当时已是古稀的吴运铎来说，株洲的军工事业始终在他的心中牵挂着。

十六、中国的保尔

在抗日战争时期，吴运铎多次身负重伤，但他身残志坚，以钢铁般的意志与伤痛和死神作顽强的斗争，成为战友们心中的英雄，在根据地被誉为“中国的保尔”。

那是 1943 年春天，吴运铎在淮南根据地工作时，师政委萧望东在一次总结大会上介绍了苏联保尔的生平，并号召大家学习保尔的优秀品质，努力克服自己的非无产阶级意识，提高思想觉悟。从此，保尔这个名字就深深地印在了吴运铎的脑海里，像一块巨大的磁石吸引着他的心。那时候，他就非常渴望得到《钢铁是怎样炼成的》这本人生的教科书。

吴运铎在抗日战争时期阅读的《钢铁是怎样炼成的》

吴运铎在新四军二师时，政治部淮南《抗敌报》的记者罗菡芝和他在一个根据地，她经常去吴运铎他们的工厂进行采访。有一次，罗菡芝给吴运铎他们带了一本书，就是奥斯特洛夫斯基写的《钢铁是怎样炼成的》。可是，书只有一本，大家只能轮着看，当传到吴运铎手里时书的封面已经没有了，于是他用报纸重新进行了粘贴，

1951年，《人民日报》等报道了中国的保尔·柯察金、兵工功臣吴运铎的事迹后，很多读者非常敬佩他，吴运铎应邀留下了这张永恒的纪念照

20 世纪 50 年代的吴运铎

20 世纪 50 年代，吴运铎到北京八大学院作报告并题词

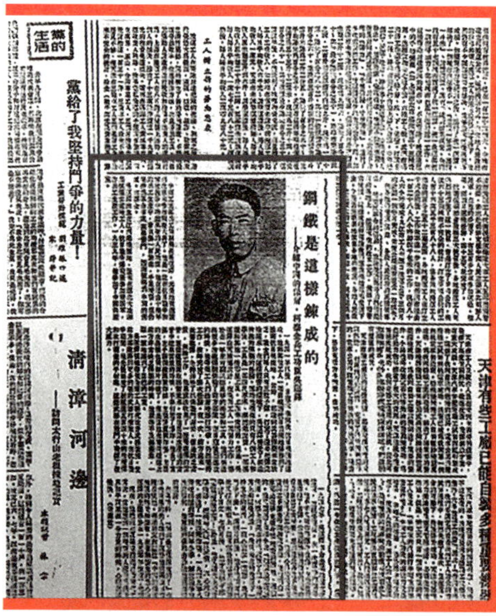

鋼鐵是這樣鍊成的

黨給了我堅持鬥爭的力量！

清漳河邊

1951 年 10 月 1 日，新华社播发了题为《钢铁是这样炼成的——介绍中国的保尔·柯察金、兵工功臣吴运铎》的电讯。10 月 5 日《人民日报》全文刊载。从此，吴运铎的代名词就是“中国的保尔”

人民日報

斯大林大元帥致電毛主席

偉大的中國三大運動

毛主席昨舉行宴會歡慶國慶節

1951 年 9 月 30 日晚，毛主席在中南海怀仁堂举行国庆宴会，招待前来观礼的劳模代表和其他代表

书的扉页也破烂不堪，还打了补丁，书的边角已经卷起，有的地方还隐约可见点点血迹。在紧张的工作之余，吴运铎捧着这本书，借着小油灯的微弱亮光，常常读到深夜。他被保尔·柯察金坚忍不拔的毅力所感动，心里想，这才是真正的英雄啊。

伴着工房外的松涛，吴运铎读完了这本书。过了几天，罗菡芝找吴运铎要书时，她问吴运铎：“看完有什么感想？”吴运铎对她说：“这本书太好了，我非常敬佩保尔·柯察金。”罗菡芝听了，抿嘴不语，用眼睛仔细打量着吴运铎，然后说：“你不就是中国的保尔吗？”

“我？”

“对，就是你！”

打这以后，“中国的保尔·柯察金——吴运铎”就在根据地传开了。

1951 年 9 月，吴运铎以中央人民政府政务院和中华全国总工会特邀全国劳模代表的身份，到北京参加国庆观礼，并被邀列席中国人民政治协商会议。毛泽东主席、周恩来总理等中央领导同志在怀仁堂亲切地接见了吴运铎同志。周总理走到吴运铎面前时笑着说：“你就是中国的保尔——吴运铎同志？”当时，在座的人视线全转向了吴运铎，他张张口想说什么，但心里一紧张什么也说不出来了。

1951年10月1日，《人民日报》发表“钢铁是这样炼成的——介绍中国的保尔·柯察金、兵工功臣吴运铎”的报道。这篇报道系统地介绍了吴运铎的英雄事迹。

10月11日，吴运铎应全国总工会之邀，作了三个小时的报告。《工人日报》为他的精彩报告录了音。1951年10月26日至27日，《工人日报》发表了题为《中国的保尔·柯察金——记中国兵工工人的旗帜吴运铎》的文章，在《工人日报》“文化宫”副刊连续刊出，宣传吴运铎的革命英雄主义、乐观主义精神和非凡的业绩。从此，“中国的保尔·柯察金——吴运铎”传遍祖国大地，吴运铎成为家喻户晓的英雄。

此后，宣传“中国的保尔——吴运铎”的报道、通讯、访谈录和吴运铎的自述文章频频见诸报端，如《党给了我无穷的力量》《会见中国的保尔·柯察金——吴运铎同志》《终身献给党的事业》《我虽然没有见过他》等文章。仅京津地区报纸刊载“中国的保尔——吴运铎”的报道就有几十篇。全国其他报刊、广播宣传报道吴运铎的文章更多，宣传吴运铎、学习吴运铎在全国形成了高潮。

首都许多机关、部队、学校、企业纷纷邀请吴运铎作报告。清华大学的学生在细雨蒙蒙的夜晚，为“中国的保尔——吴运铎”打着雨伞，听他作完了精彩动人的报告。报告会后，同学们兴高采烈地簇拥着吴运铎，请他签名留念，把“中国的保尔”的形象永远留在自己的心中，作为激励自己前进的动力。

那时，吴运铎每天都会收到许多来信，有工人、有战士、有青年学生、有远在朝鲜战场上的志愿军战士、有戴着红领巾的小学生……在信中，他们向吴运铎谈自己的人生理想，谈自己的美好希望，通报他们的工作情况，报告他们的学习成绩；有的还把自己的许多想法写出来寄给吴运铎，

1953 年 4 月 6 日，吴运铎在北京八中作报告

希望得到他的帮助。他们把吴运铎当作自己最亲近的朋友、最好的学习榜样。

1953 年上半年，北京工业学院第一届学员进入专业课学习。有的同学认为，毕业后从事国防工业工作不安全，少数学员在思想上产生了波动。学校带着这个问题，去请“中国的保尔——吴运铎”给大家作报告。

吴运铎愉快地接受了邀请。他结合自己在抗日战争、解放战争中如何舍生忘死，如何排除千难万险，如何战胜恶劣环境，如何制造枪支弹药支援前线和如何避免不必要伤亡的亲身体验，为学员们作了一场精彩的爱国主义和热爱国防事业的报告。

许多学员纷纷表示要以吴运铎为榜样，毕业后到国防战线去工作，到最艰苦的地方去工作。

会后，吴运铎得知在这一届学员中，有一个叫陈江的同学，原是八路军的红小鬼，就风趣地对他说：“你是八路军的红小鬼，我是新四军的红小鬼，两路小鬼来一个合影吧！”

1953 年上半年，吴运铎在北京工业学院作报告并与该校学员陈江合影

陈江愉快地与吴运铎在校园的延安大楼前合影留念。为了留住这一美好记忆，努力向“中国的保尔——吴运铎”学习，他把这张珍贵的照片一直保存了 40 多年。每当他看到这张照片，就想起当年吴运铎为他们作的那场生动的报告，从而坚定了努力学习科学知识和献身国防的信念。

十七、俄专进修

1952年3月，党组织决定让吴运铎到北京俄文专科学校学习俄语，为赴苏联学习先进兵器科学技术作准备。

吴运铎在北京俄专二部第十四班学习俄语非常用心。为记住更多的单词和词组，常常早起晚睡，充分利用一切时间进行学习。学员们都做了大量的俄语单词卡片。吴运铎因为左手残疾，做卡片很困难。其他学员经常把做好的卡片送给他，吴运铎十分感激。紧张的学习生活，坚强的学习毅力，使吴运铎的俄语水平进步很快。

20 世纪 50 年代初的吴运铎

就在这年下学期，学校的个别领导和教师，对工农干部班的学员产生了一种偏见，认为工农学员年龄大，文化水平低，学习成绩普遍较差，比教青年学生费力，有停办工农干部学习班的想法。吴运铎认为，这种观点带有很大的片面性。在一次全校师生大会上，他毫不犹豫地陈述了个人的观点。他说：“工农干部到

1952 年 12 月 13 日，吴运铎在天津市青年讲座上演讲

俄专学习是组织上安排的，体现了党的关怀。过去，工农干部没有学习的机会，那不是他们的罪过。要不是有党的关怀，我们这一生都不可能有机会专门坐到课堂上学习，建议学校认真研究，不要把工农干部学习的路堵死。”他的话讲得诚恳，发自内心，合情合理，学员们听了深受感动。

大会结束后，学校组织了学员联欢会，各班还演出了精彩的文艺节目。吴运铎与其他学员合演了独幕话剧，他们流利的俄语对白，赢得了全校师生一阵阵热烈的掌声和欢笑声。在场的苏联教授情不自禁地用双语高呼：“hero, Герои , 好！好！好！”从此以后，

1953 年 1 月，吴运铎（后排左三）在北京俄专学习时师生留念

吴运铎在天津市青年讲座上的讲稿后被编纂成书出版

1953 年 7 月工人出版社出版的《把一切献给党》一书的封面

在俄专停办干部班的事，便无声无息了。

吴运铎在俄专学习期间，除了完成繁重的学习和大量的作业之外，还经常应邀去作报告。1952 年 12 月 13 日，吴运铎在天津青年讲座上，作了两三个小时的讲演，最后讲到了自己到俄专学习的感想。他说："今年 3 月，我被组织选送到北京俄文专科学校学习。这使我想到过去那个年代，我从来没有想到今天能够进学校学习。记得我小的时候，学府门口都挂一个牌子，上面写着'学府重地，闲人免入'。穷人就根本别想进学校。想到这些，我就难以形容自己感谢党和人民的心情。今后，我要百倍地努力，贡献自己的一切，来报答党对我的培养和教育。我要做一个忠诚于党的事业的人，一个有利于人民的人，一个脱离低级趣味的人。我要把我的力量、把我的知识、把我的一切，甚至我的生命，忠诚地交给我们的祖国，交给我们的毛主席。要与同志们一起顽

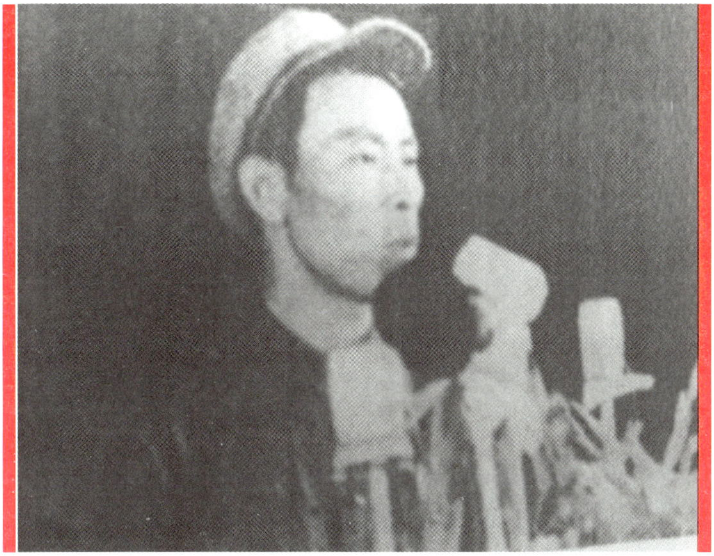

1954 年吴运铎应天津大学邀请，作《全心全意为人民服务》的报告

强地学习、不断地学习、认真地学习。”

那时，“中国的保尔——吴运铎”这个大名已经无人不晓，社会上请他作报告的人越来越多。为了满足大家的要求，他有求必应从不推辞。这时，有的人对他颇有微词，说他“爱表现，不踏实”，“有骄傲的苗头，不谦虚了”，等等。吴运铎听了也不多解释，他心里想的是回报党和社会，对于个人的流言蜚语，他一笑了之。

20 世纪 50 年代时的吴运铎

吴运铎在俄专学习期间，有一段令他终生难忘的小插曲。一天，他突然接到工作单位打来的长途电话，叫他火速回去。吴运铎匆匆找到学校领导请假，坐上南下的火车回到了武汉。

原来，在 1951 年吴运铎当了劳模后不久，在“三反”运动中，有人无中生有地要把他打成1600万元(约今1600元)的贪污犯。某领导对他说：“要积极投入这次运动，主动交代问题和揭发别人的问题……”吴运铎据理力争，理直气壮地说：“我吴运铎把眼睛、手、腿、脚甚至生命都无私地交给了革命，从不图任何回报，还能看中什么钱吗？……”

一个月过后，那位领导又假惺惺地找吴运铎谈话：“运铎同志，作为共产党员要经得起考验……”吴运铎没有抱怨，但他认为这么大的问题不能妄言妄听，应当弄清是非，有个结论。吴运铎质问那位领导：“我是一个管技术的，与钱从来没有沾过边，凭什么说我贪污 1600 万元？”那位“可怜”的领导一时语塞，尔后，又唱起高调：“运动是对每一个人的考验嘛，作为共产党员更应该接受考验。党组织考验干部还是没有错的嘛。”吴运铎回应道：“我吴运铎为了党的事业，不惜把生命都交给了党，还会干那些对不起党的事，干那种有害于民、有害于国家的事？那算什么共产党员！”

吴运铎后来回忆说：“这件事对我像一场噩梦。忽而把我曝光在大

1954 年，吴运铎（中排右二）在武汉一剧院作报告后与武汉的先进青年一起合影留念

20 世纪 50 年代初，吴运铎在中南兵工局工作时与中南兵工学校（现为武汉船舶职业学院）的师生在一起

20 世纪 50 年代，吴运铎在中南兵工局工作时居住过的地方

庭广众之下，忽而把我封闭在暗室，无人知晓我犯了什么罪过。究竟谁之错？过去，一切苦难、一切挫折，我都能涉足跨过，唯有这件事让我丈二和尚，摸不着头脑。”

虽然在学习期间遭受到如此大的挫折，但吴运铎并未影响学习。在结业考试时，他仍然取得了优异的成绩。

十八、从来没想过当作家

自 1951 年 10 月《人民日报》发表题为《钢铁是这样炼成的——介绍中国的保尔·柯察金、兵工功臣吴运铎》的报道以后，许多机关、团体、学校常常邀请吴运铎去作报告。而且差不多每次都有人给他递纸条，希望他把自己的事迹写成一本书，许多人迫不及待地写信催他赶快写。吴运铎感到自己从来没有写过书，工作和学习紧张，空闲时间太少，一直没有动笔。

吴运铎从北京俄专结业后，在京等待护照随时准备出国。但苏方因宿舍尚未建好，他们暂时不能动身，需要在北京待命。这时候，全国总工会就见缝插针，要吴运铎写写过去做的事。吴运铎说他根本没有写书这个本事。全国总工会主席赖若愚同志把他请进自己的办公室，和他商量写书的事。

赖若愚同志说："老吴，你的事情很感人，写本书吧！"

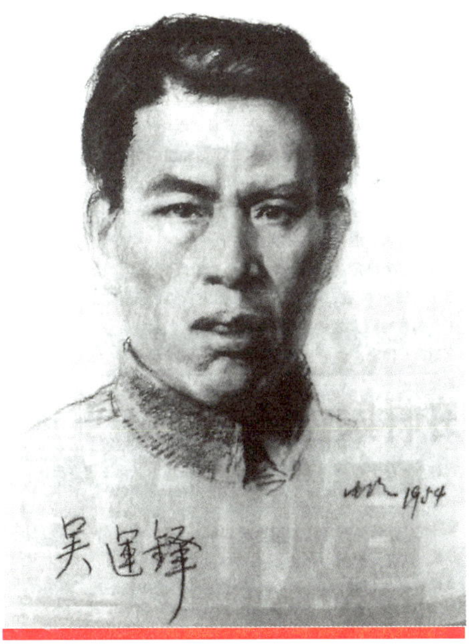

中央美术学院著名画家艾中信为英雄模范吴运铎画的素描

“不行，不行！这辈子我就没想过这事，我哪会写书？”

“写吧，就把你的报告内容整理出来，用一根红线串起来就行了……”

刚开始，吴运铎还有些拘谨，问一句，答一句，谈了一会儿，他那直率的性格就显现出来了。

“说说容易，写起来就难了，我这个人造枪、修炮干了大半辈子，你让我写书，这不是难为我吗？”

两个人谈了很长时间，最后赖若愚像下命令似的说：“你能行，写吧！现在你要把写书当作政治任务来完成！”吴运铎仍然坚持自己的意见，他说：“我不会写，写不了啊！”赖若愚稍有些严肃地说：“怎么不能写，只要把你作的报告内容写出来就算完成任务，我们还可以找人帮助你完成。”赖若愚同志的话听起来是认真的、坚定的、不容反驳的，但实际上是对吴运铎的一种信任、一种激励、一种鞭策。

吴运铎为了写书的事，曾经深有感触地说：“有人说，你有生活，就可以写出来。我认为这句话并不完全。有生活，只可以说有了写作的材料，但你没有相应的手段，没有一定的文学知识，没有一定的语言知识，文章写得干巴巴的，谁还有兴趣看？”

在写书过程中，全总领导安排中央美术学院画家罗工柳、王式廓、尚沪生等为文章配画。为了方便写作，还让吴运铎搬到美术学院去住。青年画家尚沪生主动腾出她的房间作为吴运铎的宿舍。学院还派了四个教师帮助他誊写稿件和料理日常事务性工作。

吴运铎当选第一届全国人民代表大会第一次会议代表时的当选证、出席证

吴运铎与青年朋友在一起

在各级组织的大力支持下，吴运铎以饱满的笔触，撰写了一部讴歌军工战士舍生忘死、艰苦奋斗革命精神的不朽著作——《把一切献给党》。经工人出版社编辑何家栋修改和加工，于1953年7月在北京由工人出版社首次出版。没想到，这本书却在群众中引起了巨大的反响。第一次在北京印刷10万册，当年年底，六次印刷，达114万多册。全国各机关、部队、工厂、学校等都自动掀起学习《把一切献给党》的热潮。有的工厂、学校还命名了“吴运铎班”“吴

1953年上半年，吴运铎（后左二）在中央美术学院修改《把一切献给党》时与青年朋友的留影。二排：陆平（右一）、吴克（右三）

据统计，到 2011 年各种版本的《把一切献给党》在中国工人出版社至少已印刷 59 次，累计出版发行超过 560 万册。该书早在 20 世纪 50 年代就译成俄、英、德、法、日、朝、越 7 种外文版发行

运铎小组”“保尔班”，等等。

吴运铎每天收到来自全国的信函几十件，甚至上百件。其内容多是寻觅正确的人生路标，什么是革命理想，怎样实现理想，如何继承艰苦奋斗光荣传统，怎样对待学习，如何提高学习成绩，等等。吴运铎在回信时，既热情洋溢，又实事求是，给读者以极大的鼓励和帮助。有时回信写不过来，上级就为他安排一个秘书，帮助他处理各种信件。

《把一切献给党》问世后，好评如潮。时任《文艺报》副主编的侯金镜评价该书时指出：“在中国文学历史上应重重地写上它一笔。”中国作协主席周扬给该书责任编辑亲笔回信，肯定了《把一切献给党》在中国革命进程中所起的作用，赞扬这本书对新中国成立后传记文学的写作起到了开拓作用。著名作家韦君宜看了《把一切献给党》，率先在报刊上撰文，称《把一切献给党》是“英雄的剖白”。人民文学出版社社长、《文艺报》主编冯雪峰肯定了这本书的内容和文风，提倡多写这方面题材的作品。

自 1953 年第一次发行至今，《把一切献给党》这本书仅在中国工人出版社就印刷了 59 次，总印数达 560 多万册，在全国印数达 1100 余万册。还翻译有俄文、英文、法文、德文、日文、蒙文、朝鲜文、越南文等多种外文版本。

《把一切献给党》的出版，在社会上传播之快，影响之大，众口皆碑。该书虽是吴运铎的传记，但它通过吴运铎的革命经历，再现了我国军工战士自力更生、艰苦奋斗、公而忘私的奉献精神和高尚的思想道德情操。它在中国产生了深远的影响，它振奋了民族精神，鼓舞和激励了广大青年的革命斗志，成为一部弘扬革命传统的优秀教材。就是因为这本书在社会上产生的巨大影响力，吴运铎又走上了中国作家的道路。

1989 年 7 月，是中国工人出版社建社 40 周年。在此之前，社里决定出版一部纪念本社 40 周年的大型画册，计划把吴运铎撰写《把一切献给党》的故事放在画册的重要位置上，成为最引人注目的精彩一页。于是，

20 世纪 50 年代，吴运铎和工人出版社部分职工合影

20 世纪 50 年代，吴运铎在作报告

便派记者采访作者吴运铎，请他谈谈当年是怎样与工人出版社密切合作，经历了哪些艰辛过程。

这年 4 月，出版社特派编辑刘岚女士去北京工人疗养院采访了吴运铎。那天，吴运铎精神尚佳，听刘岚女士说明来意，他沉思片刻，真诚而亲切地给刘岚女士讲起了往事：

“1951 年 10 月，《人民日报》发表文章介绍了我的经历。随后《工人日报》派记者采访我，并把我讲的话录了音。过了些时间，在《工人日报》上连载出来，影响挺大。后来，全总领导鼓励我自己写出来，意思是让我写一本书。我说‘我是小学五年级文化，哪能写书啊！’于是，工人出版社就派人来帮助我写书。这个人就是何家栋，他是我走上文学道路的老师。”

吴运铎吸了几口氧气接着说：“我是个煤矿工人，从来不敢想写书的事。在小学写作文时，我嘴里咬着笔杆，咬下了一半也没写出来个啥。我经历的事很多，但如何去写，从哪儿下手，怎么开头，我都捋不清楚。

“开始写这本书时，我是有什么写什么，什么都写，老何手把手地

吴运铎在一次作完报告后，接受与会代表的献花

教我，包括哪些该写，哪些不该写，老何都逐一指点。他告诉我，写文章事先要搞写作设计工作，设计好了才能动笔。《把一切献给党》没有一篇是未经过老何修改的。只有最后一篇‘拆定时炸弹’，是我自己写的，他一个字也没改。当我写完这篇时，老何高兴地说：‘写得不错。’

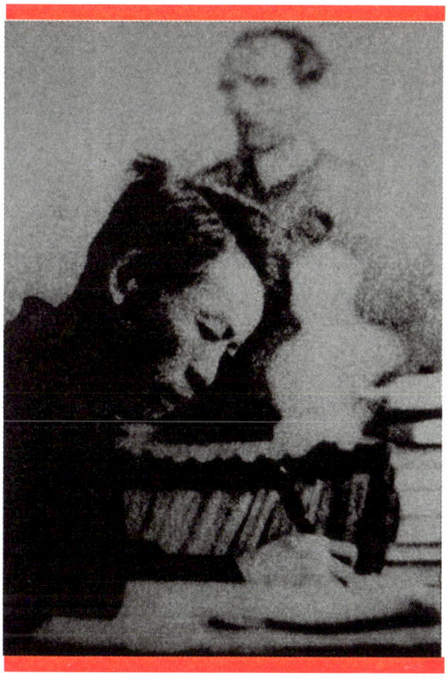

吴运铎在写作

“我从一个根本不会写文章的工人，通过老何的帮助，脑子才有点儿开窍。虽然老何没有专门给我讲文学课、写作课，但他一点一点地帮助我改文章，让我从中学到了不少知识。我认认真真地去写，老何一次又一次地帮我修改，我的写作水平才慢慢地有了提高。写文章真不容易呀！我宁可去造十支新步枪，也不愿写一篇文章，写文章太

20世纪50年代，吴运铎作报告后青年代表为他献花

困难了。但我很幸运，我写这第一本书就遇上了何家栋这位兢兢业业的责任编辑，是他引导我走上了文学的道路。”

吴运铎说到这里，喘得上气不接下气，他赶忙又吸了一会儿氧气，表情才轻松了一些，精神也好多了。他接着说：“我想不到，我真的写出了一本书……《把一切献给党》出版后，影响很大，我的弟弟写信告诉我：在重庆，那年国庆节游行时，这本书的封面做成牌楼那么大，四个人抬着，很壮观。我怎么也想不到，我一个普普通通的工人，居然当上了作家！”

更令吴运铎兴奋的是，恰恰在这一年，共青团中央为了给青年人树立“人生的路标”，选出了十本必读书。邓颖超同志在《树起人生的路标》一书序言中指出：“同新中国一起成长起来的一代青年，有谁没有从《钢铁是怎样炼成的》《把一切献给党》《红岩》等书中汲取过力量的源泉，找到人生的路标。”当吴运铎得知党和国家领导人、敬爱的邓颖超大姐对他的作品给予了极高的评价时，他无比激动、无比欣慰。

十九、在四四七厂工作的日子里

新中国成立后，为了加强我国的国防建设，在第一个五年计划期间，四四七厂作为国家 156 项重点工程之一，于 1953 年 6 月正式开工建设。1955 年 2 月，吴运铎任四四七厂总工程师。1956 年 2 月 24 日，经中共中央政治局批准，吴运铎任四四七厂生产副厂长兼总工程师。

为了早日投入生产，工厂急需培训大批具有现代化武器专业知识的各类人才。为此，员工培训列入了四四七厂领导班子的议事日程。工厂根据实际情况，编制了多渠道、多途径、多形式的人员培训计划。其中，根据我国政府与苏联政府签订的委托苏联代培生产、管理和技术人员的协议，由吴运铎担任总队长，带领大批技术人员、管理干部和技术工人赴苏联军事工业区对口兵工厂进行生产实习。

在赴苏联学习之前，工厂对这批人员进行了俄语培训，除选送人员外出培训外，工厂还举办了俄语培训班，由时年不满 20 岁的傅安生与其他同志一起，教这批技术和专业人员学习俄语。培训期间，傅安生第一次见到了大名鼎鼎、享誉全国的“中国的保尔——吴运铎”。

此时的吴运铎，既是全国总工会委员、作家协会会员，又是四四七厂的领导。他虽然已经在俄专进修过，俄语水平基本过关，但他仍然主动参加了厂里主办的俄语培训班。

在傅安生的眼里，吴运铎是个名人，又是厂领导，少不了会有些架子。但吴运铎和其他学员一样叫他老师。一开始，傅安生对这个年龄比自己差不多大20岁的特殊学员，总是称“吴厂长”“吴总工”。吴运铎说，大家都是学员，没有什么职务之分，直接叫我名字不是更好吗？吴运铎一席话让傅安生十分感动，后来他就叫吴运铎：“老吴。”

吴运铎是小学文化程度，参加革命后，以坚强的毅力研究火工技术，成为制造枪炮、弹药的专家。但他从不满足已取得的成绩，主张实实在在地学点知识，踏踏实实地干好工作，钻知识、钻技术、干事业，一干到底，这就是吴运铎对待学习和工作的态度。特别是在学习方面，他比别人更刻苦、更努力。他说，在知识面前，老干部也需要改造，“要想建设新中国，仅仅靠小米加步枪是不行的。领导干部首先自己要学习，必须知识化”。傅安生对吴运铎的学习、工作和钻研精神十分钦佩，他说：“老吴虽然不是知识分子，但实际上他比知识分子还知识分子。”

1955年，吴运铎率领107名技术人员、管理干部和技术工人，赴苏联西伯利亚的克拉斯诺亚尔斯克和乌拉尔工业区斯维尔德洛夫斯克等地的工厂学习高射炮生产技术与生产管理。傅安生既是学员，也是吴运铎的翻译，两个人的关系十分融洽，成了忘年交。

赴苏联学习人员共分三批前往，每批分为三个小组。第一批为生产

1955年5月31日，在苏联克拉斯诺亚尔斯克宾馆，工厂领导和当地官员欢迎吴运铎（前排中）一行的到来

管理干部，于 5 月前往；第二批为技术工人，于 12 月前往；第三批为专业技术人员，于 1956 年年底前往。

吴运铎带领第一批学员赴苏。当到达克拉斯诺亚尔斯克火车站时，工厂派汽车把他们接到了住地。当时，苏联正是战后不久，很多工作要做，房屋、宿舍都十分紧张。他们被安排在一个老大娘家里。老大娘是个烈属，丈夫是红军，在卫国战争中牺牲了，儿子瓦诺亚在工厂当学徒，母子俩对他们特别热情，照顾得非常周到。

当地工厂领导为吴运铎一行举行了欢迎宴会。席间，宾主频频举杯畅饮，共祝中苏友谊万古长青。

赴苏人员学习内容因人而异，都有明确的培养目标。工作业务是什么，就对口学习什么。企业领导干部主要学习企业管理理论、工厂各项规章制度、主要产品结构、性能及生产技术管理知识；技术干部则以消化产品资料及工艺为主，并熟悉生产现场管理等业务知识；工人则按培训计划规定的工种，通过在主要工序上与苏联工人编班劳动，进行本工种零件加工和部件组装的实习。

在学习期间，吴运铎想学的知识很多，他不仅要学规定的科目，还

吴运铎（前排中）一行在欢迎宴会上，与迎接他们的工厂领导和当地官员合影留念

1955 年，吴运铎带领 100 多人赴苏联学习高射炮生产技术，在实习期间他如饥似渴地学习

要学习机械制造和电气控制系统，雷达操纵追踪等专业课程。重点学习他过去一无所知的电气控制专业知识，掌握元器件、电路与组件的工作性能及原理。他克服时差、气候、环境变化等带来的不适，争分夺秒地学习，恨不得一夜学成回国，生产出自己国家的现代化火炮和武器装备。

作为一个有 100 多人的学习集体的负责人，吴运铎的担子很重，他不仅要与大家一同

1955 年，吴运铎（左二）和去苏联学习的同志在一起下棋，缓解紧张的学习压力

学习，还要负责协调内外部的关系，及时与我国驻苏联大使馆和苏联国防部对外司联络，汇报中国赴苏学习人员的学习、生活情况等，常常忙得连饭都顾不上吃，他还像战争年代那样忘我地、拼命地投入工作和学习中。

在苏联期间，吴运铎每天学习时间比别人都长，同时还继续刻苦学习语言。在半年的时间里，他已经可以用俄语满足基本的学习和交流。作为党支部书记和组长，他在各方面率先垂范，对学员的要求特别严，学习时间也抓得很紧，但他从不忘记活跃大家的业余生活。

在日常生活中，吴运铎喜欢和大家一起扎堆儿。冬天，苏联气温达到零下 40 度，河面冻得硬邦邦的。腿脚不太方便的吴运铎和年轻人一起上去滑冰，他胆大心细，很快就学会了滑冰技巧，有时甚至比年轻人滑得还好。

1955 年 10 月，在苏联学习期间，吴运铎（左）与傅安生在西伯利亚叶尼塞河合影留念

当时，每个学员的生活费是 600 卢布，在伙食上没问题，不过吴运铎爱抽烟，苏联的烟又贵又不好抽。为了节约费用，他找了个中华烟的铁筒子，在里面装点水，钻个孔，穿了根吸管，在筒子里还搞了个过滤网，做了个简易的

水烟袋。网子是他用擦鞋布做的，抽起来有一股子鞋油味，抽完之后的表情常逗得同伴们忍俊不禁。

在学习期间，吴运铎不仅刻苦用功，勤奋钻研，出色完成学业，还与苏联人民结下了深厚的友谊。

夏日的一个星期天，吴运铎正在复习功课，他的秘书兼翻译傅安生约他换个学习环境。于是，他们一起沿着厂区旁边的河岸向西走，来到村边的一座小花园，坐在一个木栏上看书。

当他们两个正在全神贯注地看书时，篱笆门开了，走出一个白发苏联老人。老大爷走到他们跟前，亲切地和他们打招呼、聊天儿。当得知他俩是中国留学人员时，热情地邀他们到自己的花园里去玩。他们说时间不早了，该回工厂了。老大爷说啥也不让他们走，一定要他们进家看看，他的老伴也跑过来热情地把他们拉进家里。大家像老朋友一样谈了起来，主人高兴地留他们在家里吃饭。

正说着，老大爷的女儿娜塔莎回来了，她更不许他俩走了。娜塔莎问他们俩是学什么专业的，吴运铎说："学机械的。"娜塔莎高兴地说："那好极了，我和你们是同行。"原来她也是学机械的。不一会儿，娜塔莎把他俩引到另外一个房间。映入他俩眼帘的是铺了一条白桌布的长桌子，上面摆着几瓶花，还有酒和精致的酒杯，他俩立刻明白了。盛情难却，他们只好接受一家人的热情款待。席间，大家相互祝福，不断干杯。老大爷还说："你们是毛泽东派来的，我们还要为毛泽东干杯！"

饭后，娜塔莎领他俩参观了这个家。院落整洁有序，尤其是娜塔莎的房间更是干净利索，里边还放着钢琴。看着书架上整整齐齐地摆着各种书籍，他们有说不完的共同话题，从机械理论到机械制造，从各自的工作岗位到共同的理想，无话不谈。告别时，三个主人挽着他俩的手，一直把他们送到工厂门口。

在苏联"宪法节"19周年这一天，工厂举行隆重的庆祝大会。厂里热情地约请全体中国学员参加。吴运铎还接受了工厂党委的邀请，成为大会主席团成员。在主席团成员中，吴运铎认识了一位胸前佩戴着斯大林金质奖章的苏哈利可夫，后来他们成了好朋友。

原来，苏哈利可夫是一个车工的后代。在童年时，他就每天观望着飞奔的火车和宏伟的工厂，内心充满了对未来美好生活的憧憬，立志要做像父亲那样的车工，制造更多的机器。1928年，他的理想终于实现了，被分配到工厂当车工。1941年，卫国战争开始后，在缺少起重机的情况下，他和工人们齐心协力，克服重重困难，用肩膀和土办法搬运巨大的工件。同时，苏哈利可夫还对车床进行技术改造，使产量大幅度地提高。

共同的经历和志向，使吴运铎和苏哈利可夫的关系越来越密切。他们经常在一

吴运铎（左）与苏联朋友苏哈利可夫合影

1956年，吴运铎（前排中）在苏联学习时，应邀参加共青团活动

1956 年，吴运铎（前排中）在苏联学习时，参加“五一”国际劳动节游行活动

起交流思想、交流技术改进的经验。在学习上，苏哈利可夫给予了吴运铎无私的帮助，吴运铎也毫不保留地把自己的经验和体会传授给苏哈利可夫。

吴运铎在苏联学习期间还应邀参加了共青团夏令营活动。

在赴苏人员学习期间，苏共党内发生了重大事变。吴运铎及时做好导向工作，避免在学习人员中出现政治问题。

1956 年 2 月，在苏共二十次代表大会上，苏共第一书记赫鲁晓夫作了《关于个人崇拜及其后果》的秘密报告，从根本上否定了斯大林。参加苏共二十次代表大会的中共中央代表团认为，苏共二十大在破除斯大林个人崇拜并揭露其错误的严重性方面有积极的意义，同时认为赫鲁晓夫全盘否定斯大林的观点是不对的。

苏共二十大的召开，在我赴苏学习人员中也产生了不小的震动，大家都有自己的看法，一时间议论纷纷。吴运铎就耐心做大家的思想工作，他对全体学员说，我们要安心学习，干好自己的事情，对于国家大事和中苏两党的关系，我们不能信口开河，要用党中央的观点来约束自己的言行。

吴运铎一行参加苏联共青团组织的暑期夏令营活动时，苏联青少年为他们献花

吴运铎一行参加苏联青少年夏令营活动

1955 年，吴运铎参加苏联青少年暑期夏令营共青团、少先队活动时的合影

由于吴运铎及时给大家打了“预防针”， 在我赴苏学习人员中没有一人因此而影响与厂方的关系，就是在后来的反“右”运动中，也没有人出现问题。

1956 年秋天，当吴运铎正在复习准备考试时，厂长告诉他，中国人民解放军的朱德总司令要来工厂参观，请他当翻译。吴运铎听了又惊又喜，愉快地应允了这个任务。因为，这项工作可以近距离地向朱总司令汇报工作，又能亲耳聆听他的教诲。在翻译间隙，吴运铎简要地向朱总司令汇报了学员的学习和生活情况。朱总司令听了非常高兴，语重心长地说：“我们不需要战争，但美蒋反动派还不死心，叫嚣反攻大陆，所以我们必须从思想上和物质上做好准备。你们学成回国后，就是要做这种准备的。”听了朱总司令的“动员令”，吴运铎暗下决心，要在有限的时间里，加倍学好本领，回国后以最快的速度、最高的质量，创造性地完成武器生产任务，以实际行动响应党中央的伟大号召。

1957 年 1 月，吴运铎率领他的团队，以优异的成绩返回祖国。在不到两年的时间里，他为四四七厂成建制地培养了从分厂厂长、车间主任，到科研人员、技术人员和基层管理人员等从事火炮科研、生产、管理的全套专业人才，为四四七厂乃至中国兵器事业奠定了坚实的人才基础。

朱德总司令（前左二）访问苏联时参观军工厂

归国后，吴运铎一如既往地同四四七厂工程技术人员与广大职工一道，发扬蹈厉之志，在黄沙飞扬、朔风狂啸的塞北沙石大地上，与大自然搏斗，与战争年代遗留的伤痛搏斗，忠实地坚守着自己的岗位，认真履行副厂长、总工程师的职责，以坚韧不拔的毅力主持了 100 毫米高射炮的研制以及定型的前期工作。他率领全体赴苏学习人员与其他技术人员夜以继日地工作，使项目进展得十分顺利。正当吴运铎全身心地投入项目中的时候，上级调他出任第一研究所所长。

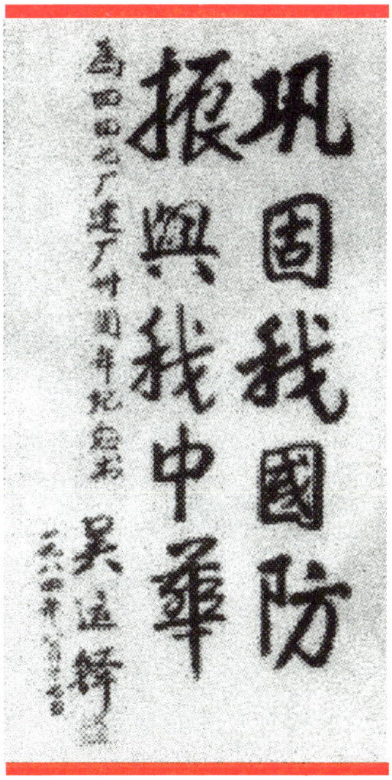

1984 年吴运铎为四四七厂建厂 30 周年题词

在吴运铎调任第一研究所所长后，他仍然关心着该项目的进展，并给予了大力的支持。

傅安生归国后，按照吴运铎的建议从事

自动控制专业，在“100高”项目定型研制中做测试工作。在该项目定型试验进入关键阶段，测试工作急需示波器。那时候，示波器是十分贵重的仪器，四四七厂暂时还没有这种设备。傅安生听说吴运铎所在的第一研究所有这种示波器时，他喜出望外。于是，他便千里迢迢赶到北京，找吴运铎求援。

当时，第一研究所也只有两台示波器，都在科研一线发挥着重要的作用。但吴运铎二话没说，当即抽调了一台支援“100高”项目试验，这才解了四四七厂的燃眉之急。

这台示波器为100毫米高射炮定型生产发挥了重要的作用。由于使用时间过长，傅安生不好意思到一所归还借来的示波器，他多次求厂长帮忙给吴运铎解释原因。一年后，当吴运铎见到傅安生时，拍着他的肩膀笑着说：“你小子是个赖皮，借东西不还！”说着两个人拥抱在了一起。这是吴运铎对傅安生取得成绩的祝贺，也是对自己为国家重点项目作出力所能及贡献的表达。

在吴运铎的主持、参与和大力支持下，在他率领的赴苏学员和四四七

包头市北方兵器城吴运铎纪念馆前的吴运铎雕塑

厂全体职工一道艰苦奋斗、努力拼搏下，在较短的时间里，四四七厂终于制造出了新中国成立后的第一批高射炮。在1959年新中国成立10周年大阅兵仪式上，由四四七厂生产的32门高射炮列成的火炮方阵，雄赳赳、气昂昂地通过了天安门广场，展示了中国人的豪迈气概，光荣地接受了毛泽东主席、朱德总司令、周恩来总理等党和国家领导人的检阅。曾经到吴运铎一行实习的苏联兵工厂参观、访问并视察四四七厂的朱总司令，在天安门城楼上频频挥手致意，表达对以吴运铎为代表的四四七厂人取得出色成就的祝贺。

在参加阅兵仪式以后，四四七厂生产了大批高射炮列装部队，大大改善了我军的武器装备，提高了部队的战斗力。在这一辉煌成就的背后，浸透着四四七厂广大职工的汗水、心血和辛勤劳动，也蕴含着吴运铎不可磨灭的贡献。

国庆10周年阅兵式上，四四七厂生产的32门100毫米高射炮通过天安门，接受毛泽东主席等党和国家领导人的检阅

二十、第一研究所首任所长

随着第一个五年计划的完成，1956 年，中央发出了“向科学进军”的号召。第二机械工业部根据这一精神和国家制定的《1956–1967 年科学技术发展规划》，编制了《国防工业科研工作十二年规划》，将火炮技术开发放在兵工行业建设的首要地位。1957 年 5 月，二机部正式决定，自 5 月 31 日起撤销第四研究所（械弹研究所），以四所一室为基础，成立第一研究所（今中国兵器工业集团第二〇二研究所）。

1957 年 6 月 1 日，第二机械工业部在北京西郊冷泉召开大会，宣布第一研究所正式成立，由高俊岩等 4 人组成临时领导班子和临时党支部，领导全所工作。第一研究所的成立，标志着我国兵器行业迈入专业化发展的阶段。

1959 年，吴运铎在工作

1958 年 2 月，第一研究所划归第一机械工业部，3 月吴运铎被任命为第一研究所所长。

吴运铎赴任时，第一研究所职工总人数不到 200 人，设有五个研究室，基础设施十分薄弱。

面对这一状况，吴运铎从研究所的基本建设和兵器科研发展方向入手，提出了许多有真知灼见的新理念和新举措，并做了大量卓有成效的工作。

根据研究所的现状，吴运铎认为，研究所要更快更好地发展，就必须要理清思路，明确目标。于是，他提出了“自力更生，艰苦奋斗，自己动手，勤俭建所”的十六字发展方针。

吴运铎从妥善处理外部关系，加强科研条件保障建设入手，全面进行科研生产和职工生活基础设施的建设。他亲自出面与北京工业学院领导协商，妥善处理了与该院附属速成中学的地界等纠纷，为第一研究所的统筹规划和建设铺平了道路。

在常规兵器发展方面，吴运铎深入各项目组，和技术人员一道搞论证、作方案，在实践中提出了武器装备研制基本原则。即：武器装备的研制论证要有“梯次配备系列”；要搞好厂、所、院校“三结合”；要处理好武器重量、威力和机动性之间的关系。重视和加强基础理论研究，为武器装备的发展提供新的技术支撑。

吴运铎十分重视科研能力建设。他根据国家相关部署要求，结合研究所的实际情况，及时调整科研力量，大胆起用年轻科技人员，加强人员培养，大大提高了第一研究所的科研攻关能力。

为了发展中国的战略武器，增强国防实力，1957 年 12 月，从苏联引进的苏制 P−1（1059）地地导弹和资料运抵我国。不久，苏联又向中国提供了一批 P−2（3069）导弹的图纸资料。一机部按照中央的决策和部署，于 1958 年 5 月将导弹地面设备的研制任务交给第一研究所。以吴运铎为所长的领导班子与全体职工一道，挑起了常规武器火炮和导弹地面设备研制的两大专业任务。

鉴于“突击尖端、大搞新技术产品”的形势需要，在吴运铎主持下，

1958年底第一研究所向一机部五局呈报了《关于一所发展方向问题的几点意见》，文件中分别对研究所科研发展规划和所区建设发展规划进行了阐述。

关于科研发展方向，规划提出，发展方向以导弹研究设计为主，重点放在导弹的无线电控制（导引）、发动机及地面设备的研究设计上。

规划指出，在完成现承担的新品地面设备研制任务的同时，扩大研究技术领域，建设配套基础设施，为国防现代化建设和改型提高我军武器装备性能进一步创造条件。

关于所区建设，规划提出，要根据科研生产发展和职工人数不断增加的需要，扩大所区建设规模。制作了所区发展规划的沙盘模型。模型显示所区东邻北工附属中学，南至紫竹院路，西到京密引水渠，北到小河沿，比现有所区扩大了三分之一。同时，还设计有专业实验大楼和所区空地绿化方案。一个高楼林立、花卉丛生、树木成林、道路成网、水系环绕的现代化研究所展现在人们的眼前，大大鼓舞了职工献身国防科研事业的士气。

随着研究所规模的扩大和人员的不断增加，建立与完善各项规章制度成了第一研究所建设中十分重要的工作。在吴运铎的主持下，各职能部门先后制定了科研设计程序、行政科研管理制度、科室职责条例、各

二〇二所建所初期在北京车道沟的工字型科研大楼

级人员岗位责任制等规章制度。经过试行和修订后正式颁发执行，为第一研究所的全面发展打下了良好的基础。

吴运铎担任所长期间，针对第一研究所在安全生产中发生的问题，提出了安全生产文化初步理念，强调加强安全生产文化建设。

在建所初期，第一研究所利用原北京工业学院的豆腐房、厨房、理发室、仓库等临时改造成相对简陋的小型试制车间。车间的工人大多是从东北和西北等一些兵工厂抽调来的。他们适应了在大厂的单一零件批量加工，而来到研究所，面对单件多品种加工，很不适应。加之组建不久的试制车间规章制度还不健全，生产的程序还不够规范，一度事故不断，废品率很高。在不到两个月的时间里，发生大的机床事故 21 起，工具损坏严重，给国家财产造成很大损失。从工人到领导无不感到痛心和惋惜，身为所长的吴运铎对此深感不安。

于是，他责成主管安全生产的保卫科对车间进行了一次生产技术安全大检查，并从 1959 年 5 月到 7 月，相继召开了“安全生产、确保质量、

中國兵工報　　1997 年 1 月 29 日　星期三　· 3

的一名仓库保管员。那时，他就坚持从铁道两旁刨拣废钢铁，从工厂大量回收入库的麻袋里抖出残存的碱面，从堆积如山的废旧油桶里往外控积油，每年可为工厂节约上万多个小时，为工厂节约资金数百万元。他不仅连续 20 年被评为工厂的优秀共产党员，还被内蒙古自治区评为学雷锋标兵和优秀共产党员。

编后

中原特钢厂出台的《关于禁止婚事大操大办的规定》，可谓定得及时，定得切实。

春节将至，不少年轻人都想趁佳节完婚。在办个喜庆、热闹的婚礼的同时，不妨学学中原特钢厂的做法，单位有些规定，个人多些节俭。这样不仅有利于匡正风气，而且于公于私都减少了耗费。

佳节期间，无论是喜结良缘还是探亲访友，讲求的不仅仅是个形式，更重要的是内在的情义。在文明与简朴之中，我们照样可以过一个其乐融融的春节。

吴运铎与安全文化

王吉文

把安全生产提高到安全文化高度来认识，有不少人从不同角度提到过。据了解，在兵工行业，最早是由吴运铎同志在 1959 年 5 月 25 日提出的。安全文化较为全面的、系统的理论阐述是在 1986 年从核工业领域开始的，之后许多工业部门广为传播，进而发展形成为全社会的大众安全文化。

一般来讲，安全文化是人类在生产劳动和生活中追求自身安全与健康、抵御各种灾害的安全思想意识形态，以及与之适应的安全管理制度和组织机构的总和。吴运铎同志早在 30 多年前就曾对安全文化进行了初步的概括和阐述。当时成立时间不长的陕西机械电器研究所试制车间，在短短的两个月内，发生了 21 起安全事故，产品废品率达 20%，使国家经济财产遭到很大损失。为此，该所相继召开了“安全生产、确保质量、杜绝浪费”为主要内容的全所职工大会和安全运动深入动员大会。所长吴运铎在会上讲话，开门见山地道出了“我们不去掉不愉快的事情，就不会愉快起来”这一发人深思又颇具哲理的一番话。他说“我们讲安全生产，确保质量，杜绝浪费，我总感到缺乏点什么。我们缺乏一种安全生产文化。”统观他的两次讲话，从以下五个方面初步讲述了安全文化的一些基本内容。

一、关于安全的思想观念问题

吴运铎同志强调，要“提高认识，端正态度，消除抵触情绪”。他说“我们要正视事故，重视质量，面对事故和质量问题，在思想上我们要向前看，绝对不允许向后看，任何时候都要向前看。”“科研生产中的事故是一种灾害和敌人，我们要重视这种敌人，研究这种敌人。”他还说：“凡是危害国家资财安全的思想都应该检查。”“党把我委派到这里，我有责任讲，不是让同志们面子上过不去。”吴运铎同志这种开诚布公、激发职工从思想上树立安全意识的做法，在当前也是应该提倡的。

二、关于安全管理制度问题

吴运铎同志针对安全检查中发现的诸如易燃品存放混乱、配电盘靠近机床且没有保护装置、管理制度不严格等问题，提出“要制定各种措施和规章制度，保证科研生产的安全”。他说：“整风，我们破了不少规章制度，但立起来的不多。我们要把各种规章制度建立起来，建立健全科研生产安全的规章制度”。这正是现今提出的企业需要创建的安全文化的重要内容。

三、关于加强管理、遵守规章制度问题

吴运铎同志在讲话中大声疾呼：“技术安全一定要走在科研生产的前面。”作为所长，他带头承担责任，强调了领导管理的重要性。他说：“我们发生这么多事故，给国家资财造成这么大的浪费和损失，首先我有责任。车间领导要加强管理，按章指挥生产。我们的车间成立时间虽短，但已有了一些规章制度，要严格遵守。人人都要讲安全，按章操作，按章生产。”吴运铎同志所讲的，用今天的话说，就是安全文化范畴中的安全行为问题。

四、抓安全教育，创建安全氛围

吴运铎同志在会上宣布，“决定本星期为全所的安全生产周”，他号召全所“行动起来，结合实际，进行讨论，好好检查，对于一切不爱护国家资财的思想行为，要做认真严肃地批评与自我批评”；要“把检查出来的问题，分门别类，按轻重缓急排队加以解决”，“对一些典型的事例可以编成教材，教育大家”。实质上这就是一个要求人人重视安全，人人讲安全，造成一种安全生产氛围的动员会。

五、保持设备仪器良好的安全状态

吴运铎同志在强调人的思想意识、规章制度对于安全生产的重要性的同时，也提出了机床设备作为物质技术基础在安全生产中的作用。针对多发的机床设备事故和 850 余种工具的损坏情况，他说：“对设备仪器的结构原理不了解，你操作使用它时，就包含着一种损坏它的因素在内。所以设备仪器来了，我们不光要会操作它，使用它，还应该首先了解它的结构原理，懂得它的性能。”吴运铎同志的这番话，讲的正是我们目前常提到的安全文化范畴的物质技术基础问题。

吴运铎同志的讲话，与我们今天在探讨的安全文化的内涵、外延，大众安全文化传播方式及全民的安全素质等问题，有诸多相似和吻合之处。他在当时之所以能把安全生产提高到一种文化的高度来认识，是出于他对职工的人身安全和国家资财的高度负责精神，也是他在革命战争年代，为战胜敌人，克服艰苦环境条件，出生入死，付出血的代价换来的安全实践结晶。

人虽远去，精神长存。吴运铎同志最初提出的安全文化，如今已日渐成为全社会的共识并在进一步研究探讨。为开创兵工科研生产安全工作的新局面，我们要发扬吴运铎同志那种敬业爱岗精神，把兵工安全生产提高到一个新的水平。

兵总绿化计生工作进入先进行列

本报讯　兵总机关和在京单位绿化工作和计划生育工作会议近日在京召开，会议对 1996 年的工作进行了总结，对 1997 年的绿化、计生工作进行了布置。1996 年，兵总获得了北京市全民绿化植树先进单位、北京市西城区计划生育工作先进单位和国家机关计划生育工作达标单位称号。（文　木）

本版责任编辑　包宇辉

20 世纪 50 年代，吴运铎提出安全文化理念

杜绝浪费”和“安全生产，人人有责”全所职工大会。在会上，他意味深长地说：“我们不丢掉不愉快的事情，就不会痛快起来。我们讲安全生产，确保质量，杜绝浪费，我总感到缺少点什么？我们缺少一种安全生产的文化。”接着，他从提高认识、端正态度，制定措施、健全制度，加强管理、遵守制度，抓住典型、普及教育，熟悉设备、提高技能等五个方面的内涵和外延概括论述了安全生产文化内容，并提出了加强安全文化建设的具体要求。这一讲话精神，对提高第一研究所职工的安全意识，加强安全管理发挥了重要的作用。

半个多世纪以前吴运铎对安全文化的理念，与当今的企业文化，以人为本的安全文化等方面，有许多相似与吻合之处。

吴运铎之所以能够把安全生产提高到文化的高度来认识，是出于他在长期的革命斗争和工作实践中，从感性认知到理性认识的进一步深化和对国家财产的高度负责精神。他说：“党把我委派到这儿，我有责任把自己的斗争经验和惨痛的教训告诉大家。”

吴运铎十分关心青年政治思想、文化素质方面的教育和培养。不论作报告还是讲话，乃至平时工作中跟同志们交谈，都注意对他们进行思

1961 年 10 月，吴运铎（前排左六）和中层以上领导干部欢迎刁筠寿所长（前排左五）来所工作合影

想教育和引导。

1959 年 3 月 17 日，第一研究所举行了一次别开生面的报告会。吴运铎在给全所团员、青年作“学习向秀丽同志”的报告时说：“世界上总有这样一种人，为了别人的幸福，总是把自己的痛苦掩盖起来。像向秀丽、刘胡兰等，他们都是我们学习的榜样。”他接着说“人为什么要活着？人活着要有正确的生活目的，要树立正确的人生观、世界观，要实现人生的真正价值。”“学习英雄，检查自己，丢掉错误的东西。通过不断地自我斗争成长起来。”他还说：“作为一个革命者、一名共产党员，只有把个人的劳动变成别人的幸福时，才有自己的幸福。因为个人的幸福融合在集体的幸福之中。”“我们向向秀丽同志学习，大家都要严格要求自己，成为一名光荣的共产党员。”他的谆谆教导，使与会者深受教育和鼓舞。

为了加强青年的培养，全面提高他们的业务素质，吴运铎支持在各研究室内举办专业技术讨论，鼓励青年职工参加函授、电大、夜大等进修学习。他说：“不管你们已经具备了什么样的文化程度，都要继续学习新知识，掌握新本领，对自己和国家都有好处。”

1961 年春，吴运铎（前排左二）从上海休养回来参加一所的整风运动，同所整风领导小组合影

吴运铎（前中）同青年朋友在一起，前排左一为吴运铎夫人陆平

在吴运铎的倡导下，第一研究所根据实际需要组建了全日制中等专业学校——北京电子仪器学校，于1960年9月1日正式开学上课。学校设精密机械加工、电子仪器两个专业，选派有文化基础的青年职工参加学习，为研究所科研、生产培养速成人才。

为活跃职工文化生活，在吴运铎的支持下，第一研究所组建了篮球、排球、足球、乒乓球等球队，经过业余训练，这些球队参加了部属单位运动会。1959年5月9日，研究所举办了第一届运动会，除常规田径赛项目外还有摩托车表演。吴运铎在开幕式上致辞，他鼓励运动员要赛出高风格、高水平，争取好成绩，为部里争光，为所里争光，争取参加全国运动会。在比赛期间，他还来到现场看望运动员，为大家鼓劲加油。

吴运铎是文艺爱好者。在他的建议下，研究所成立了文工团。在所

1958年冬，吴运铎（右二）应邀到北京工业学院（今北京理工大学）作报告，与摩托车队部分队员合影

文工团成立大会上吴运铎说，一个单位职工的文化娱乐生活，直接关系到职工生活和工作质量。文艺生活是劳动的再现，文艺可鼓舞我们的斗志，唤起我们的战斗精神。

在日常文艺活动中，只要时间允许他都会身体力行。那时，研究所每年组织向“五一”“七一”“十一”“元旦”献礼活动，表彰成绩突出的单位和个人，并进行文艺会演比赛。吴运铎曾经亲自编导了“宇宙火箭飞月宫”“报喜队”等反映理想与现实的文艺节目。这些节目在本所演出

一所排练的斯里兰卡罐舞，在参加部机关文艺会演中深受观众的喜爱

时获得了职工的一致称赞和好评，在参加中央国家机关单位文艺会演时也名列前茅。

吴运铎任职期间，正是国家经济困难时期。在物资十分缺乏、条件十分艰苦的情况下，他带领职工白手起家，经过 3 年奋战，建成了试制车间、资料楼、环境气象气压实验室和金属非金属材料实验室等十多个配套设施；主持修建了一批职工宿舍，解决了职工和家属的住房问题；改建了澡堂、食堂，修建了简易文体场所，完善了职工日常生活的必备设施。自此，第一研究所基础设施发生了根本性的变化，为科研生产、职工生活创造了良好的条件。

在党中央“向科学进军”伟大号召指引下，经过三次大调整，第一研究所规模迅速扩大，研究室由三年前的 5 个发展到 10 个，职工总人数由 200 多人发展到 1600 多人。在吴运铎 3 年多的任职中，第一研究所人员素质和综合技术研发能力全面提升，常规武器火炮从测绘、仿制、改型设计走向自行设计和研制，承担的新技术产品导弹地面设备也从仿制变为自行设计；同时扩大了技术开发与研究领域，建设了相应的配套设施，一个欣欣向荣的研究所正向着高科技现代化迈进。

二十一、突击研制导弹地面设备

1958年4月，吴运铎在召开中层领导干部会上传达中央关于发展导弹的决定时，表示衷心拥护，坚决执行。他提高嗓音说：“我们要坚持‘自力更生，艰苦奋斗，自己动手，勤俭建所’方针，努力完成上级交给的新任务。”他激动而兴奋地当场带头吟诗一首，以抒发情怀，激励大家。与会干部也都异常兴奋。在吴运铎的倡导下，每人作诗一首，表达了自己的心愿和决心。

竖在发射台上的东风一号地地导弹

所里提出的口号是“突出尖端，大搞新技术产品”。当时所里的尖端新技术是指地地东风号、地空红旗号等几个型号的导弹地面设备系统。为了适应新技术产品研制的需要，所里首先成立了第六研究室，负责参考苏联提供的已淘汰的P-1（1059）样机进行导弹地面设备发射架、发射台和运输车的研制。按苏联保密专家来所检查的要求，研究室和有关办公室不具备铁门、铁窗、铁皮柜条件，资料就不得进所，同样，无保密库房，样品、样机也不能进所。不久，研究室及涉及新品的机关，如计划科、保密室等完成了“三铁”改造，图纸资料陆续进所。资料的密级，按秘密、机密、绝密、特密四级管理。没有保密库房，样机进不来，必将影响工作的开展。吴运铎提出要发扬老兵工“自力更生、艰苦奋斗”的精神，亲自动手、因陋就简地搭建库房，并亲自和基建科同志一起研究、设计库房，拟订施工方案。决定以基建科为主，六室同志和有关单位人员参加施工，在他的带领下热火朝天地干了起来。他拖着伤残的身体，在现场指挥，亲自动手，不甘人后。给工地搬水泥，别人用双手，而他用仅有的一只手一趟一趟地跟别人抬。运钢材，别人是肩扛，他便用失去左手的胳肢窝挟住，右手紧紧握住钢材艰难地一步一步地拖拉。不论白天还是晚上，工地上都能看到他的身影。不到一个月就建起了一座呈凸字形，高 20 多米、宽 18 米的特殊库房。

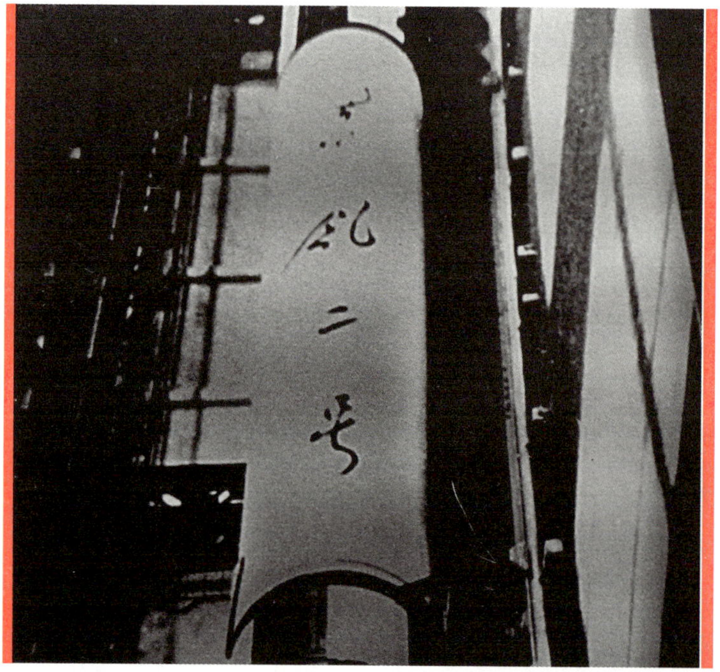

自行设计的东风二号地地导弹

没多久，样机陈列于新建的库房，为技术人员参照实物，消化、掌握图纸资料，进行仿制工作提供了条件。

东风一号（1059）地地导弹地面设备的图纸资料到所不久，接着红旗一号（3069）地空导弹地面设备的图纸资料也进到了所里。为完成任务，所里请求上级从工厂抽调支援人员，并从其他科室抽调大批技术人员和新分配进所的大专院校毕业生，充实新品研发技术力量。到 1960 年初，有 6 个室承担新技术产品的研究，另外还成立了一个专家工作办公室，对新技术产品研究工作进行指导。

我国发展导弹事业是从仿制开始的，在仿制成功的基础上，逐步走自行设计的道路。复制和翻译苏联图纸资料的工作量很大，由于时间紧任务重而且要求严，在吴运铎的领导下，所里还发出了“突出尖端”的号召。在 1959 年四季度，组织全所技术人员突击翻译复制图纸资料，昼夜奋战，科研大楼灯火通明。夜间，食堂准备了加班夜餐糕点，免费供给大家。有的同志夜餐后又回到工作岗位，甚至一干就是一个通宵。吴

1959 年，吴运铎（左）与苏联专家阿布罗莫夫夫妇合影

运铎经常跟大家加班，他走到哪里，哪里的同志们就欢声笑语，精神大振，甚至忘掉了疲倦。完成任务的班组科室敲锣打鼓，兴高采烈地向所党政领导报喜。吴运铎在总结报告中说："什么叫工作？工作就是向困难作斗争。一个真正的人，他对困难的回答是：坚决的战斗；他对战斗的回答是：坚持到胜利；他对胜利的回答是：永远是谦虚。"并激情赋诗"一夜东风起，晨来花满园"来形容加班工作的场面，赞扬大家的奋斗精神。

1960年，中苏关系破裂，一夜之间苏联专家撤走，研制工作受到严重影响。苏方发来一批批修改图纸资料，直到第四批，所里才警觉起来，原来是苏方的故意刁难，压根儿不让我们进行仿制。于是科技人员抛开修改资料，自己在技术上消化吃透后，继续进行研制。在吴运铎的领导下，发扬独立自主、艰苦奋斗的精神，经过全体科研人员的不懈努力，终于完成了5079海鹰号、5080巨龙号的资料翻译工作和1059东风一号、3069红旗一号地面设备的资料翻译、复制、修改，以及东风二号的设计任务。紧接着新技术产品制造加工任务全面铺开。所里派出工作组，以系统代表、副总设计师单位代表或设计师的身份，到各地驻厂配合工厂

装在发射架上的红旗一号地空导弹

仿制、试制，解决加工生产中的技术问题。在短短的几年时间里，成功地仿制了东风一号、红旗一号和自行设计研制东风二号地面设备，为开创我国的导弹事业作出了贡献。

1965 年 3 月，国家机关进行部分调整并成立了七机部。由一所从事新产品研制的全部工程技术人员和少部分行政人员共 449 人和其他单位的 36 人组建了七机部一院地面设备研究所，即今北京航天发射技术研究所。

吴运铎为我国研制导弹地面设备倾注了大量的心血，作出了不可磨灭的贡献。

二十二、勇于创新

在吴运铎担任第一研究所所长期间，他的眼光始终瞄准科技前沿，跟踪世界科学技术的发展水平。他经常对技术人员讲，搞科研要不怕苦，不仅要有一股子钻劲，只争朝夕，更重要的是要有敢于创新的精神。要学习新技术研制新武器，迎头赶上和超过世界科技先进水平。

1958 年 9 月，美帝国主义在我台湾海峡地区进行军事挑衅和战争威胁，国务院总理周恩来发表严正声明予以谴责，极大地鼓舞和激发了兵

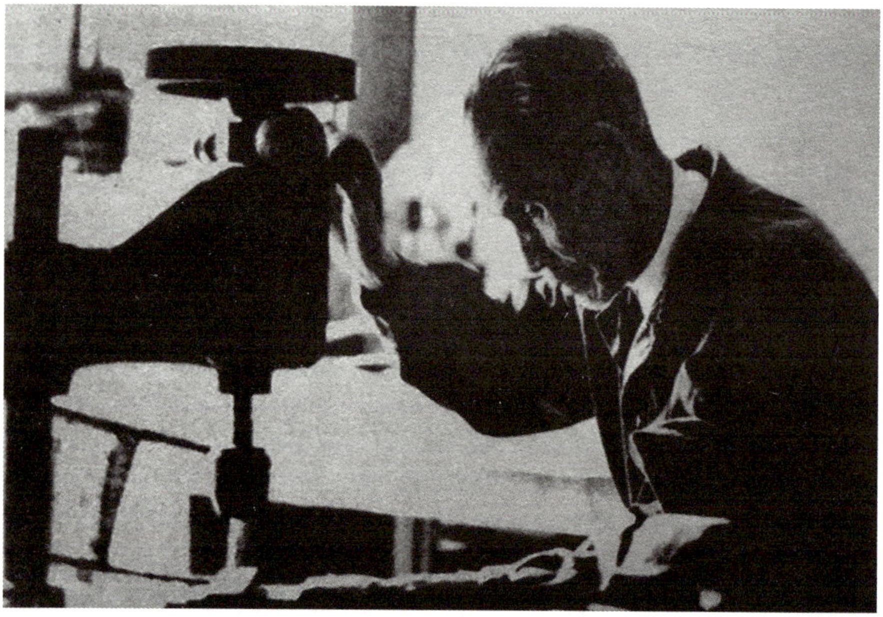

吴运铎在工作

工科研人员的爱国热情和责任感。八室技术人员提出研制一种能使陆军单兵从地面垂直升起，空中飞行，跨越海峡登岛作战的“飞行平台”的设想，吴运铎得知后非常支持，鼓励科研人员不妨一试。他说：“搞科研就得大胆设想，科学实践。”在研制工作中，技术人员拿着他亲笔签名的介绍信到北京市有关单位购买制作螺旋桨的稀有木材，作出样机后，在室内进行了试验，样机自身垂直起升达到0.5米高度，取得可喜成绩，后因专业人员调整，试验结束后转厂。

20世纪60年代，吴运铎在一所南口靶场使用过的微型车床、虎钳和夹具

新技术产品3069红旗一号地空导弹地面设备的移动（野战）化验箱仿制任务由一所承担。一所试制工厂在制作加工化验箱的器皿时遇到了困难。这些铝合金器皿口小肚大，呈酒瓶状，乍看像是铸造成的，仔细看才能发现是冲成瓶罐型再挤压收口而成，加工难度相当大。工厂在仿制时多次失败。吴运铎来到车间和工人们一起研究、分析失败原因，他提出要在选择铝合金板材的韧性和冲头大小上下功夫。

1961 年 10 月，吴运铎（前中）调离一所。图为继任所长刁筠寿（前右二）等所领导欢送他时的留影

工人们采纳他的意见，选择多种不同机械性能的铝合金板并做出各种大小不同的冲头，两者匹配加工试验，收口时控制转速和挤压力。工人们经过几天的轮番攻关试验，终于将这些器皿仿制成功。化验箱先后在一所生产了 23 台，陆续交付导弹部队使用，受到部队指战员的高度赞扬。

20 世纪 50 年代末，世界上一些新型材料刚刚兴起，科学家们提出了利用非金属代替金属材料的设想。针对我国钢材严重缺乏的状况，吴运铎提出了自主研制玻璃钢的设想。所谓玻璃钢，就是将玻璃丝及其织物经酚醛树脂或聚氯乙烯树脂浸泡，再经专门的工艺与技术处理加工而成的一种材料，其机械性能堪比钢材。

1959 年，在吴运铎的领导下，一所成立了材料研究室，建成了非金属材料试验室，开始了玻璃钢的自主研制工作。

为了研制拉玻璃丝的非标设备拉丝机，吴运铎组织科研人员进行了广泛的论证和调研。其中温度高达1200℃的熔化玻璃球的铂金坩埚是拉丝机的关键部件。为了采购这一急需部件，科研人员几乎跑遍北京，几经周折，才打听到东郊通县建筑工程学院有这种铂金坩埚。科研人员向吴运铎汇报后，第二天他就亲自出马去该院找院长。经了解，该院有两个坩埚都是从德国进口的，吴运铎当场决定以4万元人民币买回一个。

有了铂金坩埚，就解决了拉制玻璃丝的关键问题。但如何把1200℃高温的玻璃液拉成细如头发的玻璃丝，又成了拉丝机设计的一大难题。一天夜里，负责设计拉丝机的小陈，为了解决在白天试车时出现的问题，正在加班苦思冥想，一时尚未想出好的解决办法。这时吴运铎来看望加班同志，他走到小陈身边，一边提醒他要劳逸结合，一边仔细地看起了图纸，然后提醒他要从结构上进行分析，要充分考虑电机皮带轮的匹配问题，并提出了“将转筒轮和电机的皮带轮都做成阶梯轮，调整转筒转速”的建议。小陈听了豁然开朗，根据所长的建议进行了改进，拉丝机很快设计成功并投入使用，拉出的玻璃丝比头发还细。这些雪白透亮的玻璃

1959年春，吴运铎（右三）来西安考察，同第三研究所青年朋友在骊山留影

1959 年春，吴运铎（中）在西安考察，同战友叶英（后排右一）、研究所保卫科科长张连生（后排左一）两家人合影留念

1959 年春，吴运铎（三排左三）在西安考察时和青年们在一起

勤学苦練向紅透專深躍进

——吴运鐸同志向三中等校学生做报告

我們时代的青年人，要忘我地劳动，頑強地學习，鼓起干劲向紅透专深的道路跃進。生活不是"驴推磨"似地打发日子。如果今天不比昨天做得更好，也學得更多，生活就会走向空虛，陷入庸碌。

吴运鐸 一九五八年五月廿八日

青少年中体育后备

本市中等学校田徑

1958 年 5 月 28 日，吴运铎应邀为北京市三中等学校学生作报告时的题词

丝为研制玻璃钢提供了所需材料。

在吴运铎的领导下，经过研制小组的不懈努力，战胜了一个个困难，破解了一道道难题，终于研制出了玻璃钢。玻璃钢的成功研制，标志着一所在新材料研究方面取得了技术性的突破。

为了响应中央发出的“向科学进军”的伟大号召，所里决定要大搞无线电技术，由四室研制电子管计算机。这对刚刚成立的研究所来说是一大挑战。面对缺乏专业技术人才的

吴运铎和青年们一起探讨科研中的技术问题

1959年春，吴运铎（左）与战友叶英的儿女在临潼兵谏亭合影

困难，吴运铎大胆起用刚毕业的大学生和进所不久的青年技术工人作为研发团队的主力军。这批风华正茂的年轻人，平均年龄不过21岁。他们牢记吴所长的“科研工作要有科学的头脑，要敢字当头，敢于探索，敢于冲破艰难险阻”的要求，肩负着组织的重托和希望，坚定不移地迈向创新的新征程。

与此同时，吴运铎十分重视人才的培养。有一天，吴运铎把郭继真和另外两个年轻同志叫到他的办公室。他一边招呼大家坐下，一边和蔼地说：“找你们来的目的，是要你们为研制计算机的四个配套车间设计平面图，并派你们到天津学习计算机技术知识。”最后，他亲切地勉励他们要加强自学，要不断地自我提高。他还说：“如果我们今天不比昨天做得更好，也学得更多，生活就会失去光彩。”

在计算机研发期间，吴运铎既是领导者，又是具体工作者。他身先士卒，亲临一线与青年技术人员共同探讨设计方案，一道解决技术难题。他还下车间指导工人试制加工，现场解决存在的技术问题。在试制加工中，由于没有冲床，他就鼓励大家自力更生自己动手改造设备，指导工人把立式钻床稍加改装当冲床使用，圆满地解决了试制加工的急需设备。

在吴运铎的鼓励和率领下，科技人员发扬老兵工精神，艰苦创业，面对缺乏资料和无专用设备的困难，他们敢想敢干，刻苦钻研，以吴运铎的忘我精神为榜样，攻克了一道道技术难关，在较短的时间内研制出了计算机的样机。

但在向领导汇报演示时，计算机却发生了故障。面对技术人员的尴尬和愧疚，吴运铎及时鼓励大家不要泄气，继续调试。他说：“失败是成功之母。哪怕有 100 次失败，我们也要作第 101 次试验，直到成功。”在吴运铎的指导和鼓励下，科研人员从元器件、材料、加工、焊接工艺等方面入手逐一检查，攻坚克难，确保质量。经过反复试验和调试，终于在 1960 年 3 月研制成功了内存 1024 字节的数字式电子管计算机样机。

一所第一台电子计算机的研制成功，在行业内外引起了强烈的反响。当时，来一所参观的人员络绎不绝。根据部、局领导的指示，1960 年上半年，所里组成小分队并由副所长高俊岩带领，到西安地区进行了经验介绍，得到了兄弟厂所和社会公众的广泛赞誉。

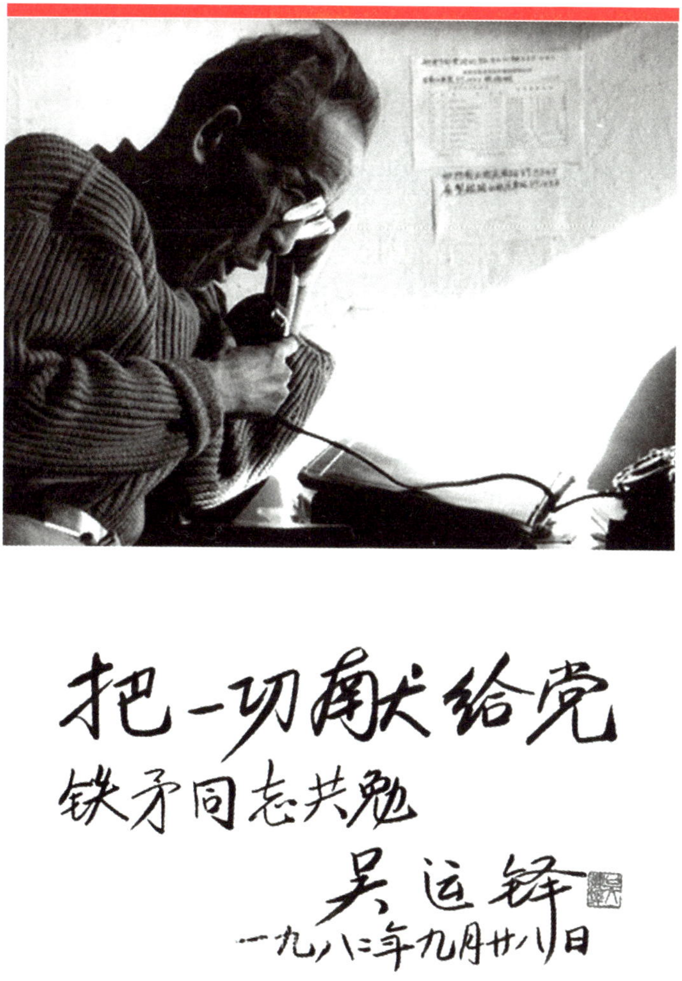

1982 年 9 月 28 日，吴运铎在 1962 年的照片上题词、签名，送给《中国青年报》第一代摄影记者铁矛

二十三、强化常规武器装备研制

第一研究所领导在带领大家突击尖端、大搞新技术产品研制的同时，所长吴运铎一直在抓紧谋划新式常规武器的研制。

1958 年 10 月，根据部常规武器发展扩大会议精神，一所成立了以朱道佺为组长的无坐力炮研制组。吴运铎经常深入研制组和技术人员一道研究设计方案，讨论技术问题。针对坦克的装甲防护能力大幅度增强，75 破甲弹由于受口径限制，已难以击穿新型坦克的装甲，技术人员提出了研制“轻型 82 无坐力炮”的设想。吴运铎经过缜密思考认为，无坐力

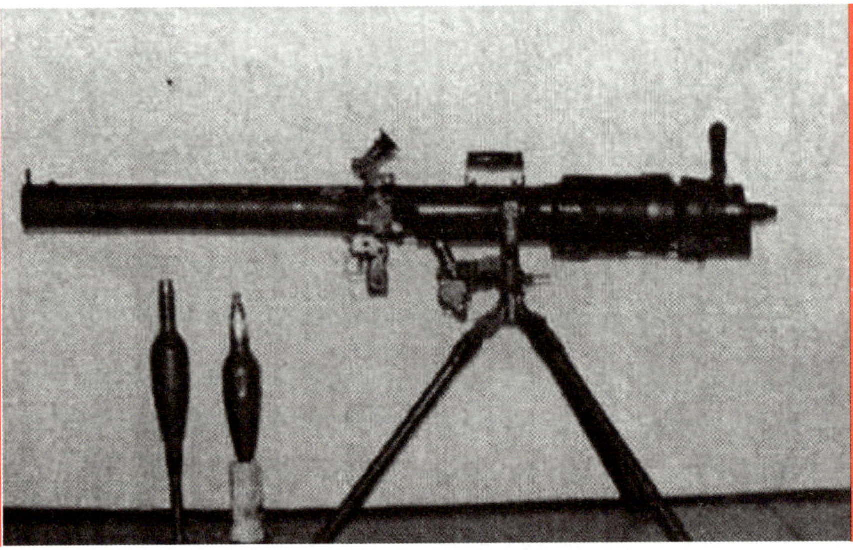

轻型 82 无坐力炮

炮经过多次改进设计，取得了一定经验，自行研制轻型82毫米无坐力炮是可行的。他鼓励科研人员要大胆设想，精心设计，及早试验，并提出：要搞好研究所、院校、工厂的“三结合”，通力协作。首先要搞好团结，取长补短，早出成果，早出人才。他还指出：论证要有梯次配备设想，要形成自己的系列，完成无后坐力炮的梯次装备。他反复强调：无坐力炮要发挥炮轻、威力大的特点，在设计时要突出一个“轻”字。减轻炮重，减轻战士的负担。作为第一线作战的武器，不光要机动灵活，还要有足够的威力。研制组按照吴运铎提出的指导思想和要求，积极工作，加快研制进度。

在科研中，吴运铎身先士卒，他拖着伤病的身体，亲临试验现场指导试验。有一段时间，82无坐力炮试验紧张，他干脆搬进靶场，和参试人员吃住、工作在一起。他急部队之所急，想战士之所想，和技术人员一起攻克一个个技术难关。后来，他虽到机械院任副总工程师，但仍主管一所的研究工作。在他的精心指导下，经科技人员的不懈努力，于1965年设计定型，命名为65式82毫米无坐力炮。该炮大量生产并装备部队，是我军的主要反坦克武器装备之一。在1969年反击苏军入侵我珍宝岛战斗中紧急发往前线，替代75毫米无坐力炮，增强了反坦克火力，一举击毁当时苏军最先进的T62坦克，立下战功。

吴运铎针对无坐力炮在坑道射击时产生的大量尾喷物质，容易伤害战士和损坏密闭狭小的工事，提出了研制弯管炮和无闩无坐力炮。他为研制弯管炮，利用科研楼一层楼梯旁的小暗室里边的一台C18车床，一台小台钻和锉刀、锯子、锤头等工具，以及各种材料，自己动手加工成部件装在无坐力炮的尾部做了射击试验，进行了有益的探索。

研制项目代号为5872的装甲输送车，是填补我军装备空白的一个项目，由618厂、哈尔滨军事工程学院和北京工业学院第三十研究室合作承担。该车是设有乘载室的轻型车辆，主要装备机械化步兵和坦克部队，用于战场运送兵员、武器弹药和伤员，有时也用于战斗。

1958年8月，北京工业学院第三十研究室与一所合并，搬到车道沟

填补我国装备空白的 63 式履带装甲输送车

办公，编为第八研究室。吴运铎对新来的同志和承担的任务十分关心，在向国庆献礼期间，技术人员抢时间、赶任务，加班加点。一天深夜，他查看加班情况，看见四楼一房间灯还亮着，便轻轻推门进去，这是大家第一次近距离看到吴运铎所长，并跟他交谈，感到非常亲切，十分激动。吴运铎看了看表，在催促大家回宿舍休息的同时，深情地说："搞科研就应该有你们这种精神，要有紧迫感，要不怕苦、不怕累，要有一股子钻劲和狠劲；停顿一天，往往要拿出十天、百天的时间

65 式双 37 毫米牵引高射炮

双管 37 毫米高射炮

来偿还。”这是他多年从事兵器研制的经验与体会，每一个技术人员，都牢牢铭记在心间，激励自己为兵器科研事业努力工作。

1959 年 2 月，项目组调整，部分技术人员调到六一八厂，留下的人员继续进行车体设计任务。并和协作单位一道，仅用 5 个月时间就完成了第一台履带装甲输送车的整体设计和试制。经过进一步改造设计，考核通过后，于 1963 年设计定型，被命名为 63 式履带装甲输送车，填补了我军装备的一项空白。

20 世纪 50 年代末，高炮进入自行研制阶段，重点是研制小口径高射机关炮。1958 年开始，一所的主要任务是研制双管 37 毫米高射炮（G81）和双管 37 毫米自行高射炮。吴运铎经常深入项目组指导工作并和技术人员一起，提出了提高初速和增大威力的设计方案。技术人员经过对 55 式 37 毫米高射炮进行计算分析，得出结果说明，在不改变 37 毫米高射炮口径和弹道参数的情况下，采用双管并联，更新一些部件，以提高其强度和威力是一个可行的简捷方案。在吴运铎的领导下，经过一年多的研制试验，双管 37 毫米高射炮于 1964 年 4 月试验成功。

1964年9月，一所一室研制组28人连同双管37毫米高射炮研制任务调整到497厂。后经工厂进一步更新完善设计，最终研制成功，命名为65式双管37毫米高射炮。在援越抗美防空战斗中，以集火近战、猛烈的火力重创低空飞来的敌机，被广大指战员誉为“铁扫帚”，并喊出：“37高万岁！”

越南战争时，美国的B-52轰炸机，从设在泰国的基地起飞，飞抵越南领空，在8000米高度投弹轰炸。为了对付美国的B-52轰炸机，提高中空防空火力，1967年以一所为主抓总，工厂、院校参加，承担了代号为P87的新中空高炮研制任务，时任机械院领导的吴运铎主管这个产品。7月，在落实P87研制工作的“750”会议上，部队代表和研制方厂、所代表，就初速和炮重等主要战术技术指标问题发生意见分歧，部队代表提出初速要大但火炮重量越轻越好，而研制方代表指出：初速和炮重不仅有个匹配关系，而且还受我国现实科技发展水平的限制。吴运铎参加会议，听取了双方的意见，平心静气做双方的工作，耐心说服大家，使会议就战技指标取得一致意见，形成会议纪

72式85毫米高射炮

要，从而使研制会战工作得以顺利开展。

在“文革”期间，P87 的研制工作是采取会战组的方式进行的。当时一所刚由北京迁到包头。会战组成立后，工厂、院校参加研制的技术人员迟迟不能集中。炮兵副司令员孔从洲和吴运铎先后到包头一所做动员，传达毛主席接见“六二〇”会议（入越高炮部队指战员座谈会）代表的讲话，“要成为世界革命的兵工厂，越南我们全包了，要什么给什么。要狠抓一下雷达、光学仪器、指挥仪，要减轻重量、提高质量、增加数量”，即“七・七”指示。消息传开，在很短时间内，外单位的技术人员就都集中到包头参加会战了。在包头一所完成方案论证和技术设计后到太原二四七厂进行加工，但因“文革”派性武斗干扰无法工作，会战组两进两出太原。无奈，由孔从洲副司令员出面协调，会战组又转到上海，由上海纺织工业局所属的二纺机厂为火炮总装调厂，其余的十多个厂，按火炮部件分工进行研制。经过 120 天的奋战苦干，造出两门样炮。接着，针对出现的问题开始技术攻关，历时 8 个月做了 10 次大型射击试验，攻克了一道道难关，最终取得了成功。1970 年，通过了白城国家靶场设计定型试验。1972 年，在上海又完成了 2 次 8 门火炮全系统联动试验，炮兵军工产品定型委员会批准定型，命名为：72 式 85 毫米高射炮。国产的 72 式 85 高炮，不仅填补了我军防空武器序列的一项空白，而且标志着我国高炮技术发展又向国际先进水平跨出了一大步。

二十四、大炼钢铁

1958年，我国掀起了轰轰烈烈的全民大炼钢铁运动。群众高呼“为了钢铁元帅早日升帐”，“为了生产1070万吨钢而奋斗！”亿万群众夜以继日地大干、苦干，砸铁锅，捡废铁，一门心思为完成奋斗目标而辛勤劳动。

是年10月，吴运铎和一所的全体职工，无一例外地也卷入了这场全民大炼钢铁的运动浪潮中。吴运铎虽然对报纸、电台宣传的神乎其神的小土窑炼钢有过不同看法，也曾怀疑过，但他在态度上并没有表现出冷漠，也未给群众泼冷水，仍带领职工群众炼钢炼铁，积极支持炼钢会战。他看到运输力量不足，炼钢材料供应不上，就把自己舍不得用

大炼钢铁时的小土炉

的、国务院配给的小轿车的坐垫拆掉，用小轿车到北京西山去拉矿砂提供炼钢。他在现场指挥时提出“要科学炼钢”，从技术上找原因，提高炼钢质量。与此同时，他积极向组织提合理化建议，寻求科学的补救措施，来弥补小土窑炼钢造成的损失。

一所炼钢开始是采用炒炉炼钢法，效果不好。吴运铎便和几名职工研制出一个烧焦炭的炉子，加大鼓风量，采取吹氧的方法来炼钢，但也收效甚微。他不甘心失败，仍通宵达旦地在炼钢炉前弯着腰，用一只手操着铁铲、钢钎炼钢，并思考着小土窑炼钢存在的问题。他听说北京工业学院用反射炉炼钢效果好，便立刻派人去取经，回来在所里推广。为了尽快炼出钢，他又亲自带几个年轻人到钢铁研究院去学习如何炼钢。回来后，他和大家一起修建小高炉。在修炉过程中，他生怕材料的规格不达标准出现纰漏，每进行一道工序，他都要爬上爬下地仔细检查炉膛尺寸、耐火砖砌的质量以及炉体各部位是否合乎要求。

大炼钢铁的日日夜夜里，吴运铎始终战斗在炼钢炉前，煤烟熏，高温烤，加之睡眠不足，不幸的事终于发生了。吴运铎的左眼角膜严重损伤，他不停地流着泪水，痛得日夜不得安宁。医生诊断的结果：“需要再做一次缝补角膜的手术，如不及时治疗，就很危险。”卫生部决定让他再去莫斯科动一次手术。当时他不愿去，整天为炼不出钢而着急。特别是他听说一个年轻人竟然在听完领导的动员报告后，把家里好端端的铁锅和门锁拿到单位，扔进炉膛里。这个情景常浮现在他的脑海里，他感到不安。

在二〇二所建所 30 周年编纂所史之际，编写人员到北京拜访正在住院的老所长吴运铎，收集所史资料，并征求他的意见。当谈到 1958 年大炼钢铁时，他说：“大炼钢铁一所没有完成任务，没有炼出钢铁，但锻炼了我们的人，特别是我们的思想。”话锋一转，他说：“说真的，在那个特殊年代，我是违心地不情愿地和大家一起炼钢。作为国家干部，明明知道那种土法炼钢不对头，是违背科学的，是炼不出钢的，虽没有站出来公开亮明自己的观点，提出自己的看法，但憋在心里，感觉苦闷极了。

那个时候，中国一流炼钢炼铁专家为数不少，他们都没有提出异议，也许有科学道理。咱是个外行可能不知道当时的缘由，脑子里乱得一塌糊涂，真是剪不断理更乱，那种滋味谁能知晓。但我们作为领导干部，一定要讲真话、实话。”他责备自己：“我对祖国、对于人民没有做到知无不言、言无不尽的职责呀！”他最后说：“这是我一生的遗憾，也是党性不纯的表现。”

二十五、为国家节省外汇

20 世纪 60 年代初，国外有一项关于“无烟、无声、无焰”的炮弹专利要卖给中国，价格是 40 万美元。

中国外贸技术进出口部门不大懂这项专利，就与五机部协商。五机部把相关资料转给吴运铎，请他提出初步意见。他看了相关文件，想了很多。目前，我国的火炮技术还有许多方面需要改进和完善，特别是夜间射击时，炮弹一发射出去，天空一片火光，很容易被敌人捕捉到目标，这是一个致命的问题。买下这项技术，对我们改进火炮技术固然是个好事。可是他又一想，40 万美元啊，这可不是一个小数字，它需要多少工人、多少农民的血汗才能换回来？难道我们就不能自力更生、艰苦奋斗研制出来吗？为什么要花这样大的代价去买外国人的？何况国家资金非常困难，花这么一大笔外汇，实在没有必要。于是，他就向五机部建议：“不要买！”

他对有关负责同志说：“我们应该相信自己的力量，依靠自力更生，群策群力，是完全可以研制出这种东西的，不能轻易买外国的。抗日战争时期，我们一无所有，条件那么差，都能造出枪支、子弹、地雷、炮弹和多种火炮，今天我们已经具备了一定的科研力量和研制能力，还有一定的技术资料和过去的经验与教训，难道还搞不出这个玩意儿吗？”吴运铎又比较客观地分析了存在的各种困难和本所的技术力量，信心满满地向上级请战：“把任务交给我们吧，相信我们一定会完成的。”上级领导经过研究，批准了他的请求。

吴运铎带领科研人员，迎着困难，忍着饥饿，一头扎进了这项科研工作中。他还像烽火硝烟的战争年代接受领导交给的研制武器任务时一样，加班加点，苦干加巧干，不分昼夜地努力工作。许多同志见吴运铎又拼命了，就劝他说："现在可不同十几年前了，要注意身体哩。"他笑着说："我还不老，要争这口气，为我们的祖国争气，为我们的民族争气。"其实，同志们哪里知道，为了争这口气，早日搞出成果，他心里多么的着急。他说，现在是和平建设年代，虽然没有抗日战争和解放战争时期那样的对手，那样残酷的战争，但今天的对手也是非常强大的，他们的武器更尖端更现代化。如果我们不抢时间，加速研制更新武器，就等于永远跟在别人后头走路，永远处于被动挨打的地步。别人有的武器，我们也一定能够研制出来，并且一定要超过他们；别人没有的武器，我们也一定要以百倍千倍的努力创造出来。

在研制过程中，面对压力和困难，特别是面对一时难以解决的技术问题，吴运铎也曾怀疑过自己的学识和能力，但他从不气馁。他从一本书里记述的故事中得到了很大的鼓舞和启示：1936年，我国著名科学家钱学森在美国麻省理工学院攻读博士学位时，他的导师、世界"超音速飞行之父"冯·卡门教授有一句名言："世界上最聪明的民族有两个，一个在匈牙利，一个就在中国。"看到这里，吴运铎的心情格外振奋，这位世界级的大科学家的话给了他巨大的精神力量。他相信，我们无论从事任何工作，除了勤奋的学习外，一定要坚信自己是最有智慧民族的一员。只要充分展示个人的聪明才智，发挥集体智慧，就没有中华民族办不成的事情！

"每一种新的武器、弹药的制造过程，都是一个艰苦的同困难作顽强斗争的过程。""绝不听从困难的任意支配，变成它的顺从的奴仆！""寻找战胜困难的武器，顽强不息地追击它，消灭它！"这是吴运铎从事兵工事业以来的一贯思想作风。在他的这种作风的影响下，大家迎着困难上，全体科研人员充分发挥集体的智慧和力量，经过夜以继日的攻关，仅用28天就理清了"三无"炮弹的构造原理。在那样困难的情况下，这样的

1964 年 3 月，吴运铎出席中国兵工学会成立大会时同部分代表合影留念。前排左起：郭力杰、梁富民、李仲麟、叶英，后排左起：吴运铎、于峰、柳剑

工作效率令人震惊。就像老科学家童第周说的那样：“一分时间，一分成果，对科学工作者来说，就不是一天 8 个小时，而是寸阴必珍，寸阴必争。”是的，在那段时间里，在吴运铎领导下，全体科研人员简直是按分秒计算，以“拼”的干劲，以“抢”的精神，把全部精力都投入了该项科研工作中。

经过逐步改进和完善设计方案，很快就进入了靶场试验阶段。试验那天，国防科工委、国防二办、炮兵司令部、炮兵学院和五机部等单位都派人参加试验或参观学习，就连外贸技术进出口部门的领导也来了。一时间，试验场内气氛凝重而热烈，吴运铎的心情紧张而又兴奋，因为这是中国人自力更生精神的结晶，显示着兵工人的智慧和伟大的爱国主义情怀。

试验结束了，看过这场精彩“表演”的评审者，高度评价了试验成果，赞扬吴运铎和他的同事们自力更生、发奋图强的崇高爱国主义精神。中国外贸技术进出口部门的领导紧紧地握着吴运铎的手，激动地说：“老吴，你为国家节省了 40 万美元的外汇，谢谢你，谢谢你！”

二十六、与祖国和人民同甘苦共患难

20 世纪 60 年代初，我国遭遇三年经济困难。由于国民经济大幅下滑，致使人民吃、穿、用严重不足。特别是粮食实行定量和低标准制，副食品也十分紧缺，人们常常处在饥饿状态。

中华民族是伟大、坚强的民族。尽管遭遇了这么大的灾难，但人民群众的信仰没有动摇，马列主义、毛泽东思想的伟大旗帜依然在高高飘扬，自力更生、艰苦奋斗的精神牢牢扎根于人们的心中。吴运铎和全国人民群众一样，相信党，相信社会主义，相信困难是暂时的。

吴运铎与职工同甘苦共患难，艰苦朴素，不搞特殊化的思想与作风，深深地感染了全体职工。

那时，吴运铎家里有 5 个孩子，由于粮食短缺，孩子们常常吃不饱，吴运铎心里很不是滋味。但是，吴运铎从小经受的苦，不知比这苦多少倍，这点苦，他根本就没有放在心上。他曾对大家说："困难是暂时的，只要有共产党、毛主席领导，我们就一定能够战胜困难。再说，这点困难跟战争年代比算不了什么，现在只是吃的东西少一些，在战争年代里，不仅缺吃少穿，而且我们的脑袋今天在，明天在不在还不知道呢！"

在困难时期，吴运铎虽然感到肚子饿，但精神振作，业余兴趣依然浓厚。1961 年，他兴致勃勃地画了一棵柔嫩细脆、清净淡雅的大白菜，上面落着一只蝈蝈，旁边写着"青嫩可口"几个字，在《中国青年》杂志上发表。同志们看了以后有说有笑地议论开了，说："老吴，你又要我们大家跟你一起精神会餐呀！”

由于在“大跃进”时期大炼钢铁的烟熏火燎和长期熬夜，吴运铎的左眼角膜受到了严重的损伤，眼伤再度复发，伤痛和病魔每天折磨着他。在党组织的关怀下，1960 年初夏，吴运铎不得不再次到苏联治疗眼伤。

那时，由于苏方原因，中苏两国发生矛盾。苏联单方面撕毁合同，撤离专家，使刚刚起步的新中国建设处于停顿和半停顿状态，加重了我国的经济困难，也严重伤害了中苏两国人民的友好感情。

吴运铎一下飞机，凭直觉，感到有一股不大不小的政治寒流向他袭来。街上行色匆匆的人们，举手投足都给他感觉是冷淡的、凉冰冰的。从不少人的眼神里透出一种狡黠、轻蔑和嘲弄的神态。好像是对他说，你来干什么？你们不是要自力更生吗？你可以在中国治眼病嘛！找我们干什么？

在莫斯科，苏方没有了往日的热情，没有了官方人员的接待，更没有专人为他安排住院。后来，吴运铎勉强到一家大医院去看眼伤。有一个 40 多岁的医生检查完他的眼睛之后，极不友好地对他说：“把眼皮缝起来，休息算了！”那个医生边说边皮笑肉不笑地用手比画着，说些伤害中国人民感情的话，遭到了吴运铎的严厉斥责……

莫斯科此行，大大刺伤了吴运铎作为一个中国人的自尊心。他想，难道中国这块古老的宝地养育的数以千计的医生、专家，都治不了我的眼伤，非要千里迢迢来到这里？中国人是有民族骨气的，决不屈服于任何外来压力。华夏历史上有多少仁人志士，傲然挺立，铮铮铁骨，“宁为玉碎，不为瓦全”，我吴运铎岂能为医治一只眼睛乞怜于异国他人？何况苏联政府还在不断向我们施压，祖国面临的困难很多，人民生活还很艰难，国家外汇十分紧缺，自己应与祖国和人民同甘苦，共患难，为祖国母亲分忧。于是，他毅然决定放弃这次治疗。

吴运铎的心情十分压抑，一心想尽快离开莫斯科。这时，不知奥斯特洛夫斯基的夫人达雅从哪儿得知吴运铎到莫斯科的消息，她热情地邀请吴运铎到她家做客。中国驻苏大使馆派翻译陪同吴运铎乘车到高尔基大街 14 号达雅的住宅。达雅盛情地接待了吴运铎，并为他准备了丰盛的晚餐。

老朋友相见分外亲切。那天，他们有说不完的话，叙不完的友情。达雅一再劝吴运铎不要急于回国，就住在她的家里，她给请医生治疗。这让吴运铎十分感动也十分欣慰，这体现的是中苏人民真挚、浓厚的友好情谊！

但是，吴运铎归心似箭，一周后他回到了祖国。

吴运铎回国后，组织上安排他到上海治疗眼伤。医院专门为他请了几位全国著名眼科专家会诊。吴运铎担心专家们有思想顾虑，就直截了当地对他们说："不要紧，你们摘掉我的眼球吧！不然我整天睡不成觉，要受很多罪不说，而且什么也干不了，影响工作呀！"专家们听了他的话都直摇头，不同意他的看法。此后，吴运铎多次诚恳地向专家表明自己对病情的态度，请求专家赶快摘除眼球！又经过许多专家多次会诊，才确定作摘除眼球的手术。

手术后，吴运铎用一只眼睛去工作，虽然增添了许多困难，但他并不觉得自己比别人少了什么，更没去想他是一个残疾人。在手术后的30多年，他用一只眼睛和一只手，创造了许多身躯健全的人都无法比拟的物质和精神财富。

1964年3月，吴运铎出席中国兵工学会成立大会时，和大家在北京西郊友谊宾馆假山前留影。前排左起：于峰、李仲麟、吴运铎、叶英，后排左起：郭力杰、柳剑

二十七、处处践行党的优良传统

吴运铎是我党三大作风的忠诚践行者。无论在工作中还是在日常生活中，他走到哪里就把党的优良作风带到那里，形成了具有吴运铎风格的“和人民群众紧密联系在一起”的优良作风。

吴运铎是个平易近人的人，他为人低调、朴实、谦和，说话没有官腔，待人接物没有官架子，总给人以平等感、亲切感。在第一研究所，好多同志深有感触地说，在接触过吴运铎乃至与他共同工作过的人们心中，他是一位如同兄长般的良师益友，时刻给你关心、帮助、引导，并带领你与他一起为一个目标而奋斗。

生活中的吴运铎

王志忠是器材科的采购员，由于工作关系，他经常到吴运铎的办公室请示、汇报工作。有一次他到吴运铎办公室，和其他同志一样，进门先叫了一声“吴所长”。吴运铎认真诚恳地笑着说：“你们别总是对我所长长、所长短的称呼，咱们都是同志，以后就叫我老吴好了！”

打那以后，老王和许多职工见了吴所长都亲切地称他“老吴”，吴运铎也乐哈哈地答应着。

1958 年 8 月，北京工业学院第三十研究室合并到第一研究所，成立了一所第八研究室。当时的任务是承担研制我国第一代履带装甲输送车，哈尔滨军事工程学院也派工程技术人员参加协作。为了赶任务，向国庆献礼，大家几乎天天加班。

有一天深夜，吴运铎到项目组看望加班的同志。他轻轻地推开门进来，看大家都在聚精会神地绘图工作着，便坐在了靠门的一张桌子角上。

不知是谁一抬头，说了声：“啊！吴所长。”此时，大家把目光一齐投向了吴运铎，不约而同地问了声“所长好！” “又忘了，叫老吴！”吴运铎说着，站起来跟大家打招呼。只见他身穿蓝色工作服，失去四个手指的左手插在裤兜里，右手夹着一支没有点燃的香烟，稍显清瘦的脸庞带着几分倦意，显然他也加班很长时间了。

吴运铎把香烟递给一个发困的同志：“喂，小伙伴，来一支解解乏。”接着，他从口袋里掏出一盒香烟请大家抽。虽然有的同志不会抽烟，但为了凑个热闹，还是你一支我一支地学着抽开了，看着有的不会抽烟的同志被呛得咳嗽着直流眼泪时，大家都开心地笑了……

那时候，第一研究所的职工都很年轻，与所长近距离接触，开始大家还有些拘束，但时间长了，不但没了这种感觉，反倒觉得有一种亲切感。

一次，吴运铎到钳工组参加车间劳动，工间操休息时，被一群年轻人围了起来，七嘴八舌地提出这样那样的问题。有的同志询问他在苏联学习、治疗和养伤的情况，有的同志提出让他讲讲战争年代的故事。

吴运铎微笑着略加思索，讲起了过去的事。

他和大家一样，时而两臂抱在胸前，时而斜靠在墙上，讲起了在根据地和解放区搞兵工、支援新四军抗日和解放战争的故事。正当大家听得津津有味的时候，吴运铎抬手看了看手表，打趣地说：“要知究竟，且听下回分解！”哦，原来是吴所长在提醒大家，工间操休息时间结束了。这些年轻人虽然意犹未尽，但还是带着欢笑声又投入了紧张的工作。

一天，吴运铎奉命到国务院给周总理汇报工作。因他乘坐的是所里唯一的一部吉普车，被警卫挡在了大门外，费了很大周折才进入中南海。当周总理得知吴运铎乘坐的是吉普车时，便指示国务院机关事务管理局给这位兵工功臣调拨一辆小轿车。

第一研究所将这件事交给了采购员王志忠具体承办，老王和司机一起来到北京东郊国务院事务管理局接车。工作人员听说他们是为吴运铎领车的，非常热情地接待了他们，并详细介绍了各种轿车的性能和特点。最后他俩选中了一辆英国制造的“司肯特”牌高级轿车。这辆车豪华气派，乘坐舒适。他们心想，吴所长一定会非常满意的。

但是，车开到所里后，吴运铎满脸的不高兴，他说：“这车我不能要，把它退回去。”老王他们不明白这是为什么，便问道：“为啥要退回去？这可是车库里最好的一辆车呀！”吴运铎严肃地说：“英国车我坐着不舒服，给我弄一辆‘胜利’牌的。”

所谓“胜利”牌，是当时苏联制造的一种普通轿车。老王他们只好把那辆“司肯特” 轿车开回去，换了一台“胜利” 牌轿车，虽然名义上是吴运铎的专车，但他却很少乘坐。

吴运铎一贯勤俭节约、低调处事的作风堪称典范。在一心为公、正确处理个人利益与集体利益方面，也为大家树立了榜样。

1959 年的一天，研究室兼职计划员王吉文早上上班时，见一位新来的女同志到五室报到。他定睛一看，这不是吴所长的夫人陆平吗？陆平也稍一愣，笑着说，好像我们见过面。王吉文说，是啊，春节我们到您家拜过年。

陆平是 1942 年参加工作的老革命，这次她是从北京钢铁研究院进修学习金相物理结束来所工作的。

几天后，陆平再来上班时说要办离所手续，到白石桥一机部机械科学研究院工作。王吉文是个刚参加工作不久的小青年，也不好多问什么，于是就帮助她顺利地办理了离所手续。原来，组织上安排陆平担任五室领导职务，吴运铎感觉夫妻双方在同一个单位工作有诸多不便，在他的建议下陆平调离了一所。

转眼几十年过去了。1995年王吉文到北京拜访陆平，在提起这件事时，陆平若有所思地说："小王啊，你还不知道老吴的脾气，当时他是所长，他提醒我，都在一个所上班，有好多不方便，用今天的话讲，也算是避嫌吧。"

1959年第三季度，为庆祝新中国成立10周年，第一研究所准备组织一台大型文艺节目。由于当时所里经费紧张，一时拿不出更多的钱来搞演出。吴运铎便从自己的稿费中拿出一部分作为演出费用，这才解决了演职人员的燃眉之急。

吴运铎三次身负重伤，九死一生。平日里伤痛时常发作，疼痛难耐，这对一般人来说，早已无法坚持工作了。但是，吴运铎以顽强的毅力与伤痛和病魔作斗争，他是一个典型带病坚持工作的人。他不但白天满负荷工作，晚上亮灯最多的是他的办公室，加班最多的还是这位兵工老英雄。

吴运铎在加班工作

吴运铎之所以这样忘我地工作，不是因为他不知疲倦和劳累，而是他在与时间赛跑，要把有限的生命转化为“把一切献给党”的结晶。

1960 年冬，青年科技人员王肇恭到上海出差。他受副所长杨文仪的委托，到上海华东医院看望在那里住院的吴运铎所长。

吴运铎见王肇恭来了非常高兴，亲切地说：“你是小王喽！”说着又是泡茶，又是拿出当时凭票供应的糖果来招待他，还关切地询问他来上海的工作、生活情况如何，并叮嘱他在上海期间要安排好个人生活，注意身体，王肇恭感动得不知说什么好。

在出差期间，王肇恭多次去医院看望吴运铎所长。有一天，他到医院的时候，看到吴运铎在三四个医护人员的簇拥下正俯在一张桌子上写条幅，旁边桌上还放着几幅字画。原来是医护人员来取他们请吴运铎书写的条幅和画好的画。看着吴所长和医护人员打成一片，亲近融洽的动人情景，王肇恭从内心里更加敬佩这位革命的老英雄，他为有这样可亲可敬、平易近人的所长感到骄傲和自豪。

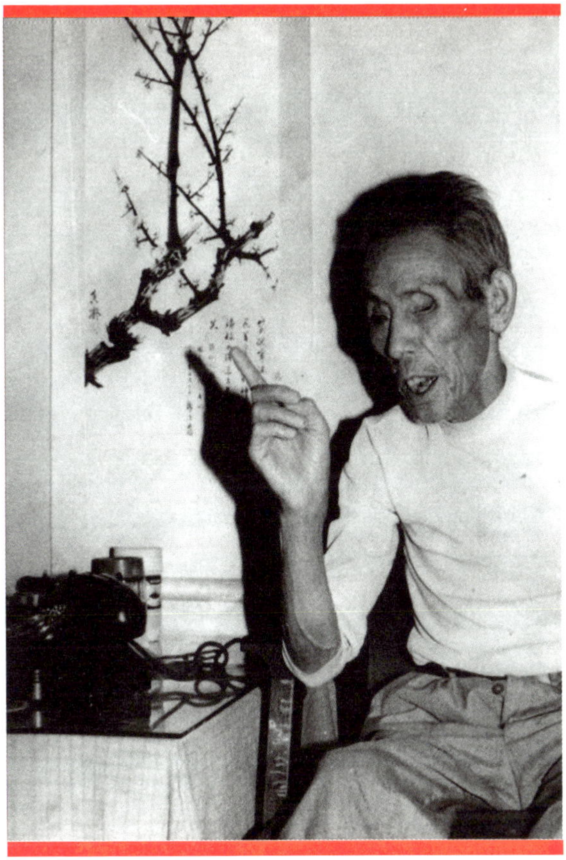

吴运铎教育子女要像梅花一样自强不息、坚忍不拔

在三年困难时期，第一研究所成立了副业生产科，管理宝坻农场，组织生产少量农副产品，为职工生活增加一些补贴。

有一天，副业生产

科的同志把数量不多的鲜鱼分配给所领导和病号。吴运铎下班回家后，从孩子们的口中得知机关同志给家里送来了一些鱼，就问："给人家付钱了没有？"孩子们回答道："人家说是送给领导补养身体的。"吴运铎认真地说："我们不能占公家的便宜，马上给人家送回去。"孩子们看着这些鱼虽然眼馋，但还是按照他的吩咐，把东西原封未动地退了回去。

吴运铎生活简朴，住房面积与一般职工没有差别。有一次，单位准备给他调配一套大一点的房子，被他婉言拒绝了。由于家中子女多，住宿就显得十分紧张，有的子女只好到单位的集体宿舍去住宿。

吴运铎对亲属的要求也十分严格。

他要求家属和子女只有努力工作的义务，没有利用他的名誉谋取任何私利的权利。因此，他的子女在各自工作岗位上严格按父亲的要求，努力工作，积极向上，都成了单位的骨干力量。

吴运铎夫人陆平的侄女小翟被分配到第一研究所工作。在那个年代，学技术是当工人的首选目标。因此，小翟入所后的理想就是当一名技术工人。但是，吴运铎的想法则与之相反，他让小翟把学技术的机会让给

吴运铎（右二）与儿子吴小勤、女儿吴小健，邻居孩子陈小平合影

吴运铎带病坚持学习

其他青工，建议有关部门把小翟分配到服务性的岗位去接受锻炼。对此，小翟当时很有意见，曾责怪吴老不讲情面，不关心自己。

是金子总会发光。小翟在服务性岗位上认真工作，虚心学习，受到了领导和同志们的一致好评，多次被评为优秀共青团员和先进职工。后来，经有关部门推荐，吴运铎才同意让她到工厂学技术。

吴运铎向来严以律己、宽厚待人，从来不给组织提任何要求，也不愿给别人增添麻烦，就是对家里的人也是一样的严格要求自己。

技术工人王岩波是小翟的师傅，也是吴运铎的忘年交。在吴运铎离开一所后，他还经常到吴运铎家里去做客，两个人情投意合、无话不谈。

王师傅说，有一次，吴运铎独自到北京积水潭医院去看病。他按秩序排队挂号、就诊、缴费、取药。但是毕竟年纪大了，为革命事业多次受过重伤，在排了两次队之后，他就感到力不从心了，只好坐在走廊里的凳子上休息。

那天，正巧第一研究所的一名退休职工也在积水潭医院看病，他惊讶地看着吴运铎瘦弱和疲惫的样子，心里感到酸酸的。于是，他就把情况反映给了医院院长。院长为此十分感动，非要亲自出面陪同吴运铎看病不可，但吴运铎谢绝了院长的好意，坚决不肯麻烦人家。最后，还是在那位退休职工的陪同下，坚持按程序看完了病。

二十八、“文革”磨难

从 1954 年到 1965 年，正值壮年的吴运铎先后主持了无后坐力炮、高射炮、迫击炮、轻武器和导弹地面设备等重大项目的研究，取得了一系列重大科技成果，并为国家培养了一批又一批科技人才和兵工专家，为改善我军武器装备，加速国防现代化作出了巨大的贡献。然而，1966 年中国掀起了“无产阶级文化大革命”运动。

“文革”期间，“中国的保尔·柯察金”、人民兵工的功臣，时任机械院副总工程师的吴运铎以莫须有的罪名遭到了批斗和非人的待遇。

吴运铎遭受迫害的原因，竟然是因为一张字画。

原来，1963 年吴运铎在北京南口试验时，巧遇北京一些著名画家在南口写生作画。28 岁就被徐悲鸿先生聘为北平艺专教授的大画家周怀民，对吴运铎在抗日战争和解放战争时期那些传奇般的英雄事迹仰慕已久，得知吴运铎也在南口时，周怀民作了一幅他最擅长的画送给吴运铎。吴运铎兴奋地说：“这画太珍贵了，我受之有愧呀！”对这幅画爱不释手，顺口说道:“再题几个字就更好了。”由于在周怀民心中吴运铎是个大名人，他便提议让吴运铎去请擅长书法、诗词的邓拓题字。吴运铎说，不认识邓拓，怎么好意思向人家张口求字？周怀民说他认识邓拓，可以帮忙。

一次，吴运铎借在北京市内开会的机会，顺便去找邓拓，说明来意后，邓拓热情地接待了他，并欣然按吴运铎的意愿在这幅画上题写了毛泽东的词《咏梅》。此后，吴运铎把这幅画和题字视为珍宝，一直挂在家里。

吴运铎画作——《劲松》

“文革”伊始，北京市委的吴晗、邓拓、廖沫沙三人作为“反革命集团”被“揪”出示众，说他们是反党、反社会主义分子组成的“三家村”。因为有人说吴运铎请邓拓在画上题过字，他所在的研究院首先拿吴运铎开刀，勒令他彻底交代与“三家村”的黑关系。一时间，楼道里、院墙上、食堂里到处贴满了攻击吴运铎的大字报。一开始，光明磊落的吴运铎，还误以为造反派不了解真实情况，小题大做。如果把实情说明了，相信他们不会把他这个工人出身的技术人员同所谓的“三家村”连在一起。于是，吴运铎写了三四张大字报，说明自己认识邓拓、并请这位名人题写毛泽东诗词的来龙去脉。

他原以为既然是“文化大革命”，就是清理一下文化圈内的事，一张字画，说清楚了能有什么问题？然而，他错了。他用大字报来回答造反派提出的问题，不但无济于事，反而引火烧身，某些人以此为借口，非要置他于死地而后快。

欲加之罪，何患无辞！五机部研究院一些别有用心的人，对这位“把一切献给党”的老英雄、老模范早已妒火中烧。他们借机转移斗争矛头，胡说吴运铎认识“三家村”的邓拓本身就有罪，并不着边际地上纲上线，罗织罪名，编造他是“三家村”的走卒，还抄了他的家，掳走了那幅字画。那伙人还发现吴运铎家收藏了中央美术学院著名的王树国教授的一幅山水画，上面也有邓拓题的字，便“如获至宝”，恶狠狠地对吴运铎吼道：“这都是罪证，你不仅有罪，而且是罪上加罪，罪大恶极……”从此，吴运铎便成了研究院的头号“新闻人物”和头号“坏蛋”！于是，大会批判，中会斗争，小会“交代问题”。诬陷、羞辱以及各种莫须有的罪名一齐向这位为革命作出巨大贡献的兵工功臣袭来。

家被抄了，东西没了，屋里光秃秃的，吴运铎成了真正的“无产阶级”。于是，他又写了一幅“家住安源萍水头，三代挖煤做马牛”的字挂在墙上，用革命现代京剧《杜鹃山》主角的唱段，来表明自己的出身和清白。

然而，谣言一个接一个，罪名一桩又一桩。那些自我标榜为某某造反派的人，挖空心思给吴运铎网罗罪名，他们又贴出大字报，说什么吴运铎是“胡家店”的小伙计。这是什么意思呢？原来，团中央书记胡耀邦、胡启立、胡克实受到迫害，造反派诬陷他们是“胡家店”。而吴运铎在20世纪50年代曾担任过第三届共青团中央委员，造反派说吴运铎是为“胡家店”办事的。从此，吴运铎又被戴上了一顶“胡家店帮凶”的大帽子。

紧接着，那一伙人又贴出大字报，说吴运铎写了《把一切献给党》这本书，被吸收为中国作家协会会员，就又给他送了一顶洋帽子，叫作什么“裴多菲俱乐部重要成员”。最令吴运铎无法容忍的是，那伙人在大字报上竟公然编造说：“毛主席指出‘利用小说反党是一大发明’，而吴运铎就是利用小说反党。”面对这些无知无耻的诬陷，吴运铎正气凛然、义正词严地提出质问：“是哪一章，哪一节，哪一页，哪一句有反党言论？”那些人被问得哑口无言，便说什么“《把一切献给党》全是胡编乱造，书里尽讲的是做枪做炮，不讲政治，明目张胆地宣传白专道路”。有个造反派头头还歇斯底里地叫嚣：“你是被揭出来的牛鬼蛇神中罪行最严重的，如不老实交代，低头认罪，脱胎换骨，势必罪上加罪，死有余辜……”

这还远远没完，那伙人绞尽脑汁继续诬陷吴运铎，什么“假劳模”“反动技术权威”“五一六分子”“反革命修正主义分子”等多顶大帽子一起向他扣来。于是，在研究院里，“批倒批臭”吴运铎的口号喊得震天响，“打倒吴运铎”的大字报糊满了院子，吴运铎这才明白那些人的真正用意。面对灾难，吴运铎在笔记本里抄录了居里夫人的一段名言：“我的最高原则是：不论对任何困难，都决不屈服。”是的，从战火中闯出来的他，面对日本鬼子的屠杀，面对国民党反动派的围攻，为研制我军战争急需的枪支、弹药几乎送了命的他，没有丝毫怯懦和退缩。如今，他还像战争年代那样沉稳起来，密切注视着斗争的形势，观察着那伙人的新动向，时刻迎接新的挑战和斗争……

1967 年，在一次批判大会结束后，吴运铎拖着疲惫的身躯回到办公室，喝了几口水，闭上眼睛，昏昏沉沉地像在脑子里过电影一样，把批斗会现场的一个个镜头捋了一遍。忽然，他意识到这些人之所以兴风作浪，其真正用意是以揭发他的“问题”、批判他的“错误”为名，借“革命”之名结党营私，胡作非为，置他于死地，从而达到他们不可告人的目的。为了给这些横行霸道的家伙以有力的回击，他拿起纸，愤懑之情凝聚在笔端，挥毫作画。眨眼之间，一只张牙舞爪、横行霸道的大螃蟹跃然纸上。

吴运铎沉思片刻，不知是什么灵感触动了智慧的火花，又挥笔画了一把刀锋犀利的斧头，要把大螃蟹一劈两半。此情此景，他觉得还未完全表露心迹，又在画的右上角题了语颇隽永、耐人寻味的一行字“看你横行到几时？”同时，吴运铎还针对被那伙拉拢的几个官迷心窍而整他的人，又挥笔作了一幅“太公钓鱼，愿者上钩”的画。

这两幅画，是吴运铎历经风云变幻和狂涛巨浪，在重压困厄之下大胆创作的别具一格的大字报，不仅是他对迫害行径的无所畏惧的愤怒控诉，也是对无辜群众的善意劝告！

“大字报”贴出后，在二十院引起了轰动，大家议论纷纷，许多群众暗暗钦佩这位久经沙场的老英雄的胆量和意志。然而，院里那伙人却傻了眼，他们做梦也没料到吴运铎会有这么大的胆子与他们抗争。于是，他们便以“恶毒攻击”的罪名，召开了声势浩大的批判会，把他架到台上进行批判。他们以为这么一个骨瘦如柴的伤残人，自然会在批判大会上败下阵来，俯首听命，乖乖认“错”。但是，他们没想到，吴运铎却毫不畏惧，不低头、不认输！

批斗会结束了，吴运铎被折磨得疲惫不堪，颈部、背部像针刺一样疼痛，浑身麻木，腿脚僵硬，步履艰难地回到办公室，一屁股坐在椅子上……许久，他抬起头，擦擦汗，呷了一口水，又挥笔一口气画了五张螃蟹图。这五张螃蟹图的大字报还没公之于众，就被那伙人嗅到了味道。他们恨得咬牙切齿，打定坏主意要给吴运铎“升级”，彻底治治他。于是，那伙人公然宣布吴运铎是“自己跳出来的牛鬼蛇神”，必须“实行无产阶级专政”，发配到“五七”干校……

二十九、“五七”干校“劳动锻炼”

1969 年冬，在一个月黑风高的深夜，吴运铎被一辆大卡车拉到长城之外的河北张家口辖区蔚县上公村隶属炮兵的“五七”干校，接受所谓的“劳动锻炼”。

所谓“五七”干校，就是指在“文化大革命”期间，为了贯彻毛泽东主席的“五七”指示而命名的干部参加劳动和接受教育的场所。“五七”指示的主要精神是：各级干部要经常参加劳动，要求全国各行各业都要

吴运铎在绘画

办成“一个大学校”。在这个大学校里“学政治、学军事、学文化，又能从事农副业生产，又能办一些中小工厂，生产自己需要的若干产品和与国家等价交换的产品”，“这个大学校，又能从事群众工作，参加工厂、农村的社会主义教育运动……”

但是，造反派歪曲毛泽东的指示精神，把“五七”干校变成惩罚干部的途径和手段，吴运铎就是受害者之一。在这所干校里，造反派的目的是通过强迫吴运铎干繁重的体力劳动，累垮其身体，迫使他低头认罪，让他在天寒地冻的塞北，像一棵枯干的老树，在风吹、日晒、雨打、雷击中变成一粒沙石、一抔泥土，无声无息地消逝在异域他乡。

吴运铎画作——《翠竹》

吴运铎只身来到这里，主管人员就命令他临时住在村外四队的“草料场”，看守牲畜一冬吃的草料。

这是一处破旧的土房，四面不靠人家，就像是一个孤岛。破落的房子因年久失修，墙上的泥巴大块大块地脱落，如果遇上暴雨，随时有可能倒塌。白天，他经常看到老鼠出没；深夜，窗外传来低沉的野狼嚎叫。透过房顶的秫秸，钻进啸耳的寒风，吹得墙上的报纸哗哗直响，冻得人瑟瑟发抖。他躺在土坑上，透过破裂的窗户，遥望夜空稀疏的寒星，禁不住觉得有些苍凉。吴运铎生平第一次感到从未有过的孤独。他做梦都没想到，自己革命了大半辈子竟落到这个地步，更让他痛心的是国家遭受了一场如

1981 年初，吴运铎在北京小汤山疗养时画的翠竹

此空前的浩劫……

主管人员认为吴运铎干的活儿太轻，必须加大劳动量，让他“脱胎换骨”。于是，就勒令他除了看管“草料场”外，还要到养猪场喂猪。从此，他又多了个头衔——“猪倌”。

吴运铎每天凌晨四点多起床，拖着残疾的身子把一桶桶泔水和粗饲料倒入大铁锅。接着，就是烧火，拉风箱，煮猪食，然后一担一担地挑到猪圈喂猪。更艰难的是塞北的冬天，风雪交加，他的哮喘病一天天加剧，受伤的手、腿、脚又不利索，每天要冒着零下二三十度的严寒天气去水塘挑水，塘里结着厚厚的冰，挑水时要先用尖镐把冰凿一个水桶口大小的窟窿，才能送下桶把水提上来。可是，由于战争年代多次受伤，他仅有一只手管用，一只眼看路，在担水时，他已经记不得多少次摔倒在路边，多少次险些掉进冰窟里……在这种摧残下，吴运铎的身体状况一天天恶化，瘦得像是一个骨头架子。然而，真金难铄，韧骨难毁，他从未去向那些人求饶要求照顾。一个革命者的尊严、一个革命者的品德、一个革命者的思想境界，是那些政治小丑永远读不懂的。

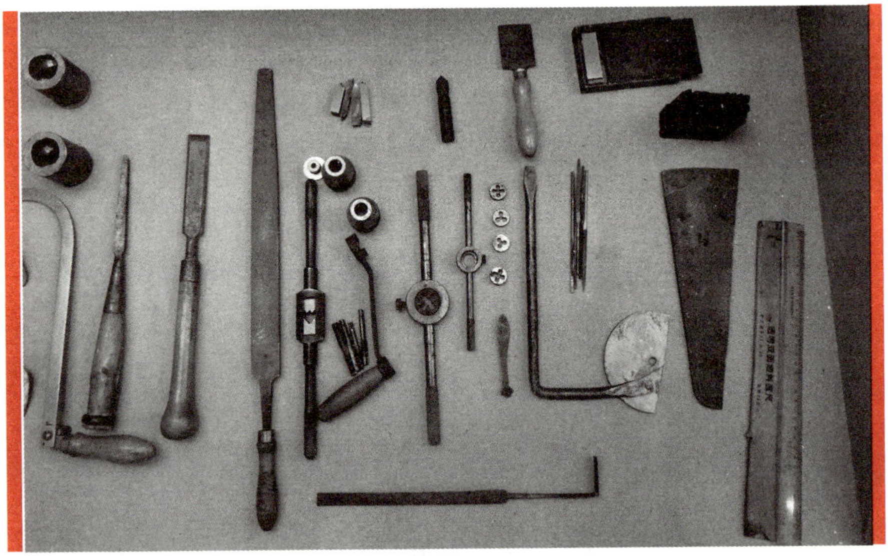

吴运铎在“五七”干校时曾经使用过的工具

吴运铎从小就劳动惯了，什么苦都吃过，什么罪都受过。在那伙人的眼里，繁重的体力劳动是一种惩罚，而热爱劳动是吴运铎特有的品质。他觉得，如果有朝一日剥夺了他的劳动权利，整天待着，那就等于是对自己的折磨。所以，他在下放到“五七”干校之前，要求把陪伴自己大半生的台钻、手摇钻、锉刀、斧子、钢锯等都带上，想利用批斗会和“劳动锻炼”之余，默默地搞些老本行，搞些发明创造。

吴运铎一到干校，当地的干部就从名册上看到了令人敬仰的、大名鼎鼎的“吴运铎”三个字。开始，当地人还不相信是真吴运铎，因为真吴运铎是个大英雄，是个对国家、对民族怀有一腔热血，不怕流血牺牲的人，是毛主席和周总理接见过的人，怎么会是无产阶级专政的对象、挨批挨斗的对象呢？有人为了摸清真假吴运铎，就找来《把一切献给党》这本书，重读里边的内容，细看书中的插图，对照他身上伤残的部位，才断定他是真正的吴运铎，不是重名，不是冒牌。于是，“吴运铎来啦！”的消息不胫而走，在群众中迅速传开了。没几天，远近的村子、生产队家喻户晓。

群众与吴运铎经过一段时间的接触，觉得他穿着朴素，说话实在，和和气气，没有架子，不像是造反派说的那样的坏人。于是，许多群众就像对待自家的亲人那样对待他。有的大娘、大婶看他走路一瘸一拐，用一只手打水、洗衣服，就悄悄地拿回去帮他洗；有的大爷、大叔看他的房顶漏雨，就上房帮助修补；年轻人看他挑水、担煤不方便，就替他干这些体力活儿；姑娘们看他生火炉子是个外行，就抢着帮他劈柴、生火；村里青年赤脚医生蔡雨沛看他身上弹痕累累，浑身伤病，感动得不止一次流下热泪，经常背着药箱到他的土屋里为他号脉、看病、打针、煎药……在那段时间里，他住的简陋而又寒酸的小屋人来人往，简直就像一个温暖的大家庭。

群众的关心和帮助，让吴运铎非常感动。他想，如果有一天回到北京，他不会忘记这里的群众。如果组织上让他在这里安家，他会毫不犹豫地扎根在乡亲们中。当下，只要他在这一天，就要多为群众做些实事，在力所能及的情况下，帮他们解决一些实际问题。

于是，吴运铎就在自己的小土屋里布置了一个“野战式”的小小工作室。从自己本来就不多的生活费中，挤出一点钱来买些修补锅、碗、瓢、盆的必备用品，一有空就为群众敲敲打打、修修补补。

有一次，村里的粉碎机坏了，怎么也修不好。实在无奈，村里派人

吴运铎曾使用过的绘图桌、绘图板

吴运铎曾使用过的小台钻

来找吴运铎。吴运铎到那一看，没用一袋烟工夫，粉碎机就修好转动起来了。这下子，村里的人更服他了，说他有本事，是个行家。

一天，上公村的老书记看到吴运铎从事的劳动强度大，身体吃不消，就找到吴运铎所在连部的主要负责人，说："我们村里民兵有四支老枪打不响，以前找人修过没修好，我们想请老吴帮忙给修一修，看行不行？"这位负责人说："吴运铎虽说在我们连的名册上，但是大小事都由军管会点头才行。这事要找军管会的杨主任，只要他同意，连里没意见。"

过了几天，军管会杨主任给连里下达命令："经研究决定，同意暂时调整吴运铎的任务，先给民兵修枪。"这下子，吴运铎带来的各种工具正好派上了用场，吴运铎的小"修械所"在上公村中堡的一个农家院开张了。从此，在这个农家院里响起了台钻的马达声和锉刀的沙沙声。

据当年了解这一情况的彭介人同志说，有一天他去"修械所"看吴运铎，一进门就看见他满头大汗，两手不停地在用锉刀锉零件，旁边有一张草图标出了加工零件的尺寸和工艺要求，工作特别认真。

怎样才能使这四支有上百年枪龄的老枪起死回生？难度相当大。有两支枪的击针簧已经磨短了，击发力不足，必须重换。但做击针的材料在市场上是买不到的。吴运铎托人从四川某兵工厂搞到后，按老枪的规格，

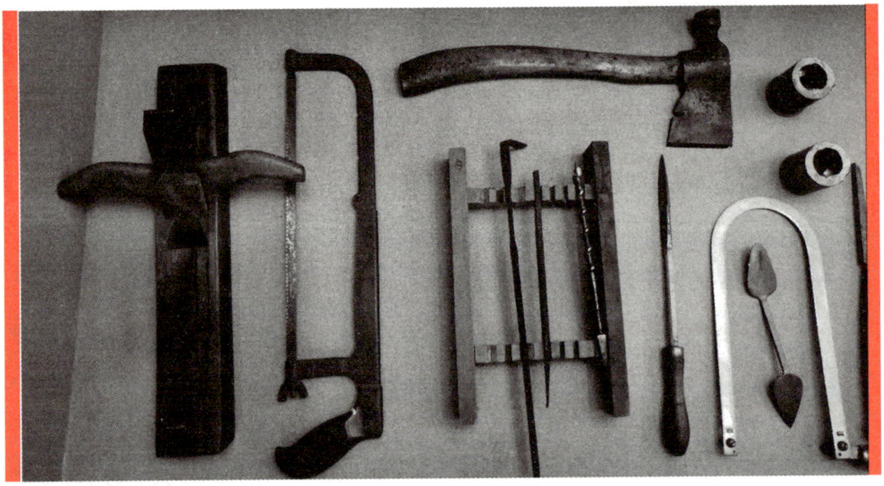

吴运铎使用及自制的工具

凭他几十年的经验，经过复杂的工序，硬是用手工把击针造了出来。

经过几个月的艰苦劳动，吴运铎把四支枪都修好了。试枪那天，上公村老支书带着几个民兵，来到宁静的大青山下的一条山沟里。“叭叭叭”连打十多枪，潺潺低吟的濂沱河水在枪声中跳起了浪花。

四条枪都打响了！老支书满意极了！他从心坎里佩服和感谢吴运铎，激动地说：“老吴，你真行！不愧是老专家呀！”

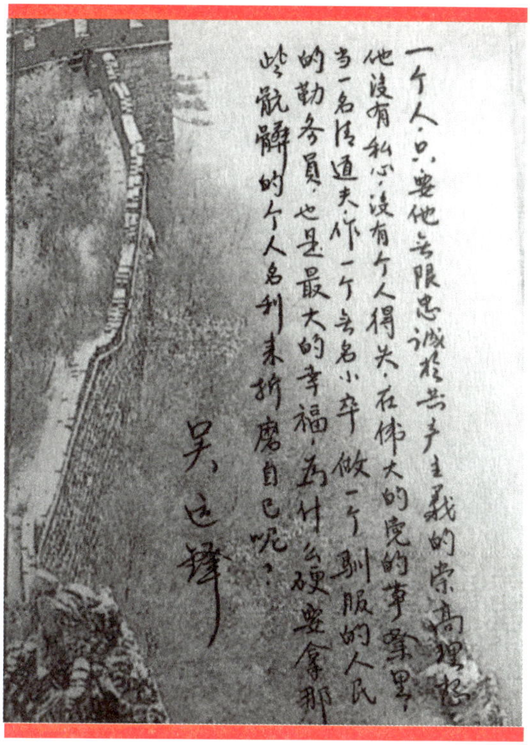

吴运铎的题词

吴运铎从进干校第一天起，不管批斗会多么残酷，干活儿多么苦累，只要有空闲时间，就会坐下来学习。他把进干校当作学习的好机会。一天，吴运铎偶然在一张旧报纸上看到一篇小短文，文中写道：“某地从煤矸石中提炼氮肥……”他看了这仅有200来字的报道，喜出望外，如获至宝。他早就想把附近堆积如山的煤矸石变废为宝，这回总算有出路了。于是，他找到管生产的大队部负责人，郑重地推荐这项技术，并建议村里办一个小化肥厂。

大队委员会很快作出决定，采纳他的建议，并请他帮助搞试验，还派了8个青年当他的助手。就这样，他和青年们组建了一个科研小组，开始从煤矸石里提炼农业生产急需的氮肥。

没有生产设备，他就土法上马，带领青年们盘起煤矸石燃烧炉；没有启动资金，他就自掏腰包买了几十节烟筒，焊接起来做冷凝管道。为

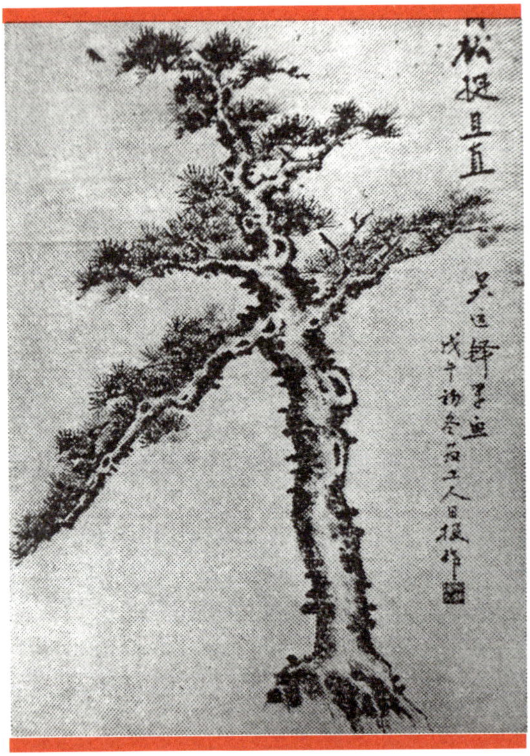

1978年，吴运铎应《工人日报》之邀作画——《青松挺且直》

了节省宝贵的水资源和少得可怜的资金，他建议大队把山涧的水流引入他们修的水池里。这样，煤矸石烧炼产生的“阿姆尼亚”气体，冷凝后转化为液体的“阿姆尼亚”溶入水中，变成液体氮肥。经过反复试验，在北京有关部门的帮助下，各项指标都达到了使用标准。农民用这些液体氮肥浇灌庄稼，取得了良好的效果。

三十、重返工作岗位

1971 年，吴运铎从“五七”干校回到北京。一时尚未分配工作。

但是，吴运铎不甘心就这样虚度时光，更不愿眼巴巴地看着祖国的兵器科研工作落伍。在吴运铎的眼里，“科研人员没有紧迫感不行。搞科学研究停顿一天，往往要拿出十天，百天的时间来偿还”。他想，人生不能留下空白，他们不允许我到研究院搞科研，我就在家里自己干。于是，他把卧室里的一张旧桌子进行了改装，支起了自制的绘图板，购置了丁字尺、计算尺、绘图仪、三角板等绘图用具。还在床边设置了一个工作台，上面摆着手摇钻、虎钳、锉刀等工具和常用的五金器件，整个卧室摆得像一个“小车间”。他自选科研课题，自掏腰包默默地干了起来。同时，他还无偿地帮助其他单位搞技术开发。

20 世纪 80 年代的吴运铎

一天，吴运铎接到某部转来

的一封山东省军区的来信，信中说，他们在培训民兵投掷手榴弹时，时常发生事故，问能不能设计一种安全保险的手榴弹。过去，吴运铎何尝没有想过这个问题，只是因为工作太忙，要干的事情太多，这事迟迟排不上号。这下好了，吴运铎可以利用这个难得的时机好好研究和改进一番。于是，他开始了紧张的研制工作，每天查资料、绘图纸、做模型，常常累得头昏眼花，四肢僵硬，手脚麻木。即使这样，他也舍不得休息，只是起身在屋内或阳台上踱踱步、伸伸胳膊、弯弯腰，然后继续干。经过苦心钻研，并与相关单位和部队进行联合试验，一种新型安全碰炸手榴弹终于研制成功，为当地民兵训练解除了后顾之忧。

1978 年，春回大地，万象更新，改革开放的曙光照亮了祖国的山河。五机部第二十研究院给吴运铎等一批受迫害的人平了反。党组织给吴运铎作出的政治结论是：“在‘文化大革命’中，立场坚定，坚持原则，一切罪名纯属陷害。”从此，吴运铎又回到了工作岗位，担任二十院副院长、副总工程师和院党委委员。

由于吴运铎伤残的身体在“文革”中遭到严重摧残，他的哮喘病越来越严重，体质越来越差。有时被病魔折腾得吃不好，睡不着，犯起病来像他自己说的那样，像个活着的“死人”，但工作起来他仍然像战争年代那样玩命。有一位记者采访他，看吴运铎的身体一天天地瘦下去，眼里含着热泪，心疼地说：“您为党、为国干了大半辈子，功劳那么大，应该好好休息休息，把伤病治一治，养好身体比什么都重要。”他听了乐观地说：“人生不能蹉跎，全力干好工作，活着不去搏一搏，一生一世算白活。一个革命者迟早要去见马克思的，我已经是几次死里逃生了，但我们的事业还得抓紧干哪！”

吴运铎回到自己钟爱的工作岗位后，虽然身体每况愈下，但仍然坚持走基层、下连队、去工厂、到靶场，听取意见，传授经验。为了工作，他往往刚从冰天雪地的北国试验现场回来，紧接着就出差到烟波浩渺的南国海防前线。从他的日记本上可以看出，仅 1980 年这一年，他到外省市出差 12 次，累计在外时间长达 10 个月。有一次从沈阳回北京，正值

1971年3月，吴运铎从干校回到北京，尚未恢复工作，在家中自选课题搞研究设计

千家万户欢度元旦之夜，他却是在沈阳到北京的飞机上度过的。当家家户户在吃团圆饭的时候，吴运铎在飞机上捧着一本高等数学《微积分》如饥似渴地学习着。

尽管吴运铎腿脚不灵便，但是工作却需要他经常出差。每逢外出，他总要带上几本书，把在飞机和火车上的空闲时间当作读书学习、武装自己、完善自己的好机会。有一次，吴运铎到南方某地出差，一上火车，他就拿出随身携带的《内弹道学》看了起来，一看就是几个小时，连饭都忘记吃了。在同一个车厢里，有两个教师见他看《内弹道学》，知道这是兵工理论方面最复杂的一门课程，便与吴运铎聊了起来，没想到都是同行。吴运铎说："内弹道学挺深奥的，弄不清它的原理，就说不清子弹、炮弹没有发射出膛时的一系列渐变过程。"紧接着，他谈了自己粗浅的认识，请两位老师评判他理解得对不对。吴运铎举了一个生活中常见的例子，他说："内弹道学就像家里生火炉一样，炉膛里有煤有劈柴，旁边还放着火柴。我们要把火炉点着，就得先划着火柴，用火柴点燃劈柴，劈柴燃烧，点燃煤，煤受热发出光，炉火也就燃烧起来，放出了热能。这个过程，是不是类似于子弹、炮弹在膛内从受热到发射出膛的情形？"他用这样一个普通的例子，在几分钟内就形象地描述了内弹道学的原理。吴运铎这一简单易懂的表述方式，让两位老师赞叹不已。他们称赞道："你真是内弹道学的一个行家。"吴运铎笑着摆摆手说："我是刚刚起步，在兵器学领

吴运铎出差时在火车上

域里我还是一个小学生，还得要好好向你们学习哩！”

火车到站了，两位教师建议互相留下姓名，以便进行联系。当他们得知面前的这位老同志就是吴运铎时，兴奋地握着吴运铎的手久久不愿松开，激动地说：“吴老师，我们在中学时都读过《把一切献给党》这本书，那时您是我们心中的一盏明灯，是我们行动的路标。今天，您以无声的行动和严谨的学风再次为我们上了生动的一课，您永远是我们学习的榜样！”

三十一、子女不是私有财产

吴运铎在"文革"中的遭遇，影响了子女和家庭，但他的孩子们深知，父亲不是坏人。可是，造反派污蔑他是"三家村的走卒""走资本主义道路的当权派""五一六分子""修正主义分子""现行反革命分子"，使孩子们幼小的心灵承受了巨大的压力。他们在学校里抬不起头，在同学们中少言寡语，在家属大院里，不敢出门，怕别人说是黑帮子女。

当时，吴运铎的五个子女中最大的只有18岁。他们这个年龄，正是爱"做梦"、富幻想的金色年代，正是抉择人生道路正确路标的年龄。突然间，梦断了，路标倒了，精神上受到了重创，思想上遭到了前所未有的压抑。

吴运铎的次子吴小荣后来回忆说："我生性敏感，喜欢在肚子里想事。自己的父亲出了问题，我一直放心不下，心里压力很大，不愿与人交往。"他还说："1967年我送哥哥吴卓去黑龙江插队，在北京火车站广场的大喇叭里，不停地播放着热血澎湃的中学生唱的歌：'迎着春风，迎着阳光，跨山涉水到边疆，伟大祖国天高地广，中华儿女志在四方。'那时候，毛主席还没有发出知识青年到农村去的号召，为了躲避歧视，哥哥便和北京101中学的同学们主动要求下乡。1969年，黑龙江生产建设兵团正式成立，哥哥被分配到绥滨地区兵团二师九团十一连，在那一干就是六七年……"

吴小荣在讲到姐姐吴克时说："1968年8月5日，姐姐与河北北京中学的同学一起去内蒙古插队，她被分配到锡林郭勒盟东乌珠穆沁旗。冬天，那里有时气温低到零下三四十摄氏度，冒着风雪还得干活儿，天天忙忙碌碌地放牧、打井、晒牛粪、剪羊毛，这些仿佛是她每天的必修课。姐姐在那种艰苦的条件中生活了四年……”

吴小荣谈到自己时说，他是1969年去陕北延川县插队的，生活的艰苦是不言而喻的。他想念母亲，惦记父亲，可又能怎么样呢？他只能拼命地劳动，一年下来，只挣了43斤小米……四年后，他按政策规定回到北京，在一个工厂当了学徒，当过多年钳工……

吴运铎和他的小孙子在一起

“四人帮”倒台后，正直、善良的中国人民获得了第二次解放。吴运铎的几个子女在风浪中经受住了严峻的考验，迅速地成长起来。

吴运铎的长女吴克1972年被推荐进入北京大学物理系低温专业学习，毕业后留校研究低温物理，之后晋升为北京大学教授，曾作为访问学者在国外工作了较长时间。她之所以能从插队知青中脱颖而出，迈入高级知识分子的行列，与其父吴运铎言传身教有着密切的关系。她说，从小学起，父亲对他们要求就很严格，要他们做到“三好”，即：学习好、身体好、品行好。父亲坚强的性格，对待工作、对待困难、对待伤病的正确态度，一直是她为人处世的榜样。

吴运铎的长子吴卓，身体强壮，个头儿远远超过他的父亲。在大学实行招收工农兵学员制度时，经过推荐和考试，被录取到长沙工学院即后来的国防科技大学，学习导弹弹体结构专业。后来成为航天部的一名领导干部。

吴运铎的次子吴小荣，1977 年考取北京师范大学中文系。大学毕业后，当过中学教师。后来由于工作的需要，他改行在北京市政六公司做宣传教育工作。

吴运铎的三子吴小勤，1971 年由父母所在的“五七”干校分配到一

吴运铎的五个子女

1971 年在北京，吴运铎与分别在内蒙、东北、陕西插队的儿女们一起合影

机部下属山东淄博砂轮厂当工人、技术员，在那里工作了 20 年。1991 年父亲去世后，他才被调回北京与年迈的母亲住在一起。

吴运铎的小女儿吴小健从事财会工作，1994 年，年轻的她就已经是国家机械委财务处处长。她和父亲一样，工作玩命。她心脏病很严重，医生建议她多休息，但她始终以父亲为榜样，带病坚持工作。

吴运铎的五个子女都是在他恢复工作之后走上社会的。但他们没有躺在父亲的功劳簿上，倚仗父亲的光环走进大学，或者是靠走后门、拉关系进了某个单位，而是完全靠个人能力走上工作岗位的。

当战友们问起吴运铎几个子女的情况时，他坦然地说："孩子都很争气，依靠自己的实力，找到了满意的归宿。"他还说："孩子是国家的未来，他们虽是我的子女，但他们不是我的私有财产，都是党的儿女，党不会以其父母的身份画线，把孩子分为三六九等。"有的同事问吴运铎教育孩子有啥"秘诀"。吴运铎从不自诩是教育孩子的成功者。他只是说，父母要把孩子的品德教育放在第一位，勉励他们向前看、向远看、向好人看……

现在吴运铎的几个子女，都已退休在家安度晚年。

三十二、心系“少年之家”

吴运铎在担任第五机械工业部第一研究所所长期间，科研工作十分繁忙，但他时常惦记着少年儿童的教育和成长。

有一天，采购员老王签收了一份从邮局寄来的提货单，收件人是吴运铎。从提货单上可以看出，货物是从苏联空运到北京的。老王拿着提货单去找所长吴运铎，吴运铎委托老王去机场把货物提回来。

老王把几个包装严实的木箱拉回所里，吴运铎和老王等几个人把箱子逐一打开，里边装的全是小机床：有车床、铣床、刨床和钻床及其工具。经过检查清点，吴运铎让老王等把这些小设备给北京市海淀区少年宫送去。

吴运铎用他《把一切献给党》一书的稿费帮助北京市海淀区少年宫建起了红领巾工厂。图为购买的小机床

北京市海淀区少年宫收到这些礼物，如获至宝，专门腾出一间宽大的房间安置这些小设备。在文化课学习之余，一批批青少年来到少年宫学习车、铣、刨、钻、钳等技术，不仅让他们开拓了眼界，学到了课堂上学不到的知识和技

青少年学生赠给吴运铎的画

能，也为他们今后走上工作岗位奠定了良好的基础。

吴运铎的夫人陆平回忆当年吴运铎关心帮助青少年时说：“1953 年，《把一切献给党》出版以后，老吴把大部分稿费用在了帮助北京市海淀区少年宫建立红领巾工厂上了。”

当时有领导提议，以吴运铎的名字命名北京市海淀区少年宫少年之家，被他一口拒绝了。他说：“我把一切献给党，干嘛要把名字当作招牌呢！”

1982 年初，北京市海淀区委批准在甘家口八号院里的几间空房兴办“少年之家”活动站。当活动站的工作人员得知吴运铎家也在那里，便请他当“少年之家”的顾问，吴运铎愉快地答应了。一次，吴运铎在参加“少年之家”的活动时，发现书架上的书破旧不堪，他就从自己的收入中拿出 100 元赠给“少年之家”，让他们先买一些孩子们喜欢的新书。因为当时七机部的孩子在“少年之家”活动站的比较多，在吴运铎的提议下，七机部为活动站捐款 1000 元。后来，吴运铎又给五机部写信说明情况，并请求给予支援，五机部领导欣然同意捐赠 1000 元。在吴运铎的倡导和各级组织的全力支持下，这个“少年之家”活动站有了漂亮的桌椅和板凳，书架上也摆满了一大批新出版的少年儿童读物。“少年之家”后来又成立了一个小俱乐部，每逢节假日，孩子们就在那里愉快地学习、尽情地娱乐。

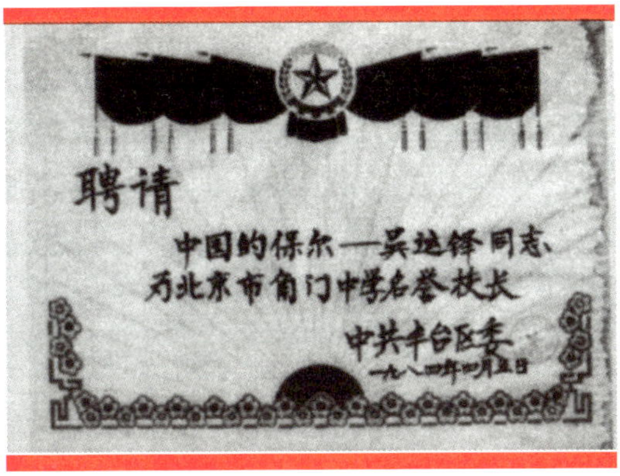
聘请
中国的保尔——吴运铎同志
为北京市角门中学名誉校长
中共丰台区委
一九八四年四月五日

北京市角门中学聘请吴运铎为名誉校长的聘书

吴运铎心系少年儿童，少年儿童也没有忘记他们的吴爷爷。吴运铎经常收到全国各地的来信。很多学校给他寄来辅导员聘书，他先后担任了京、津、沪十多所中小学名誉校长、校外辅导员。

有一年“六一”儿童节前夕，吴运铎病情恶化，医生经过 3 个多小时的抢救，才使他脱离危险。次日下午，当吴运铎清醒过来以后，便要去给某校小学生们讲革命传统。医生劝他过几天再去，他说：“战场上轻伤不下火线，今天这是争夺接班人的战场，我这个老战士怎能半途而废呢？”他硬是叫护士拔掉输液的针头，带病去了会场。

吴运铎登上讲台，还没讲几句话，就喘得受不了了，只好拿出随身带的治哮喘的气雾剂，往口里喷一下，讲不了几句再喷一下，然后再接着讲。此情此景，护送吴运铎的护士眼泪夺眶而出，不少同学也泣不成声。就这样，他一直坚持作了两个多小时的报告。会后，同学们纷纷写感想、谈体会。一位女同学写道：“吴爷爷为我们上了生动的一课，他带病上讲台的可贵精神更深刻地教育了我们，只要像吴爷爷那样

吴运铎在指导青少年朋友学习技艺

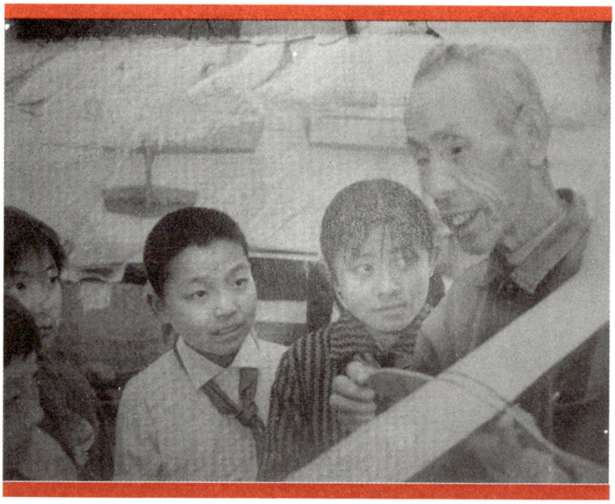
吴运铎给少先队员讲解飞机模型

去学习，还有什么能阻挡我们的进步？”

后来，这个班成了全校有名的“吴运铎班”。那时候，在全国各地的中小学中，已有了几十个“吴运铎班”。

1985年仲秋，天津外国语中学的领导代表广大师生赴京看望吴运铎。当时，吴运铎正在宣武医院疗养，身体虚弱，但他欣然应允该校聘他为名誉校长，应邀挥毫题写校名，并为该校题词：“即使自己化为一撮泥土，只要它是铺在通向共产主义的大道上，让伙伴们大踏步地冲过去，也是最大的幸福。”这种平凡而伟大、无私而高尚的献身精

吴运铎在少年儿童的簇拥下走向讲台，为青少年朋友们作报告

1954 年 4 月 19 日，北京戏曲实验学校邀请吴运铎（前排中）来校作报告留影

1954 年 7 月 25 日，清华大学物 403 班与吴运铎（前排中）合影留念

神一直在激励着广大师生。

进入 20 世纪 80 年代以后，吴运铎已年逾花甲，由于伤残和年迈体弱，时常深感力不从心。但是，他仍然保持着战争年代那股拼劲。有一次，吴运铎病倒在床上，一所小学请他为学生们作报告，他实在动不了了，便索性躺在床上讲，让学校用录音机录下来，回去播放。

据粗略统计，吴运铎从 1982 年 6 月离休后的两个月的时间里，在北京市的中小学等作了 39 场报告，平均不足两天就有一场报告会，有时一天就要作两场报告。陆平看他太累，想减轻他一些负担，就劝他减少一些报告。他郑重地说：“只要我身体还能支撑，我一定去给人家讲，这

南昌市铁路第一中学吴运铎班命名留念

南昌市铁路第一中学吴运铎班毕业留念

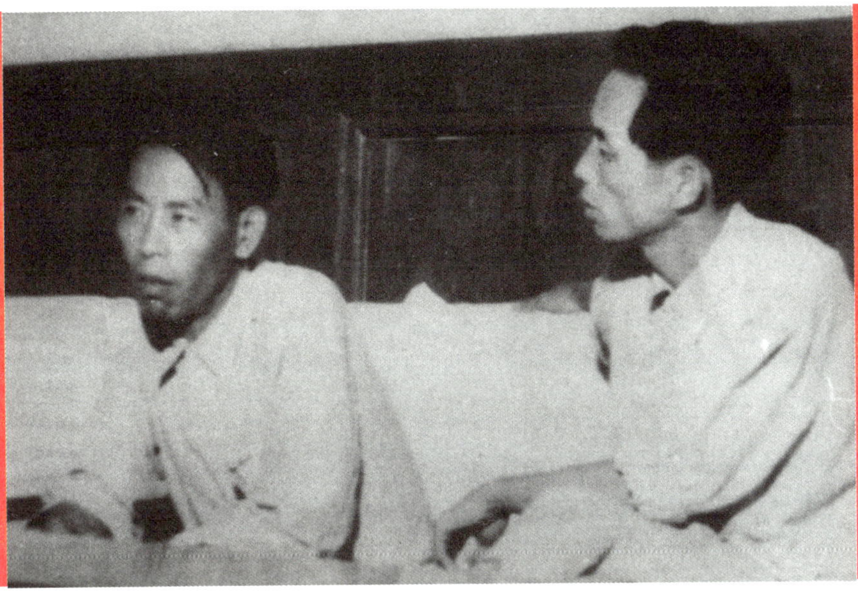

1959 年，天津人民艺术剧院在北京天桥剧场上演《把一切献给党》话剧时，吴运铎（左）与编剧兼导演沙惟在一起

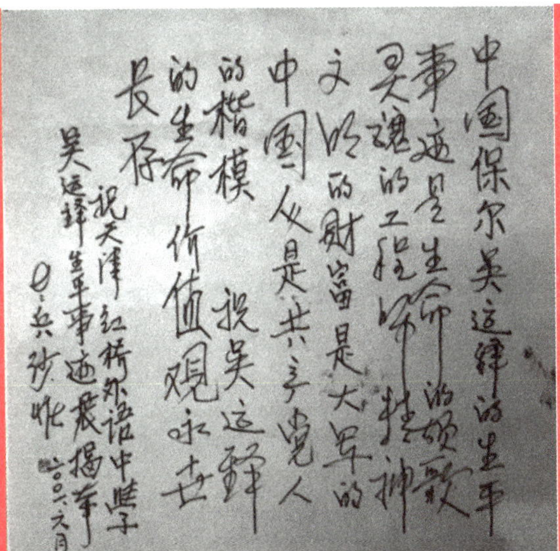

2001 年 6 月，老战友沙惟为吴运铎生平事迹展览的题词

1956 年 7 月 4 日，徐州铁路中学吴运铎班全体同学毕业留念

是宣传马列主义、毛泽东思想的好机会，对孩子们进行思想教育，是历史赋予我们这些老人的职责。”

数十年来，吴运铎在中小学生中所作的报告次数加起来，至少也有数百场，听他作报告的中小学生至少有几十万名。有的人很不理解，问他为什么身上那么多伤病还要给自己加码，担当这么多的社会工作？他坚定地说：“让孩子们了解昨天，珍惜今天，创造美好的明天，这是老一辈人应尽的社会责任。”

吴运铎用一颗真诚的爱心为少年儿童付出自己的一切，无论什么时候，只要少年儿童需要，他就会全心全意地为他们服务。

三十三、和青少年谈理想与奋斗目标

吴运铎在《把一切献给党》一书中写道："对于我，为祖国，为人民的解放而斗争，为人类最美好的理想——共产主义事业而斗争，就是终身最大的幸福。"他还曾经在《天津日报》上撰文写道："人究竟为什么活着？《钢铁是怎样炼成的》一书中的主人翁保尔·柯察金是这么说的：'人最宝贵的是生命。生命每个人只有一次。人的一生应当这样度过：当回忆往事的时候，他不会因为虚度年华而悔恨，也不会因为碌碌无为而羞愧；在临死的时候，他能够说：我的整个生命和全部精力，都

吴运铎在为北京一〇五中学一年级四班题词："努力学习，振兴中华"

1980 年 6 月，吴运铎为首钢题词

已经献给了世界上最壮丽的事业——为人类的解放而斗争。’”吴运铎在文章中强调：“我们必须自己珍惜自己的生活理想，因为理想的诞生是建立在符合祖国和人民需要的基础上的。祖国和人民需要我们干什么，我们就去干什么，为了崇高的共产主义理想，献出自己的一生。”

这就是以吴运铎为代表的老一辈革命家的人生支柱和奋斗目标，也是那一代人的高尚情操和无私胸怀。正是这些革命家的“人生支柱”和宽广胸怀，才支撑起了当代中华儿女赖以生存的一片蓝天。

进入 20 世纪 80 年代，人生支柱是什么？奋斗目标是什么？这是每一个社会成员世界观和人生观面临的一个严峻问题。在大是大非面前，多数人保持着革命者的光荣传统。但社会上有一部分人在“是非、善恶、美丑、荣辱”观方面出现认识偏差，特别是少数青年人整天想着自己的生活要好一点，工资要多一点，工作要轻一点，有人甚至把“理想理想，就是有福同享；前途前途，就是有钱可图”当成生活准则，似乎人生在世，就是“吃穿”二字，至于祖国的前途，人类的理想，都可以抛到九霄云外。对于这种错误倾向，吴运铎忧心忡忡。

作为中国共产党的一个老党员，吴运铎认为自己有责任、有义务结合实际谈自己的认识和看法，帮助广大青少年树立正确的人生观。1982年12月7日，他在《中国青年报》上发表了题为“为共产主义奋斗才是真正的人生支柱”的文章，坦诚地阐述了自己的观点。

吴运铎在文章中指出，有少数人认为个人的名利就是“人生支柱”，这种认识是片面的，是不能让人信服的。俄国哲学家车尔尼雪夫斯基说过：“一个人的活动，如果不是被高尚的思想所鼓舞，那它是无益的、渺小的。”这里说的“高尚的思想”应该就是我们今天所说的“人生支柱”。“高尚的思想”不是从天上掉下来的，它来源于祖国和人民对我们的需要，把祖国和人民的需要作为自己的“人生支柱”，就是树立了崇高的共产主义思想。为实现人类的理想而献身，才是人生的价值。一个人为着一个伟大的理想而活着、战斗着，他就会变成崇高的人，就会从庸俗的鼠目寸光中，从苟且偷安和贪生怕死中解脱出来，从一个渺小的人变成一个伟大的人。

他针对有些人对他在战争年代造枪修炮，多次身负重伤，仍然义无反顾勇往直前的行为表示不理解时，在文章中指出，有的人认为，搞兵工的人是和死亡作伴的人。其实，革命就是生死存亡的斗争，要革命就会有流血牺牲。那时候，我们造出的枪炮，没有炸药就打不响，就不能在战场上发挥威力，就不能更多地去消灭敌人。要获得炸药，就需要有人冒着生命危险去试验去生产，甚至要从敌人的炮弹中挖炸药。面对生与死的考

1990年为学雷锋标兵张子祥（右二）、李润虎（右三）、朱华（右一）题词：“向雷锋同志学习，把一切献给党”

20 世纪 80 年代，吴运铎为少年朋友题词

验，你自己去挖，让同志们走远点，还是自己躲远点，让别人去冒险？这是考验一个真正的革命者人生观的关键时刻。我想，我是共产党员，我是厂长，我不去挖谁去挖……参加革命，流血牺牲是难免的。当然，流血、伤残和牺牲是我们不希望发生的，但流失掉的血和生命，最终换来共产主义事业的胜利，换来更多人的幸福，那是一个革命者的真正骄傲和幸福。我们这个多灾多难的祖国，能够从一个半殖民地和半封建的国家，成为今天这样一个欣欣向荣的社会主义国家，不正是千千万万的革命先烈奋不顾身地流血牺牲换来的吗？

吴运铎在文章中还指出，人各有志，在这个大千世界里，人的生活支柱是多样的。但总的来说，应该有这样两种情况：一是确有那么一些人拿追求个人名利作为“人生支柱”，活着只为追名逐利，这就会失去人生目标，因为追求个人名利，既不符合时代的需要，也不顺应历史发展的趋势；二是以人类最高尚的共产主义思想作为自己的“人生支柱”，并为这一目标的实现而执着地奋斗终生。这是为人类，包括为自己创造幸福的基石。

文章的末尾指出，我们这一代必须竭尽全力建设好共产主义初级阶段——社会主义社会。因此，我们这个时代的每一个人特别是青年人，要以人类最高尚的理想——共产主义的实现作为自己的“人生支柱”。这一“人生支柱”，会使我们战胜前进中的一切挫折和失败，保持坚强的信念和旺盛的斗志。有了这一“人生支柱”，才能奋进不息，为

吴运铎为《解放军报》记者题词

人类造福。

在以吴运铎为代表的老一辈革命家的心中，期望为共产主义事业奋斗终生的这一“人生支柱”，也应是每一个青年人和每一个共产党人的“人生支柱”。期望这一“人生支柱”永远支撑着中华儿女幸福生活的那片蓝天。

三十四、关心和帮助下一代健康成长

1980年前后，吴运铎对青年中出现的冷漠、消沉的思想状况十分担忧。

透过这一现象，吴运铎看到了问题的严重性。在分析了问题的原因之后，他相信只要采取有效措施，加强思想教育，循循善诱，这些年轻人是完全可以变好的，进而使他们成为建设社会主义社会的积极因素，成为推动历史前进的一代新人。于是，吴运铎就把自己离休后的主要精力放在了广大青少年教育事业上。

为了做好这方面的工作，他呼吁全社会有识之士都来关心青少年的健康成长。1982年，吴运铎与同样关心青少年成长的贺龙元帅的夫人薛明同志交换意见，探讨帮助青年人树立正确的人生观、价值观的问题，他们认为，一是加强宣传教育的导向，创造良好的社会氛围，使他们树立正确的世界观和人生观；二是革命老一辈现身说法，对青少年加强传帮带，通过讲理想，讲道德，讲学习科学知识，讲组织纪律性，

20世纪80年代中期的吴运铎

讲怎样对待生活、对待前途、对待劳动，来启发青少年树立远大的奋斗目标；三是关心青少年生活，帮助他们解决实际问题。特别是要给被劳教过的青年、残疾青年安排好工作，解决生活上存在的实际困难。

吴运铎和青少年学生在一起，勉励他们学好本领，建设祖国

1983 年，吴运铎又同著名的儿童教育家孙敬修，著名的法学家费路路等专家到河南省参加青少年和失足青少年教育研讨会，并在会上倡议和发起成立了“关心下一代协会”。后来，他又与高士其、孙敬修、费路路等老专家联合倡议和发起成立了“北京市关心青少年教育协会”。从此，吴运铎拖着伤残多病的身体，把关心青少年教育工作当作自己义不容辞的责任，有计划、有步骤地将自己的余生献给了当代青少年的教育事业。

吴运铎与青年工人畅谈人生

1983 年 3 月下旬，中国人民解放军兽医大学八〇队学员中的 139 名共青团员，从吉林省长春市给吴运铎写信说，中学时代他们都有自己美

1983 年，吴运铎和法学家费路路（中）、儿童教育家孙敬修（右）在北京倡议发起成立了“关心教育下一代协会”

时年 68 岁的贺龙元帅夫人薛明同志

曾任中国人民保护儿童全国委员会委员，化学家、科普大王高士其

吴运铎（右）、孙敬修（左）和少先队员在一起

儿童教育家孙敬修把自己编写的故事书送给吴运铎

吴运铎（前左二）与筹备成立"关心教育下一代协会"的成员合影

好的理想，有的想当工程师、有的想当科学家、有的想当作家……总之，都想干一番轰轰烈烈的伟大事业，为人民造福。然而，现实却使他们只能成为与骡马打交道的兽医，过去的一切理想都成了泡影。他们当中有不少人曾为此感到忧虑和烦恼，认为学兽医不光彩，低人一等，而且又脏又累，没有出息。还有同学认为，平平凡凡的兽医工作与共产主义不沾边。他们想请吴老讲讲怎样坚定共产主义信念，怎样在本职工作岗位上为共产主义事业作出贡献。

吴运铎收到信时，正重病在身。他考虑了几个晚上，亲笔给同学们回信。他在信中说，理想的核心是生活态度问题，也就是人们常说的"人为什么活着"的问题。理想诞生在祖国和人民对自己的需要之中。我们每一个同学，一定要树立热爱本职工作的思想，将来才能把本职工作做好。无论是做工、种田、搞科研、当兽医，只是分工不同，没有高低之分。就其劳动来说，都是为社会主义作贡献，都是受到社会尊重的，都是建设社会主义的一部分……就像大家熟悉的一首诗那样：“生活是多么广阔，生活是海洋。凡是有生活的地方就有快乐和宝藏。”

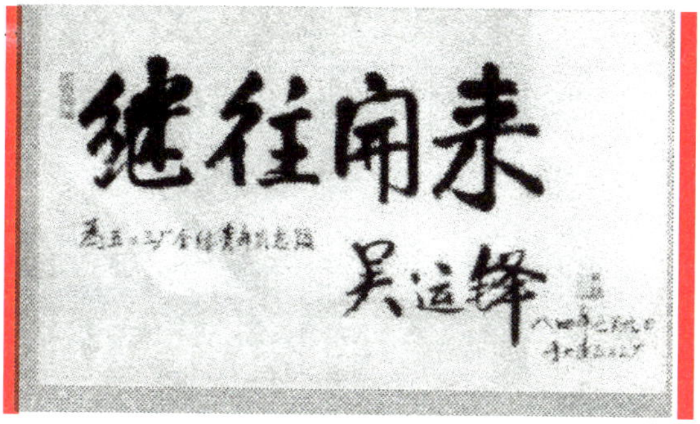

1984 年 7 月，吴运铎为五二三厂青年题词

1980 年 9 月出版的《和青少年谈道德修养》一书

兽医大学的同学们收到信后，教导员在全队军人会上进行了宣读，同学们听了十分激动。他们没有想到吴运铎这位功勋卓著、赫赫有名的“中国的保尔·柯察金”，还真给他们回信讲解人生哲理。他们从老一辈革命家的身上找到了自己的差距。围绕吴运铎的来信，学校开展了“大理想”服从“小理想”还是“小理想”服从“大理想”的大讨论。同学们纷纷表示，要在人生的道路上，为祖国交一份满意的答卷。

这年，八〇队学员在年终评比时，很多同学被评为“三好学员”，班级被评为学校建设社会主义精神文明先进集体、先进团支部和长春市建设社会主义精神文明先进集体。

吴运铎做青年的思想工作方法灵活多样，书信来往，报告讲话，甚至一幅生动的画卷就能成为启发教育青年的教材。

1983年3月底，吴运铎在《天津青年报》的“青年之友信箱”中刊载了一幅名为《竹子》的国画，并发表了一篇题为《学做青竹，正直向上》的文章。文中写道：“竹子‘节高骨坚，宁折不弯，为梁为薪，献身于民’。”由此可见，竹子有坚韧不拔和献身的精神。竹子的生存“欲望”不高，无论环境多么恶劣，它都能顶出地面，而且不畏寒暑、风暴，四季常青。竹子的目标始终如一，笔直而生，傲然而立，不走歪门邪道。

他在文章中还举出具有竹子精神的人——张海迪。他说：“张海迪三分之二的身体失去知觉，但她像竹子那样在发愤、在拼搏，用自己的双手为社会创造财富，为他人送温暖、谋幸福。而当今社会上有一部分青年精神不振，虚度光阴，无止境地追求物质享受，与张海迪对比，岂能不愧疚？”

他在文章中还鼓励青年人：“我们学习张海迪，首先要学习她的‘竹子’精神和坚定的生活信念，树立共产主义理想和革命人生观。”“像竹子那样，‘斗霜傲雪节骨坚，不随败叶舞风寒’，争当社会主义精神文明和物质文明的促进派。”

对失足青年的教育和帮助更是吴运铎思考的重点。他曾经说过，抓好失足青年的教育工作，首先要在社会上造成一种氛围，成立有关的组织牵头落实，动员更多的志愿者加入教育失足青年工作的行列中。

天下智谋之士，所见略同。北京市高级人民法院办公室顾问费路路

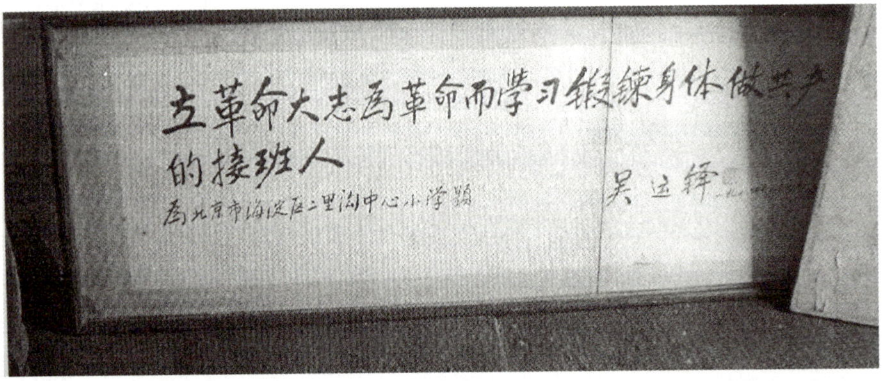

20世纪80年代，吴运铎为北京市海淀区二里沟中心小学题词，寄语青少年“做共产主义的接班人”

20 世纪 80 年代，吴运铎（前排左二）出席某颁奖大会

打电话约吴运铎到她家去聊一聊。吴运铎虽然不清楚这位法学家具体谈点什么，但他知道前些天北京市门头沟工读学校聘请她为名誉校长。

到了费路路家里，孙敬修、高士其二位老人早已等候在那儿。寒暄过后，69 岁的费路路说："我们虽然离休了，但还要争分夺秒地为党多做一些工作。近两个月，我走遍了北京市七个工读学校，看到那里的孩子是很可爱的。这些孩子只是受了'病虫害'，社会应该关心他们，我们要帮助社会和各级组织医好这些孩子。"孙敬修、高士其二位老人频频点头，吴运铎从心眼里赞成这一观点。吴运铎说："我们真是不约而同啊，一定要千方百计地挽救这些孩子。"费路路说："事不宜迟，近日我们四个一起去石景山工读学校一趟，看看那里的失足青年。"

三天后，几位老人披着绚丽的朝霞，驱车来到了北京市石景山工读学校，师生们为他们召开了欢迎大会。费路路代表四位老人讲话，她希望同学们不要自暴自弃，要振奋精神，迎着朝阳向前看，向远看，未来是属于青年人的。她代表一行四人为学校赠送了一棵松树，祝愿他们像青松那样

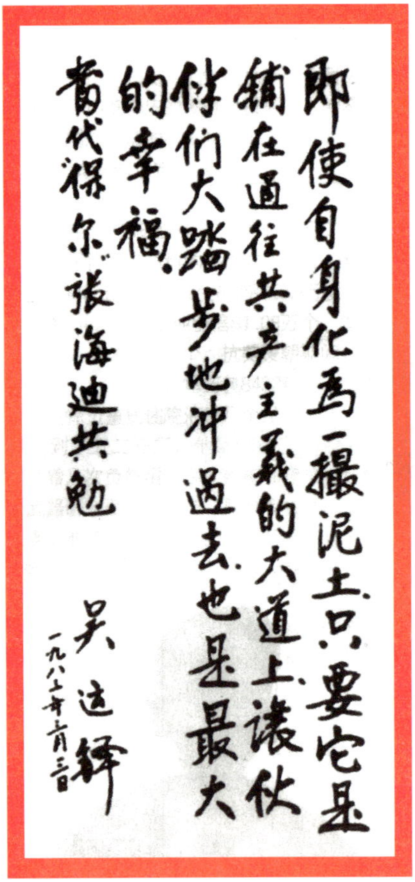

1983 年 3 月，吴运铎为张海迪题词

不畏严寒，不惧风暴，长青永驻，长大成材。吴运铎为学生们题写了“可怜天下父母心”七个大字，寓意父母在挂牵他们，在等待他们。许多同学看后百感交集，感动不已，他们纷纷表示：“抛弃昨天，面向未来！”

对工读学校的学生，即使被判刑的青年，凡是可以挽救的人，吴运铎都尽力去做细致的思想工作。

某企业有一个从名牌大学毕业参加工作不久的青年，因触犯了法律被判有期徒刑。吴运铎知道后，去找有关人员了解情况时，才得知他不是坏人，而是一时鬼迷心窍，走上了歧途。经了解，他在技术上还是比较过硬的。

这个青年入狱之初，觉得今后前途渺茫，一度产生了悲观厌世的情绪。了解到这一情况后，吴运铎就主动写信开导他，讲党的政策，讲党对知识分子的重视，让他老老实实接受改造，争取早日出狱，做一个对社会有贡献的人。

当这个青年接到信时，不知道是谁寄给他的，便漫不经心地打开。当他看到信的落款是吴运铎时，不禁大吃一惊，感动得流下了眼泪，他感谢英雄看得起他，感谢社会还能容纳他。

在给吴运铎回信时，他说：“在我悲观绝望的时候，做梦也没有想到还会有人关心自己，特别是像您那样有名望的人。我非常感谢您，您的鼓励和开导，让我好像又从地狱回到了人间。现在，我想的是今后该怎么办，也想到出狱后怎样回报社会，回报家人……”

自此之后，吴运铎经常给这个青年写信，给他讲改革开放的大好形势，

1983 年 3 月，吴运铎（左）到北京万年青宾馆会见“优秀共青团员”张海迪，畅谈人生、理想、工作和生活

20 世纪 80 年代，吴运铎（前排左六）与《张海迪》剧组演职人员合影留念

吴运铎为少年儿童题词："当好小主人，接好革命班"

社会发生的巨大变化，还给他讲法国大思想家卢梭"人生的价值，是由自己决定的"之真正的含义。吴运铎也在信中谈自己对一些问题的认识和感受，列举了作出成绩的青年人的奋斗经历。这个青年给吴运铎的多次回信中，主动汇报思想转变的情况和劳动改造的心得与体会，决心用劳动的汗水去冲刷罪行，重新做人。

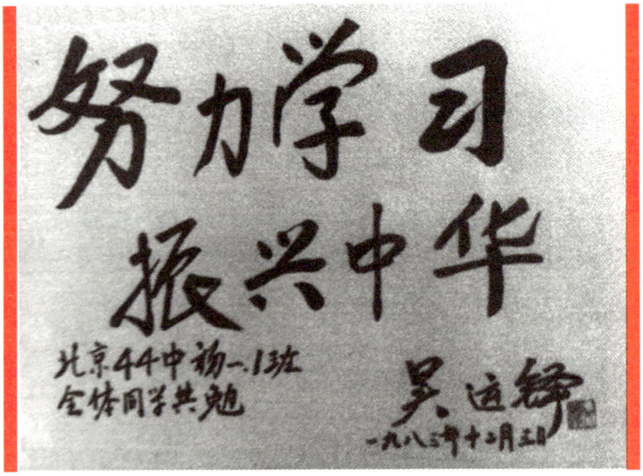

1983 年 12 月 3 日，吴运铎为北京 44 中初一（1）班同学题词

几年后，这个年轻人刑满释放。吴运铎为了让他感到党和人民时刻在关心他，周围的群众在爱护他，社会在呼唤他，便不辞辛苦地东奔西走，为他找到了专业

20 世纪 50 年代，吴运铎（中）在餐桌前教育小朋友要爱惜粮食，不要浪费

对口的工作，充分发挥他的特长。年轻人经过自己的努力，很快就成了单位的工作骨干。他感到生活是美好的，工作是幸福的。后来，经过自己不懈的努力，他还当了一家国营企业的副厂长。

三十五、关爱残疾人

吴运铎来自群众，不忘群众。他最了解群众所需、所急、所想。他说，我一生中凡是群众要我帮办的事，托办的事，交办的事，在力所能及的情况下，我会一件一件地，不厌其烦地办实、办妥。他是这么说的，也是这么做的，特别是对残疾人的帮助，他更是全心全意，不遗余力。

北京市海淀区有一部分残疾青年生活困难，想建一个残疾人工厂，解决温饱问题。但是，他们既无厂房，又无资金。当吴运铎了解到这一情况后，便给海淀区委写信，希望他们能够了解一下情况，支持这些残疾人办个工厂。经过吴运铎的不懈努力，海淀区委接受了他的建议。后来，由海淀区民政部门牵头，为残疾人办起了北京汽车滤清器厂。

吴运铎与北京隆华福利汽车配件厂的陈宝善在一次偶然的机会中相识，在与他的交往中得知朝阳区平房乡黄渠地区还没有一家福利企业，当地的残疾人无任何经济收入。他便两次主动找陈宝善，商讨如何解决这一问题。当时，陈宝善在朝阳区隆华橡胶制品厂工作。吴运铎详细了解了该厂的产、供、销等情况，认为该厂适合残疾人参与工作。他建议将橡胶制品厂改为福利工厂，招收残疾人进厂工作。他说："在我们社会主义国家里，残疾人应受到理解和尊重，他们的工作、生活和学习应得到全社会的帮助。他们是我们这个大家庭中的成员，虽然躯体与正常人有所不同，但建设伟大祖国的心和正常人是相同的。我们应积极创造条件解决他们的实际困难，让他们充分发挥自己的聪明才智，成为自食

1984 年，吴运铎被聘为北京市朝阳区福利汽车配件厂顾问，为该厂题词：“振兴中华，青年有责”

其力的劳动者。”

在吴运铎的感召下，该厂终于下了决心，招收残疾人进厂工作，并把厂名更改为“福利汽车配件厂”。

在福利厂的筹备中，要经过许多的程序和审批手续。为了早日成立这个福利厂，吴运铎不止一次地找北京市民政局的领导和办事机构，请求帮助和支持。同时，他还帮助该厂确定产品生产种类，研究企业发展规划。经过半年的努力，福利厂成立了，待业的残疾人高兴极了。

在该厂取得福利厂营业执照的第二天，吴运铎就带病来到工厂，看望报到的残疾人。他详细地询问了工厂对残疾人的工作安排情况，并给厂领导提出建议。他说：“在日常生活中，一定要了解每一个残疾人的身体状况，既要安排适合他们的工作，又要关心他们的家庭、婚姻和生活情况，增强他们对工作和生活的信心与勇气。”

福利厂的残疾工人十分感谢吴运铎。在全体职工的共同努力下，工厂办得越来越好，被北京市民政局评为“先进福利企业”。1990 年，在福利厂建厂五周年时，吴运铎为该厂题词：“把一切献给党”。

北京病残青年俱乐部负责人孙恂在少儿时期患上肌肉无力症，成了一个残疾人。但她自强不息，好学上进，学生时代就在国际作文大赛中获得过奖励。成年后，孙恂的生活相当艰辛，但她从不忘记与自己同病相怜的残疾人，立志要为残疾人事业作出贡献。

1983 年 9 月，孙恂给吴运铎写信说，她病残在家，但真想为党、为人民、为残疾人多做些事。一直以来，她有三大愿望：一是帮助残疾青年办一个流动图书馆；二是帮助残疾青年办一所大学；三是帮助残疾青年办一个门诊所。吴运铎十分赞赏孙恂的雄心壮志和热爱残疾人事业的精神。他急切地想请孙恂来谈谈，但由于身体不好，就让孩子前去探望孙恂，并写信表示完全支持她的三大愿望。

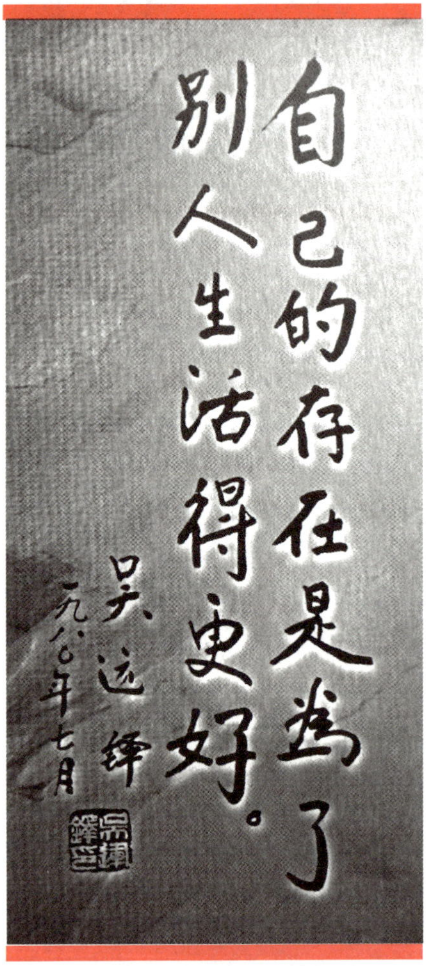

1980 年 7 月吴运铎的题词

为了支持孙恂把图书馆尽快办起来，吴运铎就先捐 100 元，亲自到离家不远的新华书店买书，并呼吁社会团体和个人为该图书馆捐书。同时，吴运铎对这个特殊图书馆的建设和管理提出了自己的想法和具体建议。在吴运铎和社会团体以及各界人士的帮助下，“残疾青年图书馆”很快办起来了。

为了帮助孙恂实现三大愿望，吴运铎曾多次给孙恂写信出主意想办法，并为此在社会上做了大量的工作。

河北迁安残疾姑娘于小波家住

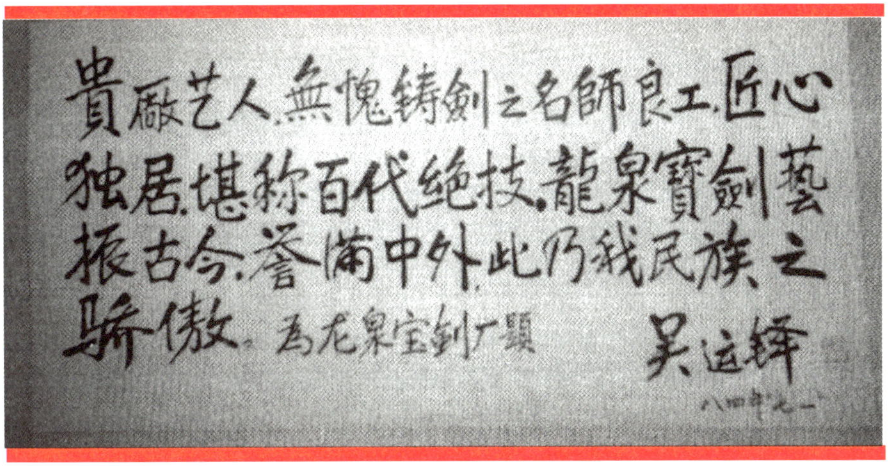

1984 年，吴运铎为龙泉宝剑厂题词

铁路附近，5 岁那年意外被疾驶的火车轧断了左臂，右手只剩下小指、无名指和半截拇指。初中毕业后，她开始学画。为了拜师学艺，1983 年她从老家来到北京，暂住在父亲的老同事、首钢一位老工人家里。

1984 年 8 月的一天，于小波的启蒙老师中央美术学院附中校长带着她去拜访挚友吴运铎。她以为吴运铎这个中国的保尔 · 柯察金，一定是个身材魁伟、穿着讲究、声若洪钟、表情严肃的人，心中不免有些紧张。可是一见面，没想到吴运铎是个穿着蓝粗布工作服，和蔼可亲的普通瘦老头儿，心情一下子就放松了。她向吴运铎倾诉了学画的酸甜苦辣，还说自己基础差，一度对学画缺乏信心，认为自己不是那块料儿。吴运铎听完小波的诉说，鼓励她要自信、自立、自强，好好学画。吴运铎说："一个人要是被困难吓倒了，那就是个没用的人；要是他能够在别人都说做不到的时候，偏偏做到了，他就是有出息的。"他接着说："人生的旅途都不是一帆风顺的，只有不向困难低头的人，才能不懈地去追求，在艰辛的创造中品味成功的甘甜。"他还语重心长地说："你我都是残疾人，对生活很重要的一点，就是树立崇高的理想和战胜困难的信心，不受外界的干扰，才能走向成功，才能使自己残而不废。"为了激励于小波，吴运铎还在她的日记本扉页上赠言："青年当立志，振兴我中华。"当晚，于小波在日记本上郑重地写道：“我要记着吴爷爷的教导，我要把今天作为生活的转折点。”

在吴运铎的帮助和鼓励下，于小波在学习绘画的征途上奋发努力，百折不挠。几年过去了，于小波经常去看望吴运铎，还请教过十几位老师，积累的绘画资料、画稿摞起来就有一尺多高。她创作的画两次参加首都钢铁公司矿山美术展，得到了大家的一致好评，首钢美术协会还吸收她为会员。1987 年 8 月 16 日，于晓波与首钢电修工张强结婚，吴运铎特意叫人送去贺喜的影集。1988 年，她考取了吉林省长春大学特殊教育学院。

1983 年 8 月，辽宁省大连市残疾青年协会成立，吴运铎应聘担任了名誉理事长，并亲笔为协会创办的杂志题写了《自强》刊名。这是全国第一个残疾青年协会，吴运铎也是全国第一位残疾青年协会的名誉理事长。

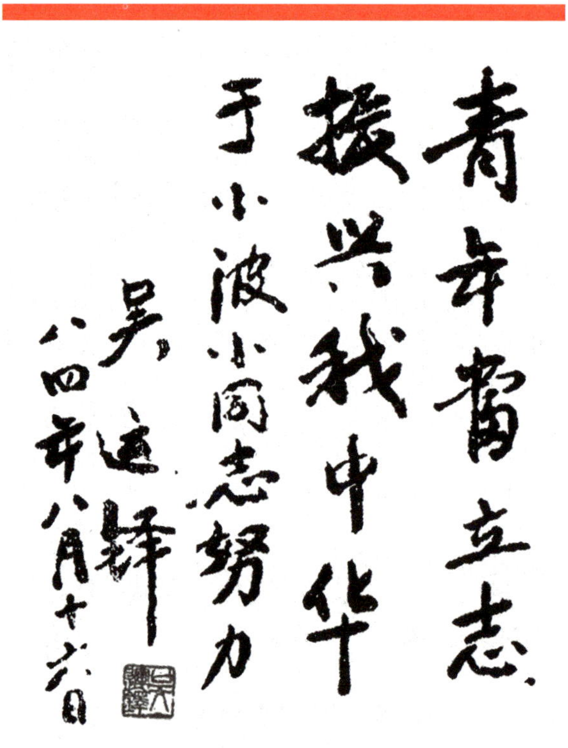

1984 年 8 月 14 日，吴运铎为残疾女青年于小波题词

大连曾经是吴运铎工作与生活过的地方，大连残疾青年一直期待着能在家乡亲自见到吴运铎。1984 年 7 月 10 日下午，七位残疾青年驱车前往棒棰岛宾馆，拜见景仰已久的吴运铎。

67 岁的吴运铎同大家进行了近两个小时的座谈。青年们向吴运铎详细地汇报了大连市残疾青年多方面的情况及协会工作情况，吴运铎不时点头称赞。当大家谈到许多残疾青年自强不息，勇做生活强者，为社会做奉献时，吴运铎十分感慨地说：“在人类历史上，有许多的科学发明和创造是残疾人立下的功勋，残疾人也是国家的一分子，作为 80 年代的残疾青年，没有任何理由悲观失望，应该振作起来，残而不废，发愤学习，努力工作，正确对待人生，为祖国的建设事业贡献力量。”

会见中，他们请吴运铎为残疾青年协会题词，吴运铎欣然挥毫，写下了“废字与我无缘，强音做我们的主旋”这句鼓舞人心催人上进的豪言。

吴运铎一直关心着大连残疾人。1985 年 5 月，吴运铎还特意向大连残疾人发表了录音讲话，他语重心长地说：“峰高无坦途，我当自奋力。”鼓励他们自立、自强，勇攀高峰。

湖南省资兴矿务局宝源煤矿理发员游凤秀，13 岁时因医疗事故而失聪。从此，这个活泼可爱的小姑娘心灵上笼罩了一层阴影，脸上失去了清纯、天真的笑容。1968 年，游凤秀下乡接受“再教育”，在几次招工中，都因耳朵有病未能如愿。同她一起下乡的知青陆陆续续回矿参加了工作，却一直没有她的份儿，后来勉强被安置在矿上的理发店当临时工。但因

1984 年 7 月，吴运铎与青年朋友在大连海滨合影

1984 年 7 月，吴运铎在大连与吕世明（前右一）等大连残疾人工作者在一起

耳聋，在工作中闹出了不少笑话，遭受了不少的委屈。

为了治好她的病，家里想尽了一切办法，去过不少医院，花了不少钱，但仍无一点好转。工作上的困难，生活上的不便，社会上一些人的歧视，使她更加悲观厌世，有时竟产生了轻生的念头。

1983 年 2 月，游凤秀偶然读到《中国青年报》上刊载的一篇“中国的保尔——吴运铎关心残疾青年”的报道。她非常感动，心想，我也是残疾人，写信把情况告诉他，看能不能帮我解脱一点忧难。由于不知道吴运铎的通信地址，她抱着试试看的态度，写信通过《八小时以外》杂志编辑部转给吴运铎。不久，吴运铎便给她回了信，鼓励她做生活的强者，还提出要为她购买助听器。

为了购买质量好的助听器，吴运铎托人到北京王府井大街医疗器械公司等地去购买。经过一番周折，终于在天津买到了合适的助听器。吴运铎立即寄给了游凤秀。

当游凤秀收到助听器时，激动得一夜难眠。她想了很多很多，她感激好人吴运铎，她想到了共产党，想到了社会主义制度好……她对同事说：“我是一个普通的临时工，能得到中国有名望人的热情关怀，这是我一生最大的幸福。现在，我真正感到了生活的美好，生活在充满温馨、友爱的社会主义中国真是太幸福了。”

三十六、改进专用医疗器械

“文革”期间，吴运铎伤残的身体受到了严重的摧残，体质每况愈下。在恢复工作以后，常常需要住院治疗。每次住院，说是治疗伤病，但他心里总牵挂着科研，惦记着工作。苦于工作性质的限制，他不能把

吴运铎在修锉零件

吴运铎在家中搞科研

手头上的任务带到医院去完成，为此他感到十分着急。他想，要是能边治疗边工作该有多好。

一次，吴运铎在北京积水潭医院住院，偶然间发现有的病人在做牵引治疗时，医生把“牵引弓”压在他们的腿上，钢丝拉得病人大汗淋漓，疼痛难忍。吴运铎看到这一情景，心里有说不出的难受。他想，这应该是设计上的失误，难道眼看着让这种医疗器械一直这么落后下去吗？难道不能改进改进，减轻病人一些痛苦吗？

一种科技人员强烈的事业心和为人民服务的责任感，驱使他产生了一个大胆的设想：改进这种落后的“牵引弓”，为患者减轻一些痛苦，为老百姓的健康尽一份微薄的力量。

于是，吴运铎在自己治疗的间隙，到牵引病房去分析研究这种医疗器械的构造和存在的缺陷，并征求医护人员和病人的意见，构思着设计一种既方便，又能减轻病人痛苦的新型“牵引弓”。

吴运铎出院以后，立即着手设计工作。可是，他的病情时好时坏，有时还发高烧，身体十分虚弱。但他一想到做牵引的病人痛苦的样子，就顾不得自己了。经过一段时间的精心思考，设计出了一套先进、廉价、轻便和功能齐全的新型“牵引弓”。它采用微型滚珠轴承，增加了病人可调控装置，可以大幅度地减轻病人在治疗中的痛苦。

紧接着，吴运铎请北京煤矿机械厂试制加工了新型“牵引弓”的样品，送到积水潭医院试用，得到了医院和病人的高度评价。

在试用过程中，他发现这种“牵引弓”不太适合儿童患者使用。于是，他又对图纸进行了改进，设计出了适合儿童患者使用的轻便型“牵引弓”。经过实验，达到满意的效果以后，吴运铎把全部图纸和相关资料无偿地捐给了医院。

有一年夏初，吴运铎在过马路时，被一个骑自行车的青年人撞倒，大腿骨折，被送到301医院治疗。

在住院治疗期间，吴运铎发现医院的骨折患者康复设备比较陈旧落后，需要技术革新。他结合自己康复治疗的体验，构想了改造康复设备的方案。

出院后，吴运铎利用业余时间进行精心设计，把原来固定患者关节处的机械部分改为万向调节系统，再次到北京煤矿机械厂试制加工样机。经过医院试用，普遍认为这一技术革新不但实用，而且大大减轻了患者在治疗中的不适感。

后来，吴运铎同事王铨的儿子王星照去医院看望病人时，从医生那里得知了这一经过。当王星照对吴运铎提及此事并转达医院的谢意时，吴运铎不矜不伐，微笑着说：“这全靠北京煤矿机械厂帮忙了，我只不过尽了一点义务罢了。再说，我经常住院，影响了不少工作，能为病人提供一些便利，为患者减轻一点痛苦，这也算将功补过吧！”

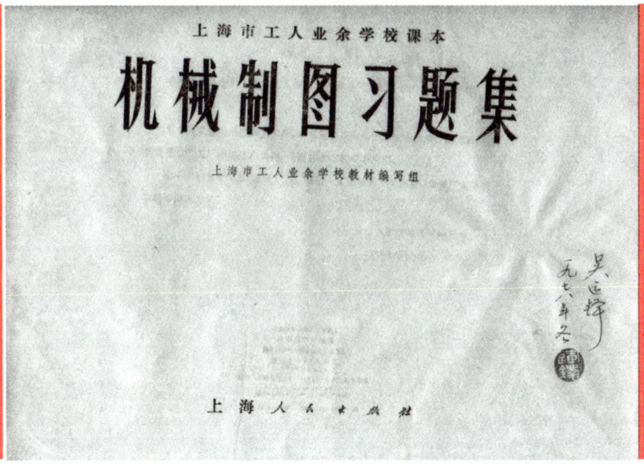

吴运铎的很多知识是通过自学获得的，这是他1978年购买的书籍之一

三十七、浓浓战友情

吴运铎对当年并肩战斗的老同志感念不忘，特别是对那些为兵工事业捐躯的同事和战友，更是一往情深。他常说：“在战争年代里，我们的兵工事业，不是靠钢铁，而是靠那些如钢似铁的军工英雄们的鲜血和生命发展起来的。许多同志默默地离开了我们，没有留言、没有骨灰、没有碑文……我一想起来，心里就受不了。有时一闭眼，那些牺牲的年轻战友的音容笑貌就浮现在我的眼前。”

1983 年 7 月出版的《人生絮语》一书

令吴运铎永生难忘的是他的两个入党介绍人：罗克绳同志和秦永祥同志。吴运铎永远不会忘记罗克绳同志曾经对他说的话：“党需要你这样的战士，你可以正式提出入党申请，我愿做你的入党介绍人。”他也不会忘记秦永祥同志对他真诚的帮助，他清楚地记得秦永祥同志说的话：“共产党人并非都是完人，他们也是靠批评和自我批评来加强自己的党性的。一个人如果把革命利益放在第一位，他就会有最大的勇敢，最大的智慧，最坚强的毅力，他也就敢于进行自我斗争。”入党以后，吴运铎就把这些至亲至重的话语融入自己的工作和战斗中，并作为自己的人生路标和政治生活准则。

罗克绳同志在“皖南事变”前不久被日伪逮捕，他与敌人进行了顽强的斗争，最终被活埋，为革命献出了年轻的生命。为了纪念这位革命的引路人，吴运铎第一个女儿的名字来自罗克绳名字中的“克”字，取名吴克，作为对罗克绳同志的永久怀念。

秦永祥同志在 1944 年秋天，也就是抗日战争胜利的前夜，为了改进炮弹信管的性能，在解剖缴获的日本炮弹引信时，发生了剧烈的爆炸，壮烈殉国。从此，吴运铎一直把秦永祥同志作为自己学习的榜样，时常用他说的话来对照检查自己的一言一行。

面对逝去的同志和战友，吴运铎扼腕叹息，他常常对同志们说：“我只是一个普通的革命战士，是千千万万个为革命胜利流血牺牲的军工战

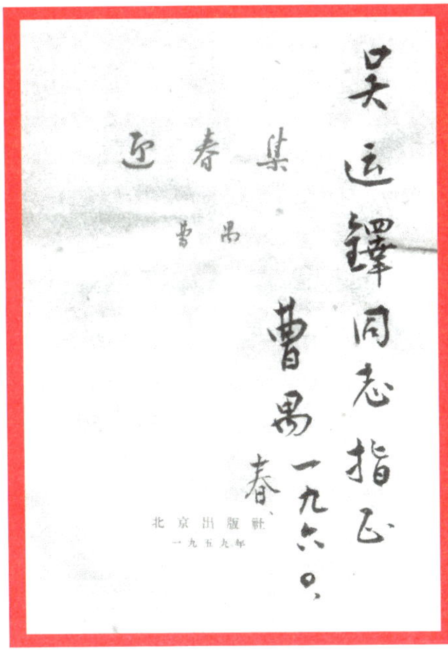

剧作家曹禺赠给吴运铎的《迎春集》一书的题字与签名

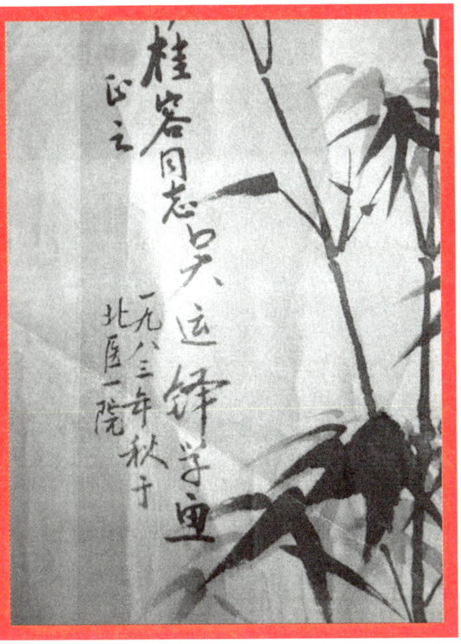

1983 年秋，吴运铎在北医一院为老战友桂蓉作画并题词

士中的一员，我所做的一切，完全是党培养和同志们不断帮助的结果，真正的功臣是那些英勇捐躯的人。想想那些死去的战友，我们不过是革命的幸存者，是享受那些先烈光荣的人。”

吴运铎对当年的老战友、老部下总是念念不忘，在日常生活中给他们以热诚的关心和帮助。据吴运铎的忘年交王星照回忆说，1984 年他在河北国防工办 376 厂工作时，无意中听到该厂离休干部朱遵三说起他是吴运铎的老战友，曾任新四军皖南军部修械所的所长，新中国成立后离开部队，到华北兵工局任职。在反贪污运动中受到不公正的对待，因为找不到熟悉他的老战友为他做证，被打成了“贪污犯”，受到行政降两级处分。后来，王星照在给吴运铎的信中，顺便提及此事。

吴运铎收到来信后，十分惊喜和惋惜，立即给王星照回信说：“来信谈及朱遵三同志，他原是新四军皖南军部修械所的所长，我们很久没有联系了，主要是不知他在何处。今得知他的情况，欣甚。我将马上写信与他联系。”很快，吴运铎以无比兴奋的心情，给朱遵三写了一封长信。

过了一段时间，朱遵三激动地对王星照说：“感谢你帮了我的大忙。

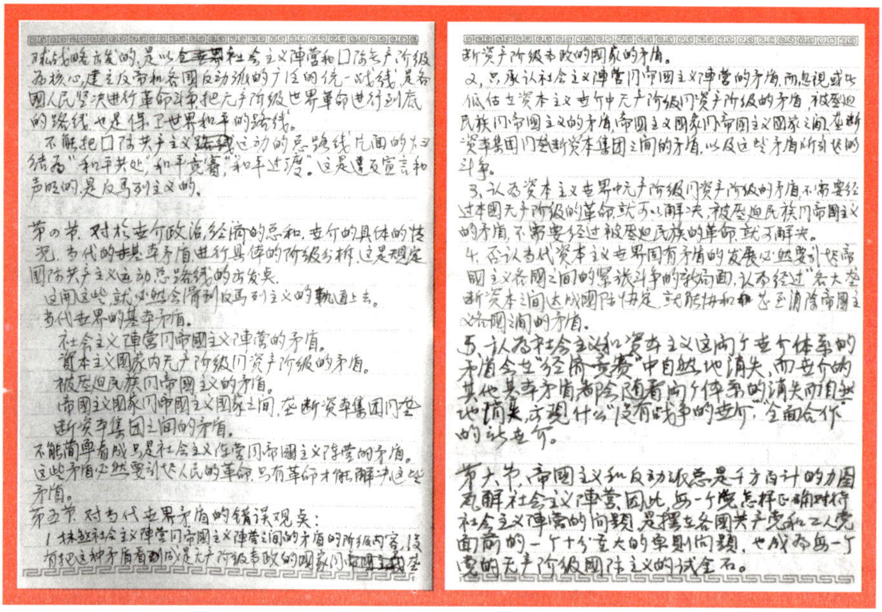

[illegible]战略方针的，是以社会主义阵营和国际无产阶级为核心，建立反帝和各国反动派的广泛的统一战线，是各国人民坚决进行革命斗争，把无产阶级世界革命进行到底的路线，也是保卫世界和平的路线。

不能把国际共产主义运动的总路线片面的归结为“和平共处”“和平竞赛”“和平过渡”。这是违反宣言和声明的，是反马列主义的。

第四节 对于世界政治、经济的总和，世界的具体的情况，当代的基本矛盾，进行具体的阶级分析，这是规定国际共产主义运动总路线的出发点。

违用这些，就必然会滑到反马列主义的轨道上去。

当代世界的基本矛盾。

社会主义阵营同帝国主义阵营的矛盾。

资本主义国家内无产阶级同资产阶级的矛盾。

被压迫民族同帝国主义的矛盾。

帝国主义国家同帝国主义国家之间，垄断资本集团同垄断资本集团之间的矛盾。

不能简单看成只是社会主义阵营同帝国主义阵营的矛盾。这些矛盾必然要引起人民的革命，只有革命才能解决这些矛盾。

第五节 对当代世界矛盾的错误观点：

1 抹煞社会主义阵营同帝国主义阵营之间的矛盾的阶级内容，没有把这种矛盾看成是无产阶级专政的国家同垄断资产阶级专政的国家的矛盾。

2、只承认社会主义阵营同帝国主义阵营的矛盾，而忽视或者低估在资本主义世界中无产阶级同资产阶级的矛盾，被压迫民族同帝国主义的矛盾，帝国主义国家同帝国主义国家之间，垄断资本集团同垄断资本集团之间的矛盾，以及这些矛盾所引起的斗争。

3、认为资本主义世界中无产阶级同资产阶级的矛盾，不需要经过本国无产阶级的革命，就可以解决，被压迫民族同帝国主义的矛盾，不需要经过被压迫民族的革命，就可解决。

4、否认当代资本主义世界固有矛盾的发展必然要引起帝国主义各国之间的紧张斗争的新局面，认为经过“各大垄断资本之间达成国际协定，就能协和甚至消除帝国主义各国之间的矛盾。

5、认为社会主义和资本主义这两个世界体系的矛盾会在“经济竞赛”中自然地消失，而世界的其他基本矛盾都会随着两个体系的消失而自然地消失，出现什么“没有战争的世界”“全面合作的新世界”。

第六节、帝国主义和反动派总是千方百计的力图瓦解社会主义阵营，因此，每一个党怎样正确对待社会主义阵营的问题，是摆在各国共产党和工人党面前的一个十分重大的原则问题，也成为每一个党的无产阶级国际主义的试金石。

吴运铎的学习笔记

我到北京见到了吴运铎，他帮助我立即到中组部反映情况。没多久我的处分就被撤销，恢复了级别。”

王星照还说，后来我和吴运铎叔叔谈起这件事，表示给他增添麻烦了。他不仅没有丝毫怨言，反而说谢谢我帮他找到了老战友。他说，有些人就是靠整人吃饭，我们看到不公平的事，能帮就帮，无非是多跑几趟路。

吴运铎对老军工、老战友情深义重，对他们的子女关怀备至。宋景湖的父亲在皖南新四军军部修械所当司务长时，吴运铎刚刚投身革命，在修械所当钳工。后来，在吴运铎担任新四军苏北盐城军部第三厂（子弹厂）工务主任时，宋景湖的母亲是该厂的工人，他是吴运铎的勤务员。可以说，宋景湖和他的父母都是吴运铎的同志、战友和朋友。

新中国成立后，吴运铎走上了领导岗位，但他始终没有忘记艰苦年代的老军工、老战友、老朋友，与他们始终保持着联系。宋景湖的父母年事已高，吴运铎十分关心他们的身体和生活起居，经常写信给宋景湖，对他父母嘘寒问暖，与宋景湖聊生活、聊工作、聊人生，交流思想。并在信中勉励宋景湖及其弟弟不要忘记过去，以身作则，刻苦学习，努力工作。

三十八、对二〇二所的关怀和期望

1958 年，吴运铎担任第一机械工业部第一研究所（今二〇二所）首任所长，他亲自领导和主持了无后坐力炮、高射炮、迫击炮、轻武器、履带装甲输送车和导弹地面设备的研究以及一系列基础建设，为二〇二所发展成为现代化大型研究所作出了不可磨灭的贡献。吴运铎调离二〇二所和离休以后，他仍然对该所的发展倾注了大量的心血，寄予了殷切的期望。

1977 年建成的二〇二所科研大楼，图为装修后的大楼外貌

20世纪80年代，吴运铎给兵工系统职工作报告

在“文革”初期，一所职工对上级决定将所址由北京迁至包头的做法表示强烈不满。一批又一批职工到北京上访，甚至有人强行将车间里的机床等设备运回北京车道沟。面对这一状况，机械科学研究院决定出面做一所职工的思想工作。经机械院领导集体研究，这个重担历史性地落在了吴运铎的肩上。

吴运铎带着组织的重托和对一所的深厚感情，风尘仆仆地从北京赶到包头。职工们听说老所长来了，大家蜂拥到大会议室，一下子把老所长围在了中间，争先恐后地和他握手致意。吴运铎微笑着说：“见到大家我非常高兴，因为我又回到咱们一所啦！”听着老所长亲切而熟悉的声音，大家好像把不愉快的事情都忘在了脑后。吴运铎话题一转，接着说：“你们想回北京的心情我完全理解，但是，既然已经迁来了，就要面对现实，

二〇二所新建的科研、生活区

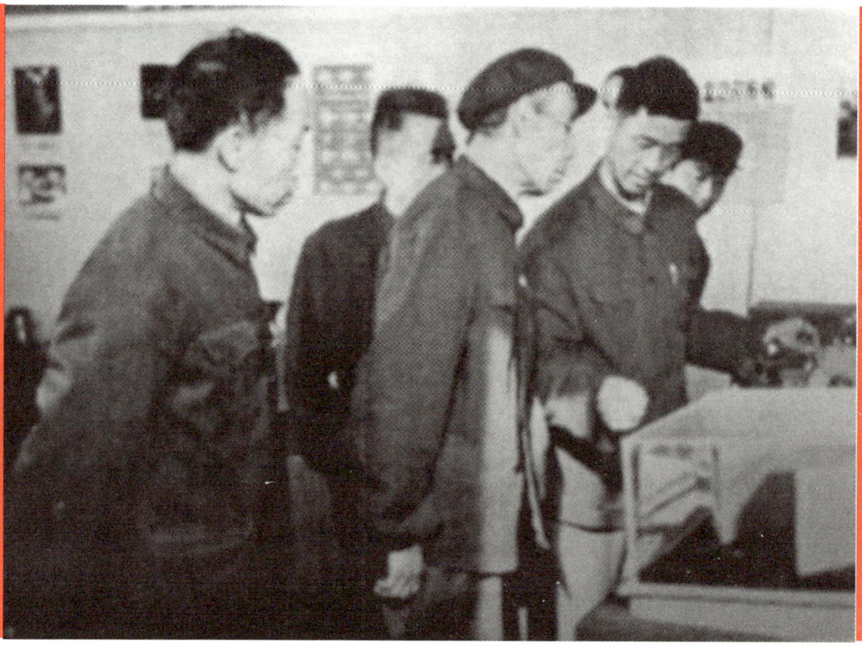

20 世纪 80 年代，吴运铎到二四八厂参观（一）

20 世纪 80 年代，吴运铎到二四八厂参观（二）

安心工作，早日完成抗美援越前线急需武器装备的研制任务。至于大家提出的所址问题，我一定将你们的愿望向上级陈述，尽快给大家一个满意的答复。”

20 世纪 80 年代，吴运铎（左三）在全国劳模大会上和劳动模范亲切交谈

在老所长吴运铎的亲切关怀和协调下，经过有关部委与地方协商，问题很快得到了解决，并于 1969 年底完成了一所所址从包头迁往咸阳的全部工作。在这期间，为了落实所址的选择与搬迁，使二〇二所早日走上稳定发展的道路，老所长吴运铎不知为此倾注了多少心

20 世纪 80 年代，吴运铎（左二）在全国劳模大会上和劳动模范合影

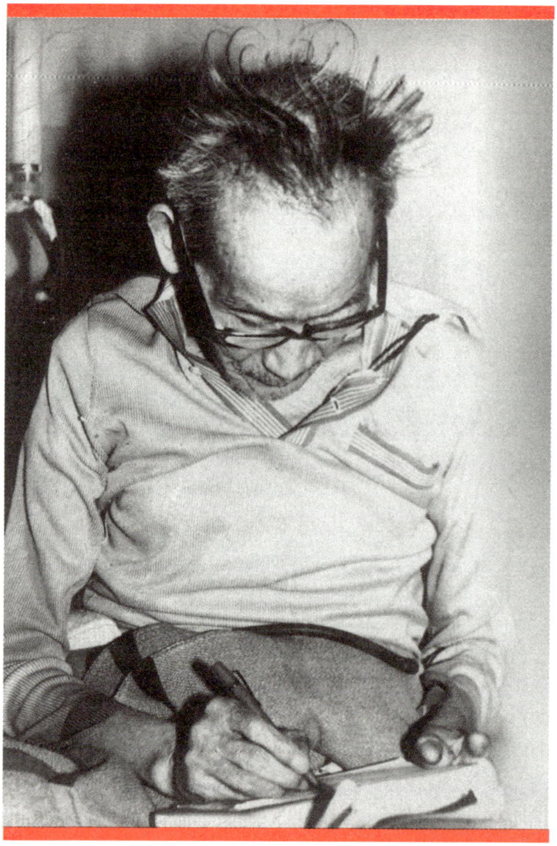

血和汗水！

吴运铎最后一次回到所里，大概是离休前的 1981 年。由于他是个从不愿给别人增添麻烦的人，出发前他没有通知任何人，在机械科学研究院丁助理员的陪同下，到西安下了火车，乘公共汽车直接来到咸阳。到达二〇二所之后，他没有惊动更多的人，只与所领导进行了简短的交谈，看望了在所的部分老同志，连饭都没有吃便匆匆地离开了。

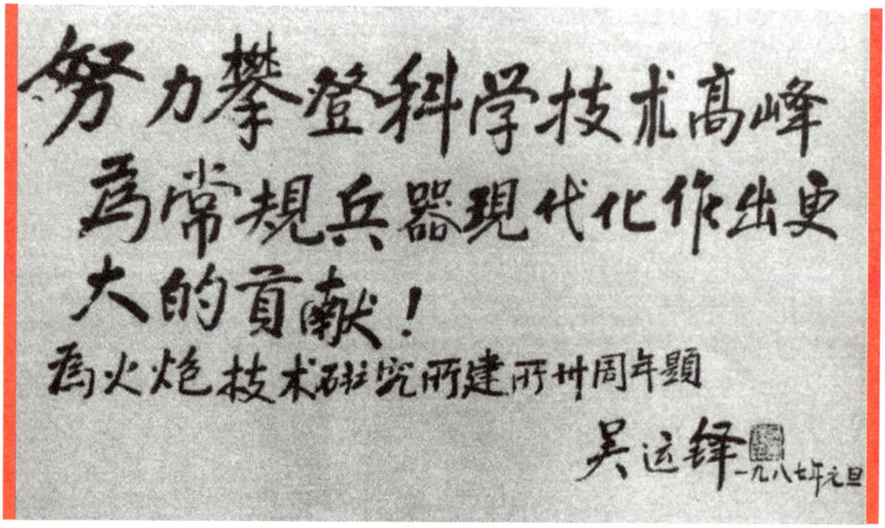

1987 年，吴运铎在病床上为二〇二所建所 30 周年题词

那天，科研处王吉文外出归来，在所门口巧遇老所长，他请老领导再到办公室坐坐，吴运铎亲切地说：“所领导我见过了，也看了几位老同志。所里的状况还不错，我过来看看心里就踏实了。”吴运铎说着，又深情地望了望办公大楼，然后说了声“再见”，便恋恋不舍地离开了他亲自创立的研究所。

望着老所长清癯的背影，王吉文心里一阵阵酸楚，不知不觉地泪水模糊了双眼。直至今日，每当提及此事，他仍然眼圈一红，动情地说：“想起当时的情景，真让人心酸、难过！”是啊，一个为革命九死一生、浑身伤残、年逾花甲的老英雄、老所长，千里迢迢地前来看望他的老部下和他牵挂的研究所，理应受到热烈欢迎、热情接待，但却没有车辆迎送，没有领导陪同，连一顿家常饭都没有吃便悄然离去，从此再也没有机会回来看看。

1986 年 12 月 2 日，所里派副书记周天匡等一行四人到北京探望病中的老所长。在北京医科大学附属医院的病房里，大家围坐在老所长的病榻前，问长问短。当老所长问到所里的情况时，周副书记说：“明年是咱们所建所三十周年，希望老领导为所庆题个词。”吴运铎深情地说：“三十年了，多快啊，真是弹指一挥间。”说着就转过身子，从枕头边取出一本发黄的线装古书，拿出夹在里面的一叠单位、集体或个人邀他题词的纸条，幽默而又风趣地说：“这是大家交给我的任务，等身体稍能支撑，我就一起完成。”说着，他指了指桌子上的文房四宝又接着说：“你们看，都是现成的。”这时，周副书记在纸上写了一段话，供老所长参考。

后来，听吴运铎家人说，在周副书记等同志离开后不久，吴运铎便字斟句酌地推敲、修改题词的内容，直到他满意为止。为了尽快把题词写好，吴老叫护理他的外甥做了一块报纸大小的木板横在胸前，铺上宣纸，拔掉氧气管，后背垫着枕头半仰坐在病床上艰难地写着，每写两三个字就要吸几口氧气，再躺下歇一会儿，然后起身继续写。就这样反复多次，吴运铎以顽强的毅力，终于完成了“努力攀登科学技术高峰，为常规兵器现代化作出更大的贡献”的题词。这幅饱含老所长吴运铎心血的题词，是他一生最大的心愿和追求的目标，也是他对二〇二所人和所有兵工人的殷切期望。

1989年底，二〇二所再次派人到北京工人第二疗养院看望吴运铎。当老所长得知所里正在编纂所史，请他审订所史序言时，他欣然答应。

吴运铎坐在病床上，戴上老花镜，认真审阅序言原稿，仔细推敲序言的内容和措辞，并郑重地补写道：“二〇二所所史出版了，这是火炮

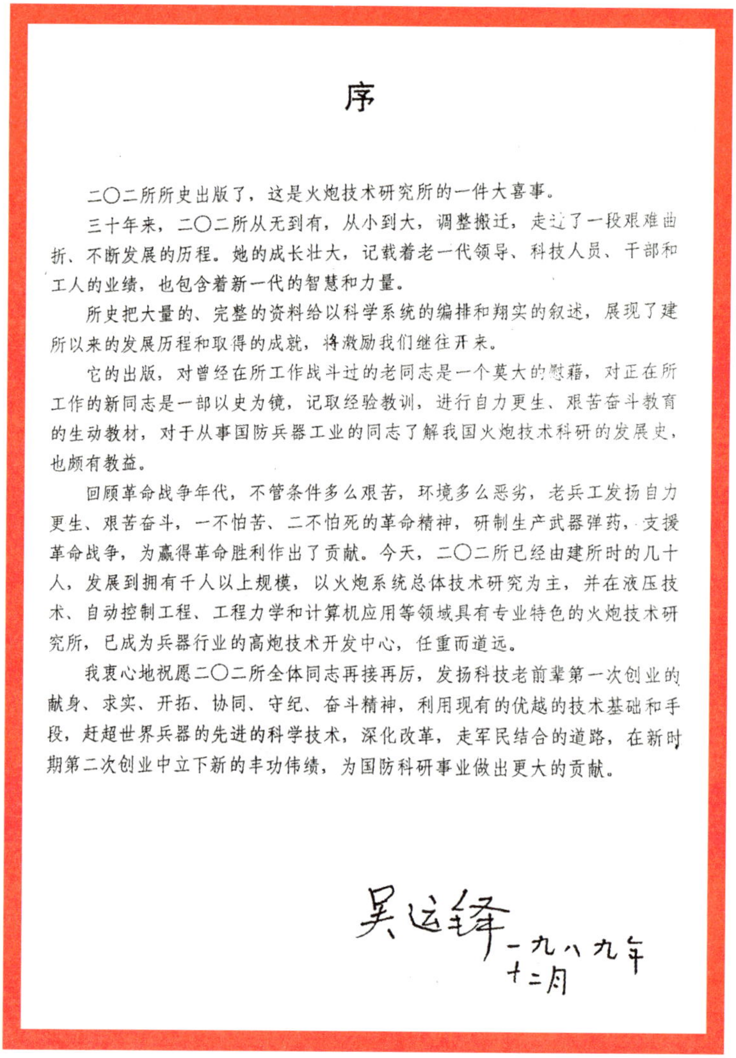

序

二〇二所所史出版了，这是火炮技术研究所的一件大喜事。

三十年来，二〇二所从无到有，从小到大，调整搬迁，走过了一段艰难曲折、不断发展的历程。她的成长壮大，记载着老一代领导、科技人员、干部和工人的业绩，也包含着新一代的智慧和力量。

所史把大量的、完整的资料给以科学系统的编排和翔实的叙述，展现了建所以来的发展历程和取得的成就，将激励我们继往开来。

它的出版，对曾经在所工作战斗过的老同志是一个莫大的慰藉，对正在所工作的新同志是一部以史为镜，记取经验教训，进行自力更生、艰苦奋斗教育的生动教材，对于从事国防兵器工业的同志了解我国火炮技术科研的发展史，也颇有教益。

回顾革命战争年代，不管条件多么艰苦，环境多么恶劣，老兵工发扬自力更生、艰苦奋斗，一不怕苦、二不怕死的革命精神，研制生产武器弹药，支援革命战争，为赢得革命胜利作出了贡献。今天，二〇二所已经由建所时的几十人，发展到拥有千人以上规模，以火炮系统总体技术研究为主，并在液压技术、自动控制工程、工程力学和计算机应用等领域具有专业特色的火炮技术研究所，已成为兵器行业的高炮技术开发中心，任重而道远。

我衷心地祝愿二〇二所全体同志再接再厉，发扬科技老前辈第一次创业的献身、求实、开拓、协同、守纪、奋斗精神，利用现有的优越的技术基础和手段，赶超世界兵器的先进的科学技术，深化改革，走军民结合的道路，在新时期第二次创业中立下新的丰功伟绩，为国防科研事业做出更大的贡献。

吴运铎 一九八九年十二月

1989年12月，吴运铎在北京西郊北京第二工人疗养院住院时，为《第二〇二研究所所史》作序

技术研究所的一件大喜事。三十年来，二〇二所从无到有，从小到大，历经调整搬迁，走过了一段艰难曲折、不断发展的历程。她的成长壮大，记载着老一代领导者、广大科研人员、干部和工人的业绩，也包含着新一代员工的智慧和力量。它的出版，对曾经在所工作战斗过的老同志是一个莫大的慰藉，对正在所工作的新同志是一部以史为镜，汲取经验教训，进行自力更生、艰苦奋斗教育的生动教材，对于从事国防兵器工业的同志了解我国火炮技术科研的发展史，也颇有教益。”

他回顾了革命战争年代的艰苦历程，接着写道：“不管条件多么艰苦，环境多么恶劣，老兵工发扬自力更生、艰苦奋斗、一不怕苦、二不怕死的革命精神，研制生产武器弹药，支援革命战争，为赢得革命胜利作出了贡献。今天，二〇二所已经由建所时的几十人发展到拥有千人以上的规模，以火炮系统总体技术研究为主，并在液压技术、自动控制工程、工程力学和计算机应用等领域具有专业特色的火炮技术研究所，已成为兵器行业的第二技术开发中心，任重而道远。”

吴运铎在序言中对二〇二所全体员工充满了期待和厚望。他在结束语中写道：“我衷心地祝愿二〇二所全体同志再接再厉，发扬科技老前辈第一次创业的献身、求实、开拓、协同、守纪、奋斗精神，利用现有的优越技术基础和手段，赶超世界兵器先进的科学技术，深化改革，走军民结合的道路，在新时期第二次创业中立下新的丰功伟绩，为国防科研事业做出更大贡献。”

最后，吴运铎又斟字酌句，仔细检查，并郑重地签上了他的名字。

三十九、晚年生活

晚年的吴运铎，虽然伤病越来越严重，身体越来越差，但他依然精神抖擞，忘我地奔波于社会，致力于青少年教育和残疾人事业。稍有闲暇，他便潜心读书，撰写文章，钻研书法和绘画。从 1984 年起，他的卧室里又多了一个条幅，上面写着“老骥甘伏枥，躯残英气飒。潜心磨铁砚，笔冢生新花”。

吴运铎在读书

吴运铎酷爱读书，在他的床头堆着《枪械手册》《兵工大观》《兵工史料》《残疾人工作通讯》《中国现代美术家名鉴》等业务书籍和文学、古典书籍。吴运铎喜欢摘抄书中的精彩内容，他摘抄的格言、警句就有好几本子。其中有南宋著名教育家、诗人朱熹的格言“读书有三到，谓心到、眼到、口到。心不在此，则眼看不仔细，心眼既不专一，却只漫漫诵读，决不能记，记不久也。三到之中，心到最急。心既到矣，眼口岂不到乎？”在他的日记中，还记载有当代著名历史学家吴晗的“学习要三多：多读、多抄、多学”等格言。

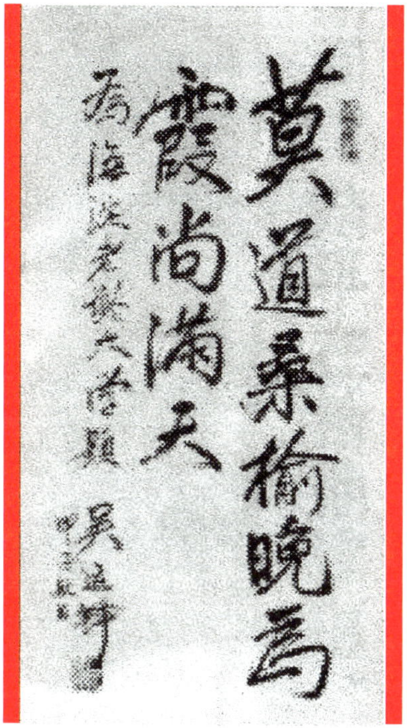

1982 年，吴运铎为海淀区老龄大学题词

在他的小本子里，还记录着大量的警句。其中有“事业是生命的盐，如果一生在事业上无所作为，人生将淡而无味。人生的乐趣在于创造……”“对搞科研的人来说，勤奋就是成功之母！”“人的活动如果没有理想的鼓舞，就会变得空虚而渺小。”特别是在摘抄巴尔扎克的“挫折就像一块石头，对于弱者来说是绊脚石，让你却步不前；而对于强者来说却是垫脚石，使你站得更高”的名言之后，吴运铎还抒发了自己的感受：“革命不是一帆风顺的，逆境、曲折、坎坷，是对每一个革命者严峻的考验。”

吴运铎还在日记本里像小学生那样，工工整整地抄下不少生字和生词，有些用汉字做了注音，有些用汉语拼音做了注音。有的同志不相信吴运铎这个年逾花甲的军工专家，读书看报竟然从 ABC 学起，记下那么多生字、生词。吴运铎则乐呵呵地说：“学如逆水行舟，不进则退嘛！有些字、词长时间不用，易于忘掉。年龄大了，记忆力差，做些记录和标注，可以帮助自己巩固学过的知识，同时又能积累新的知识。字、词是读书和写文章随时要用的，就像建设高楼大厦所需要的砖、瓦、钢筋、水泥一样，没有这些最基本的材料，是盖不起来的。同样道理，掌握不好字、词、句子的性质、用法和规律，就无法全面理解书的内涵，更不用说写好文章了。”

1980 年 5 月，《解放军报》编辑部的同志约吴运铎就“把一切献给党”

20 世纪 80 年代初，吴运铎（左）为战斗英雄董存瑞的战友、沈阳军区炮兵某师原副政委郅顺义题写条幅：“峰高无坦途，攀登莫畏难”

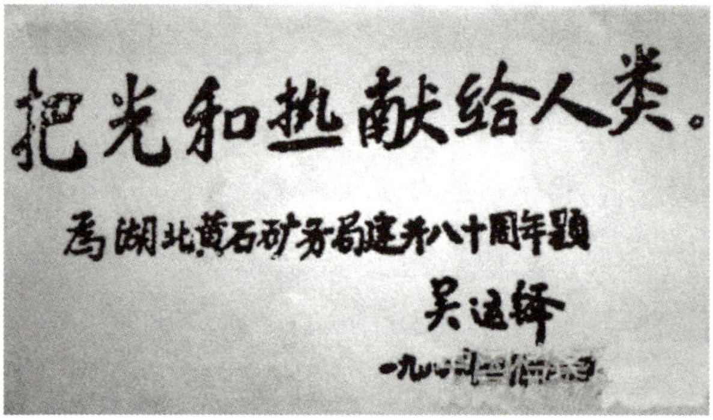

1988 年 4 月 28 日，吴运铎为湖北黄石矿务局建井八十周年题词

这个题目，谈谈体会。尽管 20 世纪 80 年代与50年代有所不同，但他把一切献给党，为实现人类最壮丽的共产主义理想始终没有改变。于是，他撰文《愿做共产主义的铺路泥》，文章中写道：“要把一切献给共产主义，这是作为一个共产党人应该有的美德和情操。在这方面，我做得还很不够，距离党的要求还很远。”

在这篇文章的结尾，吴运铎写道：“我现在头发已经斑白了，过了花甲之年。人虽然老了，但把一切献给党仍是我的努力方向。献给党，不能只献一阵子，而要献一辈子。有了成绩之后也不能停顿，什么时候停顿下来不求进步，不作贡献，什么时候就不是合格的共产党员了。情况是可以变化的，工作重点是可以变化的，但把一切献给党这一条不能变。”

1982 年 2 月，吴运铎向组织递交了离休申请。同年 6 月 18 日，中组部批复：“中央同意吴运铎同志离休。”

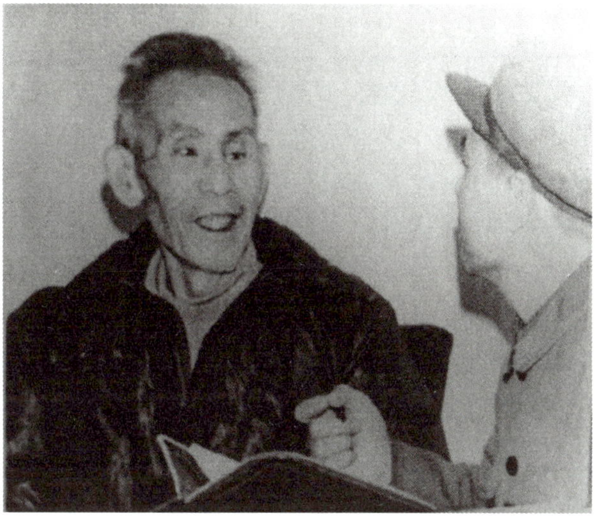

20 世纪 80 年代，吴运铎接受《解放军报》记者采访

全国拥军模范、江苏省邳县老人庄印芳专程看望病中的吴运铎

吴运铎离休的消息不胫而走，几乎每天都有电话信件表示慰问他。拜访他的人络绎不绝，报刊和出版社的编辑、记者经常去采访他，许多团体和单位邀他撰稿、著书。成都少儿出版社两名编辑特约他为孩子们写一本 5 万字左右的小说；安源煤矿大罢工 60 周年纪念日，团市委请他回忆和撰写在安源儿童时代的生活丛书；煤炭部邀请他去写《矿史》；搞兵工的同志请他写《兵工史》；空军司令部、总后勤部、军事科学院邀他去作《近代武器发展》的报告；还有许多工厂、学校、部队等团体邀请他去讲述他是怎样从一个煤矿工人成长为我国著名兵器专家的……

为了照顾吴运铎的生活，老伴陆平提前离休了。她原以为吴运铎忙了大半辈子，晚年生活会过得宁静一些。但她哪里想到，吴运铎离而不休，拖着病残的身体，一年四季不停地到全国各地开会、作报告、搞公益事业。毕竟年纪大了，陆平天天为他揪着心。有一次，吴运铎应邀去哈尔滨作报告，一下飞机就犯病了，而且病情十分严重，当即被送进了医院。

吴运铎所在机关的领导立即前往医院，并委婉地向陆平通报了吴运铎病危的消息。后来，吴运铎虽被抢救过来，但身体明显地不如从前了。陆平多次劝告他："老吴，你说是离休了，实际上我看比在职还忙，只要有任务就不顾死活了，这可不行，年龄不饶人啊！"但吴运铎并未把老伴的劝告完全记在心里，因为他想的还是那句话："一个革命者应该时刻想到战斗和胜利，而不是畏惧和死亡。"

这次病愈后，吴运铎参加的社会活动不是减少了，而是越来越多。《北京日报》开展人生观笔谈，他应约撰写了《为人民创业》一文；《工人日报》开展人生目的大讨论，他撰写了题为《心底无私天地宽》的文章；《山西青年》约他撰写一篇《一个老共产党员的希望》，安徽人民出版

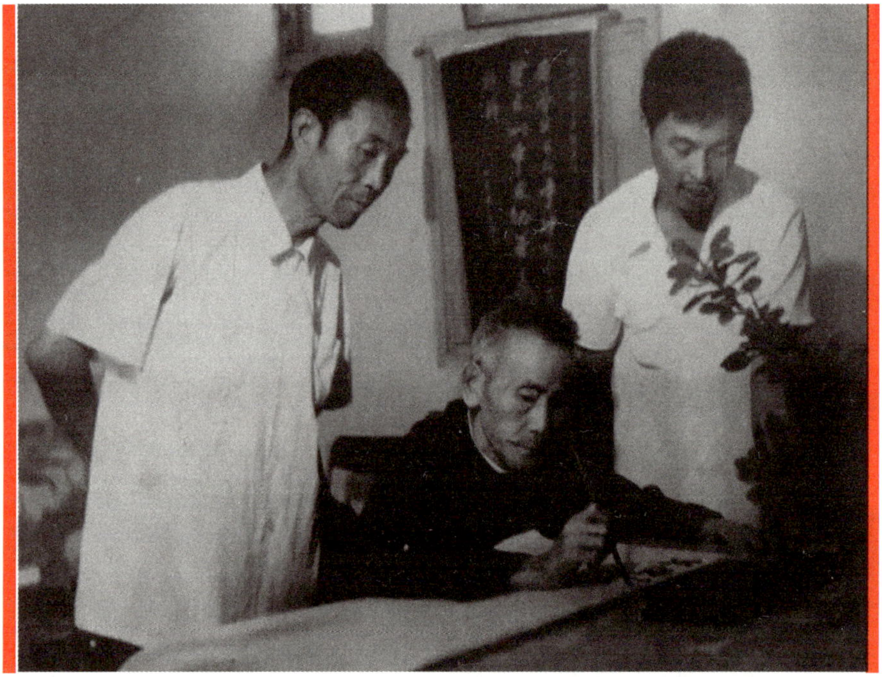

20 世纪 50 年代初，黑龙江省佳木斯联合收割机厂成立了"吴运铎青年铆焊组"，1956 年被国家第八机械工业部命名为"吴运铎第一青年组"。图为第一任组长石福义（右）和时任组长李瑞发（左）请吴运铎题词

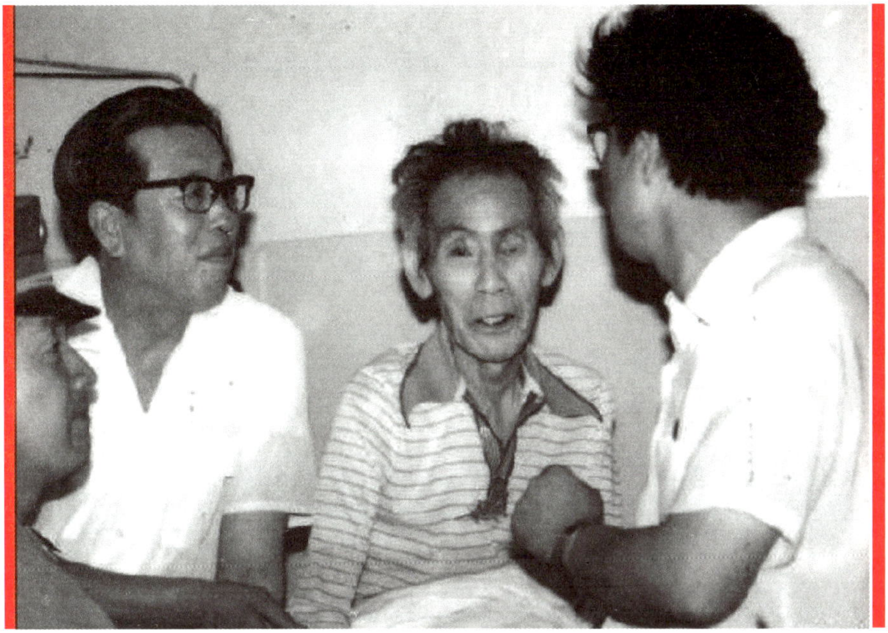

1989 年，吴运铎（右二）在医院病床上与前来拜访他的曲啸（左二）、李燕杰（右一）、刘吉（左一）等同志交谈

社编辑《劳动模范谈劳动》一书，吴运铎又为该书撰写了《为社会主义现代化忘我地劳动》的文章，他还著有《和青少年谈道德修养》《人生絮语》等著作，满腔热忱地为广大青少年和读者提供了健康向上的精神食粮。

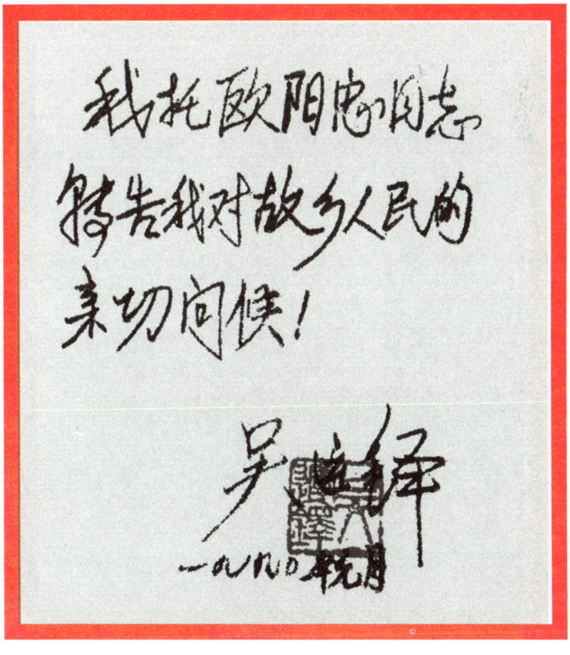

吴运铎对故乡人民的问候

进入 20 世纪 80 年代后期，吴运铎的身体日渐衰弱，伤病缠身，在多家医院住过院。

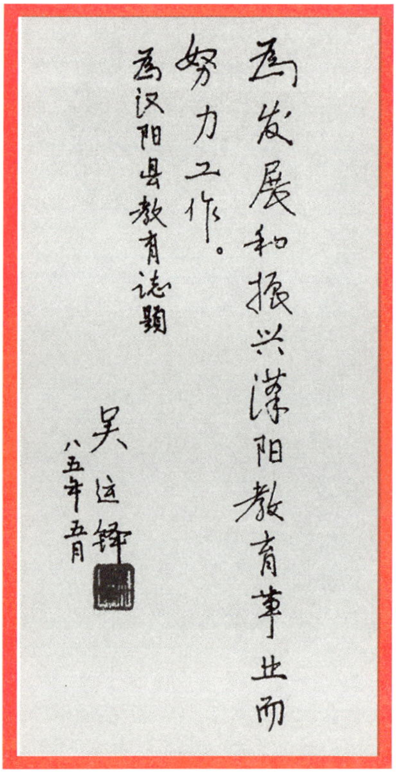

1985 年 5 月，吴运铎为《汉阳县教育志》题词

1986 年 7 月的一天，陆平送走探望吴运铎的客人，一不小心，被病房里氧气瓶的管子绊倒，造成股骨头粉碎性骨折。手术后，陆平自身行动不便，无法去照顾吴运铎，无奈之中请了一个小保姆，支付保姆的工资就占去了他月收入的一半。有的同志对吴运铎说，让组织上帮助安排一个服务员，他坚定地说：“千万不能那么做，我是不会向组织张这个口的。因为我已经不能为革命做什么工作了，尽量不为自己的事给组织上添麻烦。这算是我唯一的贡献了。”

吴运铎为人低调，生活简朴，一身平民百姓着装打扮，以至于常发生

吴运铎晚上在台灯下写作

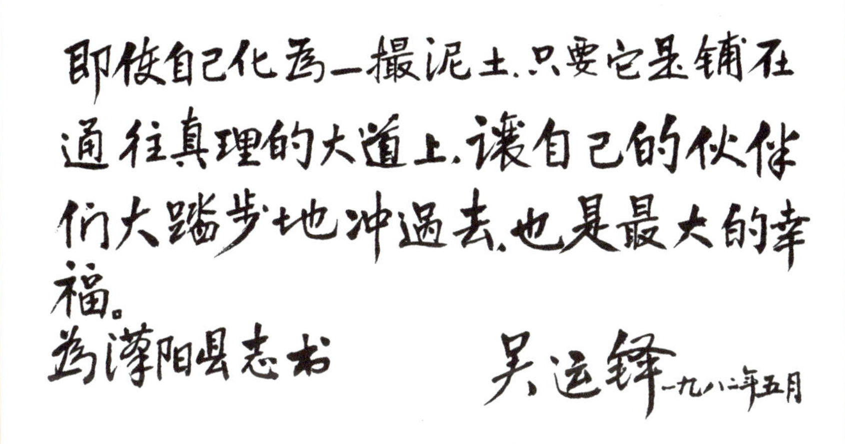
即使自己化为一撮泥土，只要它是铺在通往真理的大道上，让自己的伙伴们大踏步地冲过去，也是最大的幸福。
为汉阳县志书
吴运铎 一九八二年五月

吴运铎为《汉阳县志》题词

吴运铎正在为少年小朋友题词

北京市城建团委干部到医院看望吴运铎

吴运铎在医院病房接见小客人

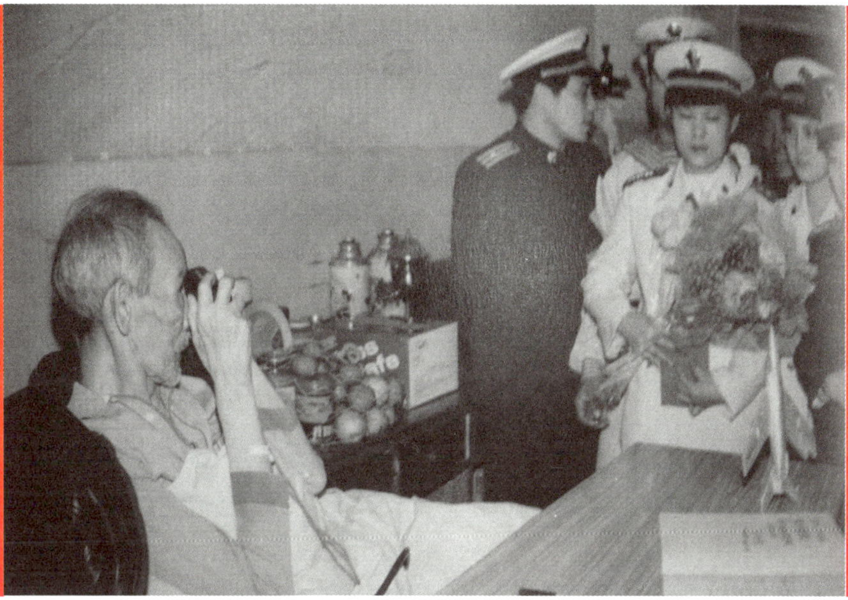

吴运铎爱好摄影，在医院病床上为前来拜访的解放军战士拍照

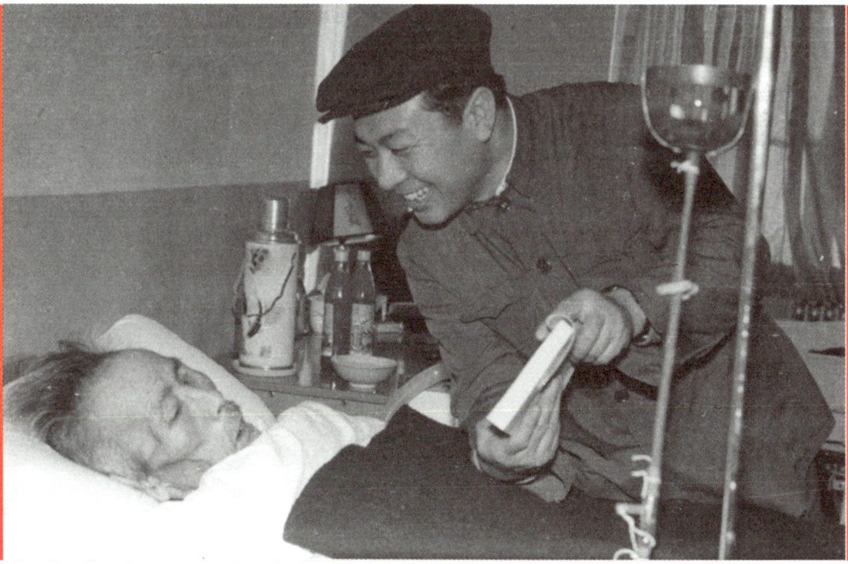

20 世纪 80 年代，吴运铎住院治疗期间，与《工人日报》记者赵长安谈《劳模传》一书有关内容

20 世纪 80 年代，吴运铎住院时在病床上学习

让人意想不到的误会。有一次，吴运铎去北京人民医院看病，大夫拿着他的病历，莫名其妙地微笑着说：“你不仅和吴运铎的名字一样，同名同姓，就连眼睛和手的伤残部位都一样，奇怪了！”对于大夫的话，吴运铎异常淡定，既不否认，也不肯定，只是微微一笑。

吴运铎的身体越来越差，实在挺不住了他才到医院治疗，而且坚持只住普通病房。在小汤山疗养院住院期间，骨瘦如柴的吴运铎，体重只有 74 斤。为了让他早日康复，医护人员和单位领导经过商议，决定让他从普通病房搬进条件比较好的干部病房，吴运铎却一再推辞。他说：“我多年对国家、对人民无所贡献，还住什么干部病房？普通病房就很不错了。”后来，医护人员又多次动员他搬进干部病房，他动情地说：“我已经是离休多年的老病号，70 多岁的人了，不可能再为党、

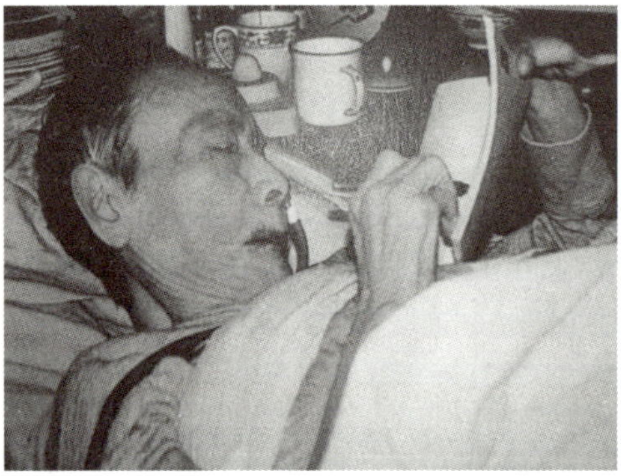

在医院病床上，吴运铎借助放大镜看书

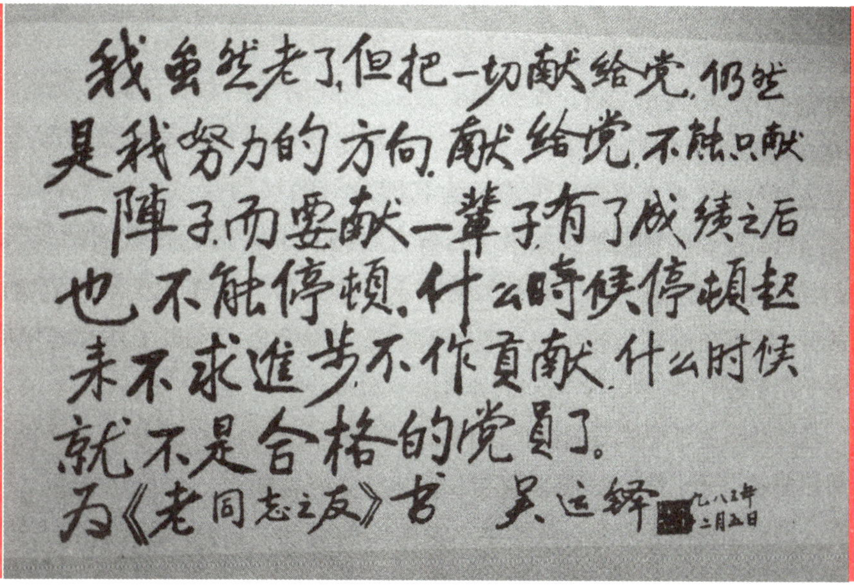

1983 年 2 月 5 日，吴运铎为《老同志之友》题词

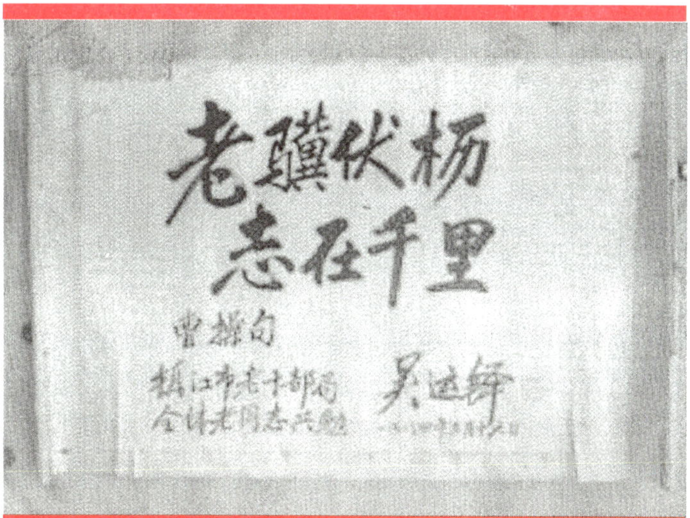

1984 年，吴运铎为镇江市老干部局题词

为人民创造出什么财富，常年在这里住院，已经花掉国家很多钱，再搬进干部病房，那就等于我拿国家的钱在铺张浪费。”此后，领导和医护人员一次又一次地劝说，都被他这样一次又一次地谢绝了。他在这个普

通的病房里，同其他患者一样每天订饭进餐，一样去排队等候大夫治疗，没有要一丝一毫的特殊照顾。他多次说过：“我参加革命，并不是把自己存进银行，打算捞一笔利息，得到特殊待遇。否则把一切献给党，把一生献给祖国就成了一句空话。”

吴运铎是个永远闲不住的人，虽然身体伤残、年老体弱，但只要身体稍能坚持，他便全身心地投入社会工作上，为青少年教育和残疾人事业贡献自己的力量。有的人不理解这位功勋卓著、伤残多病的老专家为什么把自己的晚年生活安排得这么紧张和忙碌，他总是笑着对大家说：“忙就是幸福！”

四十、爱情常青树

吴运铎与陆平在战争年代是志同道合的同事，是生死与共的战友。在革命队伍里，他俩在一起演过戏，在一起上过党课，在一起造过炮弹。尽管他俩的心紧紧连在一起，但谁也未向对方吐露真情。最终，还是王新民部长穿针引线，才使他们有缘走到了一起。四十五年风雨沧桑，爱情的常青树是他俩共同培育、共同呵护而成的。

陆平同志在谈到她与吴运铎走到一起时说，1942 年，她与许多热血青年一样，投入抗日战争的洪流中，在新四军文工团工作。1943 年，在抗战最艰苦的岁月里，她从文工团调到新四军六师军工部化工组，后来又调到新四军二师火药厂当工人。在那里，她与吴运铎相识了。当时，吴运铎才 26 岁，主管技术工作，任军工部工务科科长。陆平同志还说，吴运铎是一个多才多艺

1946 年元旦，吴运铎与陆平结婚

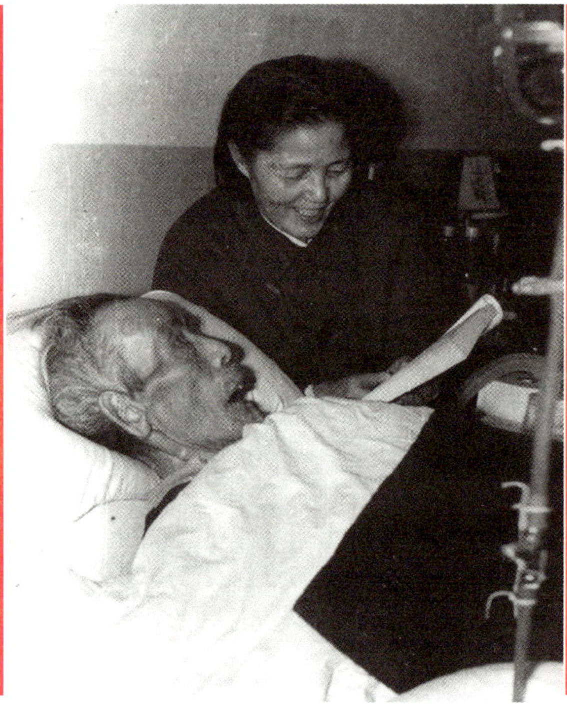

吴运铎住院治疗期间，夫人陆平为其读书

的人，能写会画，会吹口琴，歌唱得也不错。逢年过节，他总是带大家一起去为老百姓演出我们自编自导的节目。他们曾同台演过《兄妹开荒》。在吴运铎编导的话剧《过年》中，她扮演孙女，吴运铎扮演爷爷。在共同的战斗生活中，他们结成了革命伴侣。

吴运铎与陆平结婚后，作为战友、夫人的陆平，对吴运铎无微不至地呵护和体贴。她非常关心吴运铎的身体状况，视他的健康如同自己的生命。在吴运铎负伤后，家里的力气活儿，陆平统统包揽在自己的身上，这样的事，三五个月还不难做到，十年八年也还有个盼头，而陆平在40多年中始终如一，从无怨言。特别是进入中老年后，吴运铎的伤病时常复发，视力很差，走路不便，一旦受凉感冒，哮喘病就格外严重。每次吴运铎出差在外，陆平的心总是忐忑不安，牵肠挂肚，怕他摔倒，怕他犯病，只有吴运铎平安归来她才放心。

在解放战争中，吴运铎在大连联合兵工企业建新公司工程部任副部长，兼引信厂厂长。在他肩负炮弹爆炸试验任务期间，一心扑在工作上，与陆平在一起的时间很少，全部精力都投入了试验中。陆平非常清楚搞炮弹试验的危险性，随时随地都会发生不测。那时，年轻的陆平已经怀有身孕，她是多么需要家的温馨，多么需要丈夫的照顾。然而，在陆平最需要的时候，吴运铎仍日日夜夜地忙于爆炸试验，不仅照顾不了陆平，反而陆平分分秒秒都在牵挂着他的安危。陆平也有思想准备，但她不愿多想，更不愿意跟老吴说，她在心里默默地承受着压力，默默地祈祷他平安无事。一次当得知试验中发生了爆炸事故后，她心中立刻有种不祥之兆，便急匆匆地登车直奔医院。

吴运铎在这次事故中身负重伤，被炸断的右腿治疗效果很不理想。医生说，为了保住性命，要锯掉这条腿，一星期就可以出院。吴运铎忍着剧痛坚强地说，只要能够尽快回到工厂继续试验，什么痛苦他都能忍受，什么困难他都能克服，就是锯掉一条腿也没啥可怕的。可是，陆平坚决反对，她深情地说："你不是你一个人的，你有家，你还要为党工作，眼睛已经炸坏了，再锯掉一条腿，你怎么为党工作？"听到"工作"二字，吴运铎陷入了沉思，最终放弃了原来的想法，答应保守治疗。经过医院的全力救治和陆平的精心护理，刚满 30 岁的吴运铎最终保住了被炸断的右腿。

从 1984 年以后，吴运铎的身体越来越虚弱，三天两头住院，需要有人专门陪伴和护理。虽然子女、儿媳、女婿都争着去陪护老人，但陆平总怕影响孩子们的工作，除了星期天让孩子陪护一天外，经常性的陪护任务基本上都由陆平独自承担。医院频繁发出的病危通知书，使她多次受到

1953 年在北京，吴运铎抱着儿子吴卓、陆平抱着女儿吴克合影

吴运铎与夫人陆平在一起

惊吓，把本来身体结实的陆平搞得心神疲惫，日渐消瘦。

吴运铎多次受伤，经历了九死一生的磨难。之所以能一次次死里逃生，除了党组织和群众的关爱，广大医务人员的精心治疗外，关键的因素是陆平无微不至的呵护体贴与悉心照顾。

特别是在吴运铎从“五七”干校回到北京后，身体一直不好。医生诊断的结果是：除了伤病外，营养不良，急需调理和补养。当时，吴运铎的工资被造反派扣去了一大块，全家的收入有限，孩子们有的在农村插队，有的在生产建设兵团，有的在“五七”干校劳动，都需要家里补贴。面对困难，陆平节衣缩食，尽一切可能保证吴运铎健康的需求。尽管没钱买高档补品，但是陆平也想方设法为他开小灶。为了让吴运铎吃得顺口，吃得多一点，尽可能增加营养，陆平就常到市场上买些吴运铎爱吃的鱼头、扒鸡、春卷等。但在那商品奇缺的年月，大部分商品要凭票供应，而且市场供应无序，偶尔有一些“议价”商品，价格却很高。买这些营养品每月要多支出一笔很大数目的钱，实在难以承受。

但是，陆平一想到吴运铎的身体状况不佳和医生的叮嘱，她宁可自己少吃一点，宁可不添置新衣服，也要为吴运铎多买些营养食品。为了能够买到这些商品，陆平常常要起早乘公共汽车到离家很远的地方，排几个小时的长队。

多年来，只要吴运铎没有去外地出差，陆平年年都要为他庆祝生日，一次也未忘过。每到吴运铎生日那天，陆平都要精心准备，除了买必需的蛋糕，还要炒几个他爱吃的菜，并允许他喝一点酒，让他有个好心情。当陆平看到吴运铎吃得很开心，多吃几口菜，她心里就觉得比什么都高兴，什么辛苦、什么劳累，顿时化为乌有。但是，陆平从不给自己过生日，即使家人要给她庆祝一下，她也借故婉辞："今年免了，明年再说吧！"到了来年，家人重提此事，她还是那句话。就这样年复一年地推掉个人的庆生活动。

吴运铎受伤的左眼，经历了大跃进时期"大炼钢铁"的日夜煎熬，病情不断加重，给他的生活、工作造成了极大的影响。他经常头痛，有时疼得发昏，甚至晕厥。在万般无奈的情况下，吴运铎向医生表示："情愿做摘除眼球手术。"有人知道后，就劝吴运铎，说摘除左眼球会株连右眼，天长日久会导致右眼失明。吴运铎想，既然左眼已经妨碍休息和健康，而且耽误工作，不如尽早做手术摘除。与他朝夕相处的陆平，尽管内心一万个不愿意，但她亲眼看到吴运铎疼痛得死去活来的揪心情景，心疼地听从了他的意见。她打定主意，即使吴运铎两只眼都瞎了，也要伴他一生，她的眼睛就是吴运铎的眼睛，再不能让他受这份罪了。

40 多年来，吴运铎和陆平由同志、战友，发展到相敬如宾、相濡以沫的恩爱夫妻。陆平曾深情地说："是老吴坚强的意志鼓舞了我，我们既是夫妻，更是同志和战友。"吴运铎谈及陆平，他动情地说："她为我牺牲的太多了！""她一切都为了我！""我们结婚几十年，搭帮老陆，我才活到今天！"

四十一、无悔人生——把一切献给党

一代兵工功臣吴运铎，在战争年代里重伤致残，却创造了一个个人间奇迹，为抗日战争和解放战争的胜利立下不朽功勋；在和平年代里呕心沥血，为社会主义建设和社会公益事业作出了卓越贡献。他多么想再为党和人民，为社会公益事业继续奉献力量，但病魔却在一天天吞噬着他的肌体。

矗立在二〇二所科研楼前的吴运铎铜像

1991年，吴运铎病重的消息牵动着人们的心。中共中央办公厅、全国总工会、机械电子工业部、兵器工业总公司、北京市领导以及社会各界人士和青年朋友到医院看望和慰问他。

在全国助残先进集体、先进个人暨模范代表大会召开前夕，中国残联主席到北京第二工人疗养院看望他时表示：为了表彰先进，激励广大残疾人为社会主义物质文明和精神文明建设贡献更大力量，民政部、人事部和残疾人联合会决定，授予吴运铎等

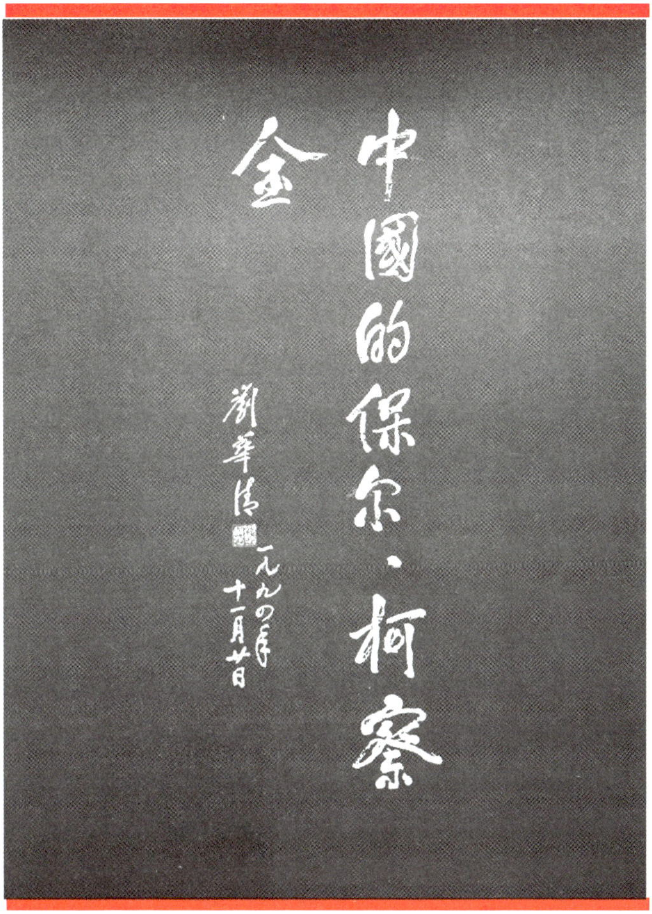

中央军委原副主席刘华清为二〇二所吴运铎铜像落成题字

194 名同志“全国自强模范”荣誉称号，号召广大残疾人学习他们自强不息、无私奉献和自尊、自信、自强、自立的精神，为实现我国社会主义现代化建设宏伟目标建功立业。

1991 年 4 月，吴运铎仍然奋力与死神抗争。就在他人生轨迹到了最后节点的时候，他仍然眷恋着我们的祖国、眷恋着我们的党。他为当初选择了伟大、光荣、正确的中国共产党而感到骄傲和自豪。他庄重地对身边的人说：“假如我能返老还童，假如我有来生来世，我还要选择中国共产党，永远跟党走，把一切献给党！”他认为，作为一名共产党员，

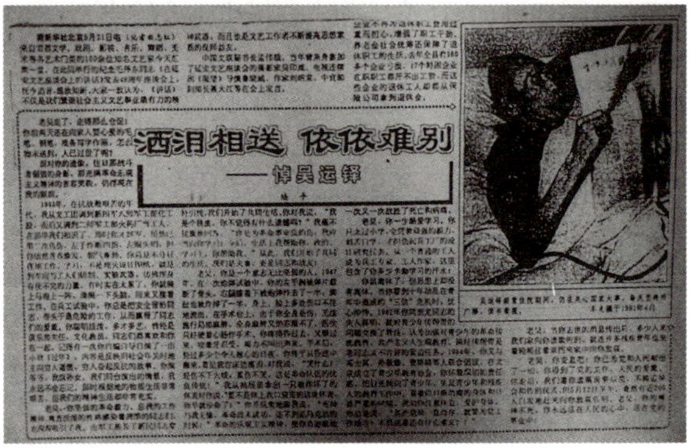

洒泪相送 依依难别

——悼吴运铎

中国的“保尔”吴运铎同志逝世

新华社北京5月18日电 中国共产党优秀党员、中国的“保尔”——吴运铎同志，因病医治无效，于5月2日在北京逝世，享年74岁。

吴运铎同志于1938年参加革命，1939年加入中国共产党。在革命战争年代，他历任新四军司令部修械所修械班长，淮南根据地子弹厂厂长，军工部副部长，大连联合兵工企业建新公司工程部副部长兼引信厂厂长。新中国成立后，他历任株洲兵工厂厂长，中南兵工局第二副局长，五机部科学研究院副院长、顾问等职。他是第一届全国人大代表，全国总工会第八、九、十届执行委员。

吴运铎是我军兵工事业的开拓者，1939年，他和战友们建起我军第一个军械修造车间，成功地制造出第一批新步枪。

吴运铎是一位意志坚强、无私无畏的革命战士，在试制武器过程中，他舍生忘死三次身负重伤，仍然忘我工作。

吴运铎也是新中国第一代工人作家，他1953年撰写出版的自传体小说《把一切献给党》，出版了500多万册，被译为俄、英、日等多种外国文本，在青年人中产生了广泛而深刻的影响。

吴运铎同志忠于党、忠于人民、忠于无产阶级革命事业，无论遇到什么政治风浪，他都始终不渝地坚持共产党人的政治方向和共产主义信仰，从未动摇过对党、对社会主义事业的信念。他为人刚直坦率、光明磊落、廉洁奉公、艰苦朴素，他一贯严格要求自己及其子女，从不谋取个人私利，对党内不正之风嫉恶如仇，始终保持了工人阶级先锋队的本色。

吴运铎同志病重住院期间，中共中央办公厅、中华全国总工会、机电部、兵器工业总公司和北京市领导及社会各界人士和青年朋友前往医院看望。

二〇二所吴运铎纪念馆内的雕像和纪念文章

要为党奉献一辈子，即使不能奉献了，也不能给组织、给他人增添麻烦。因此，他一再向家人重申1983年他立下的遗嘱：“后事一切从简，不开追悼会，不搞遗体告别，不保存骨灰……”

1991年5月2日上午，吴运铎接待了三批来访者，并同他们合影留念。就在这天下午2点零5分，因心肺病复发，抢救无效，一颗传奇式的兵工之星从此陨落，中国工人阶级的优秀代表、中国共产党的优秀党员吴运铎同志实践了把一切献给党的忠诚诺言，无怨无悔地走完了他光辉的一生。

附录

吴运铎年谱

一、苦难岁月（1917.01—1938.08）

1917 年 1 月 17 日　出生于江西省萍乡县安源煤矿，祖籍湖北省汉阳县蔡甸柏林乡李家村吴家岭（今武汉市蔡甸区张湾街）。

1922 年　读私塾两个多月辍学。

1923 年春天　进教会办的萍矿小学读书。参加 5 月 9 日“国耻日”“勿忘国耻”游行。

1925 年　在安源煤矿俱乐部办的东区职工子弟学校上四年级。

1926 年　参加了煤矿的儿童团。

1927 年 4 月　国民党反动派发动反革命政变。地主武装进攻安源。和邻居小赵等给保卫安源的矿工送茶水，撕、涂敌人的反动标语。

1928—1929 年　国民党反动派占领萍乡，煤矿学校停办，失学在家。为了减轻家庭负担，给萍乡矿区私人开采的小煤窑矿主“挑脚”运炭，后又去拣煤渣，帮助父母勉强支撑全家人的半饱生活。

1930 年　矿山倒闭，父亲带着全家人逃回湖北汉阳蔡甸老家，但仍然难以维持生计，无奈又逃难到大冶县。后经父亲的同乡介绍，进了黄石富源煤矿电机车间，当学徒。

1932—1937 年　在湖北黄石富源、富华煤矿电机车间当机电工人。

1937 年 7 月 7 日　卢沟桥事变，抗日战争全面爆发后，投入了抗日宣传活动。

1938 年 1 月　在煤矿上组织建立《新华日报》推销站。在富源煤矿经常组织工人召开“时事座谈会”“读报会”，开展抗日救国宣传活动。

夏　发动全矿机电工人罢工。代表工人与资方谈判，罢工取得胜利。

二、投身革命（1938.09—1949.09）

1938 年 9 月　离开富源煤矿，在安源党组织的介绍下，带领徒弟和吴昆等 4 人投奔新四军。经新四军南昌办事处介绍，到达皖南泾县云岭新四军军部，分配到皖南根据地麻岭坑修械所当修械工。

1939 年春　接到军部命令，和战友们因陋就简，用不到一个月的时间在山沟里建立了第一座兵工厂。之后，担任青年班班长兼机工组组长，并当选为俱乐部主任兼墙报委员。

2 月　周恩来在叶挺军长陪同下视察了吴运铎所在的修械所。

5 月 18 日　吴运铎加入中国共产党。

5 月　为了提高步枪的产量和质量，组建了机加车间，担任车间主任。

1940 年夏　第一次身负重伤。在麻岭坑生产步枪，启动发动机时摇柄滑脱，砸伤左脚的踝骨，伤口化脓感染。部队向江北转移时暂时把他留在当地，由老乡照顾。忍受着疲惫、伤痛和疟疾的折磨，继续追赶部队。

9 月底—10 月初　在地下党组织和群众的帮助下，通过了敌人占领的常州并渡过长江。

10 月 9 日　到达黄桥，与秦永祥等一起参加了庆祝黄桥战役胜利的军民大会。

1941 年 1 月　“皖南事变”后，新四军在江苏盐城成立新的军部，担任军部下设的军工部机关党支部书记。

3—7 月　军工部在盐城冈门镇建立迫击炮弹厂、修枪厂和子弹实验厂。任子弹厂政治指导员兼工会主席。

7 月 18 日　工厂刚开工，日本鬼子就来扫荡，部队被迫向东北海岸大荒地撤退，化整为零，与敌人周旋。

8 月中下旬　胜利完成反扫荡任务后，进入淮南根据地边境。

9 月 20 日　在军部副部长吴师孟带领下，他和百余人到达淮南新四军二师师部驻地黄花塘。

9 月 22 日　新四军二师军工部在盱眙县旧铺乡的翟庄成立，任二师修枪厂子弹股股长。

10 月　奉命带 8 个人到江苏省高邮县闵塔区平安乡（今江苏金湖县金沟区）仙墩庙筹建年产 60 万发的步枪子弹工厂。

11 月 22 日　第二次身负重伤。在修复一批迫击炮弹，拆卸雷管时发生爆炸。左手失去 4 个半手指，左眼炸瞎，左腿膝盖炸开，昏迷 15 天后才醒过来。

1942 年 2 月　二师子弹厂在江苏高邮县闵塔区平安乡仙墩庙正式成立。任代理厂长。在修理迫击炮底座时，飞转的零件将左臂的绷带挂住，伤势加重。

夏　伤口基本愈合，带领大家用土办法制造螺旋冲床等大小设备 30 多台，安装在大殿里，生产子弹的条件已经具备。

7 月　军工部给子弹厂下达了制造迫击炮弹的任务。在缺乏技术和经验的情况下，自力更生，迅速建立了一个炮弹车间，既修理旧炮弹，又制造新炮弹。

10—12 月　在敌后游击战争中，为开展地雷战，上级要求制造多种多样的地雷。带领同志们因陋就简，土法上马，同时生产拉火雷、脚踏雷、定时雷等各种地雷。

1943 年 1 月　上级决定调他去延安马列学院学习。罗炳辉师长挽留住他并交给他新任务。

春　从淮南《抗敌报》记者菡子手中借到《钢铁是怎样炼成的》一书，一连几夜，借着微弱的油灯亮光读完这部小说。

3 月　路东军分区军工科在盱眙费庄成立，任科长。奉罗炳辉师长命令在子弹厂开始研制枪榴弹。

5 月　枪榴弹、枪榴筒研制成功，从此新四军又多了一种新的武器装备。

7 月　二师军工部在费庄重新成立（二师军工部 2 月曾被撤销），路东军工科改为军工部工务科，任科长。

1944 年 4 月 10 日　二师军工部在翟庄建立了第四厂。军工部奉罗炳辉、谭震林之命，决定由他主持研制平射炮。

8 月　在他的带领下，试制出两门 37 毫米口径平射炮和大批炮弹。

秋　太平洋战争爆发后，美国经常派飞机轰炸日本占领区，他奉命前往江苏省的仪征扬州交界处，拆卸 8 颗未爆炸的炸弹。

1945 年底　任师军工部副部长兼工务科长。

1946 年元旦　与陆平结婚。

夏　二师军工部与华中军工部合并。任华中军械处副处长兼华中炮弹厂厂长。

8 月　抗战胜利后，国民党军队大举进攻淮南。他率领军工部和第四厂人员向苏北转移。

冬　在沂蒙山区河滩上一个背靠悬崖的村庄里，继续制造弹药。

1947 年 3 月　和陆平离开鲁南到胶东，经烟台，渡海到大连海滨所休养，治疗还有残留弹片的左眼。一个多月休养治疗仍不见好转，请求出院工作。

7 月　参加大连建新工业公司兵工总厂的建设。任总厂工程部副部长兼引信厂厂长和党委书记。

9 月 23 日　第 3 次负重伤。在试验炮弹的爆炸力和破片数的过程中，因炮弹突然爆炸，被炸出到 20 多米远的海滩上，左胳膊被炸断，右腿膝盖下被弹片削去一半，骨头也断了，脚趾炸去一半。

1948 年 4 月　打报告要求出院未批准，继续休养。在疗养室布置了一间小型炸药实验室，研究高能炸药，两个月后炸药研制成功。

夏　为制造美式炮弹，在疗养院研究设计信管。在挖雷管口上的金属封闭片时雷管爆炸，破片射进左腮帮，流血不止。但他没有畏缩，终于完成了信管设计任务。

秋　回到工厂，兼任总厂新建立的机械、物理、化学实验室主任。仿美 M48 保险型新引信开始试制生产。

冬　主持研制的新引信，经批准与仿美75山炮炮弹正式成批生产，有力地支援了平津战役和淮海战役，并在抗美援朝战争中发挥了巨大作用。

1949年上半年　他在总厂成立的专门学院兼任机械制图讲师，由于伤病复发无法站立，坐着讲了半年课。

三、新的征程（1949.10—1982.01）

1949年12月—1950年5月　去苏联医治眼伤，左眼重见光明。

1950年5月1日　在苏联治疗眼伤期间，参加了五一国际劳动节莫斯科红场观礼。

6月　任湖南株洲兵工厂（次年6月，改为282厂）第一任厂长。

10月　调中南兵工局任副局长。其间，主持并亲自为株洲兵工厂勘察选点布局。

1951年9月30日　应中央人民政府政务院和中华全国总工会邀请，以特邀劳模代表身份，到北京参加国庆观礼。晚上，在中南海怀仁堂，受到毛泽东主席接见。国庆招待会上，周恩来总理对他说："你就是中国的保尔——吴运铎同志！"

1951年10月—1952年　在京、津各机关、学校等作过多次报告，讲述他的成长史和事迹。

1952年4月28日—1953年1月　在北京定阜大街辅仁大学二院俄文专修学校留苏预备班学习。

12月13日　在天津市青年讲座上讲演，讲述了他的经历。《天津日报》《中国青年报》于1953年1月先后分别登载。天津通俗出版社于1953年4月以《终身献给党的事业》为书名出版。

1953年初　在中央美术学院居住时完成了《把一切献给党》的写作。7月，由工人出版社出版。

1953—1955年　在北京北新桥五局自学俄文。

1953年9月1日　在赠给战友、同事、同学的《把一切献给党》一书的扉页上题词："冷静、谦虚会使人更完善。"

1954 年 4 月　当选为武汉市人民代表，第一届全国人民代表大会代表。

1954 年　被吸收为中国作家协会会员，成为新中国第一代工人作家。

1955 年 2 月—1957 年 12 月　任 447 厂副厂长兼总工程师。主持完成了 100 毫米高射炮的研制定型。

1955 年 5 月—1957 年 1 月　率领 447 厂及其他单位 107 名技术人员赴苏联高炮厂学习。

1956 年 12 月 12 日　在苏联学习时，应工厂之邀，参加苏联宪法节 19 周年庆祝活动。

1957 年 5 月　当选第三届共青团中央委员。

12 月 2 日　当选中华全国总工会第八届执行委员会委员。

1958 年 3 月 25 日　被第一机械工业部任命为第一研究所所长。

1958 年 3 月—1961 年 10 月　任第一机械工业部第一研究所（今中国兵器工业第二〇二研究所）首任所长。其间，先后主持了 63 式履带装甲输送车、75 无坐力炮，65 式 82 无坐力炮、无闩无坐力炮，高射炮、迫击炮、轻武器和东风一号、东风二号、红旗一号导弹地面设备的研制。

10 月 14 日　按照常规武器扩大会议精神，所成立了团、营、连无后坐力炮设计组，设计组中成立核心小组，吴运铎主持研制工作。

1958 年底　经他亲自出面和北京工业学院领导商谈，解决了所与该院附属速成中学的划界问题。

1959 年 5 月 9 日　亲自主办了所首届运动会。

5 月 25 日　在"安全生产、确保质量、杜绝浪费"全所职工动员大会上，提出了安全生产文化的理念。

5 月　他决定研制电子计算机，并在四室专门成立研究小组。在新落成的试制工厂中，筹建了冲压车间、精密机加车间、热处理车间与无线电车间等，配合研制计算机。

9 月 28 日　建国十周年前夕，撰文《为了实现共产主义大目标》由《工人日报》登载。筹建了材料研究室，建成塑料实验室，领导研制成功新型材料——玻璃钢。

1960年初　得知国家外贸部门要用40万美元从国外买“三无”弹（无烟、无声、无焰）的专利，他组织科研人员仅用28天就研制成功“三无”弹，为国家节省了外汇。

3月　组织研制出第一台电子管计算机。

初夏　再次去苏联治疗眼疾。

1964年3月　在北京友谊宾馆科学会堂出席中国兵工学会成立大会。

1964年10月—1966年5月　任第五机械工业部机械科学研究院副总工程师。

1966年　“文革”中遭受“四人帮”迫害。

1967年7月5日　参加新85高炮研制工作会议（即750会议），并对使用方与研制方对战技指标的分歧问题进行了协调，达成共识。

8月　已搬至包头的一所职工对机械院决定将一所搬迁到包头有意见，吴运铎代表机械院来到包头，耐心细致地做大家的思想工作，稳定了职工的情绪。

1969年冬　被下放到河北蔚县上公村炮兵五七干校，参加劳动。

1971年3月12日　从干校回到北京。

1975年　骨折在家养伤。

1978年春　“文革”中被罗列的一切莫须有的罪名，得到彻底平反，恢复工作，任五机部第二十研究院、兵器科学研究院副院长、副总工程师和党组成员。

10月　当选中华全国总工会第九届执行委员会委员。

1980年9月　撰写的《和青少年谈道德修养》一书，由上海教育出版社出版。

1981年秋　到陕西咸阳，最后一次回二〇二所看望职工。

四、离休以后（1982.02—1991.05）

1982年2月　申请离休。6月，中央批准离休。离休后短短两个月内，就为中小学校学生作了39场报告。如果把他从1951年以来所作的报告次数加起来，至少有1000场，听众不下几十万人次。

1982年　与关心青少年成长的贺龙夫人薛明同志交换意见，探讨做青少年工作的方法和途径。

1982年10—12月　先后给北京病残青年俱乐部负责人孙恂写了8封信，并捐钱出主意、想办法帮助。11月16日建起了“北京残疾青年图书馆”。同时将辽宁省果树农场青年工人王殿兴赠给他的20元钱转赠给俱乐部。在此期间，还给“北京市残疾人俱乐部”外联负责人吴国兴写了3封信，关心残疾人的就业、生活、家庭等问题。

1983年上半年　与著名法学家费路路、青少年教育家孙敬修、科普作家高士其等人相聚，商讨帮助工读学校，抓好失足青少年的教育工作。

1983年3月3日　到北京万年青宾馆会见“优秀共青团员”张海迪，畅谈人生、理想、工作和生活。

1983年8月　应聘担任大连残疾青年协会名誉理事长。

1983年　与著名青少年教育家孙敬修、著名法学家费路路等到河南省参加青少年工作研讨会，倡议和发起成立了“关心教育下一代协会”。

1983年10月，当选中华全国总工会第十届执行委员会委员。

1983年底　给吉林省长春军医大学八〇队学员回信，谈“理想，就是人们的奋斗目标”，打消了他们“当兽医不光荣”的想法。

1984年　与高士其和孙敬修、费路路等联合倡议，发起成立“北京市关心青少年教育协会”。

3月15日　任中国残疾人福利基金会理事。

4月20日　为北京病残青年办的“筱晓书店”开业题写店名。

5月中旬　去南京参加全国中学生评书发奖大会，会后又到如东县参加全国第一个农村县成立“关心下一代协会”并接受了广播电台的采访。

夏　与高士其、孙敬修、费路路联合倡议和发起成立“北京市关心青少年教育协会”。得知朱遵三的冤假错案情况后，亲自到中组部反映情况，请求为其平反。

1985 年 5 月　五四青年节，带着氧气袋到中国人民公安大学作了两个小时报告。

1985 年　支持帮助北京市朝阳区残疾人办起了福利工厂。

1985 年 5—6 月　一天在过马路时被撞倒造成骨折，住进了 301 医院，其间还改进设计成功骨折康复用的“牵引弓”。

1986 年 2 月 15 日　吴运铎病危，经友谊医院副院长主持抢救脱险。

1987 年元旦　为二〇二所建所三十周年题词：“努力攀登科学技术高峰，为常规兵器现代化作出更大的贡献！”

1988 年 6 月 26 日　与探视他的北京病残青年俱乐部十几位会员和几位艺术界朋友会见时表示，要写《把一切献给党》的续集。

1988 年 6 月下旬　重病中接受了记者采访，表示只要活着一天，就要为党为人民工作一天，并题词。

1989 年 7 月 15 日　中国工人出版社建社 40 周年前夕，编辑刘岚女士前去疗养院进行了采访。他回顾了 40 年前的沧桑岁月，并讲到“何家栋是我走上文学道路的老师”。

1989 年　为中国兵器工业第二〇二所所史（1957—1986）撰写《序》，寄语二〇二所全体员工：“在新时期第二次创业中再立新功，为国防科技事业作出更大贡献。”

1990 年 3 月　会见解放军学雷锋先进人物张子祥、李润虎、朱华同志。

1991 年 5 月 1 日　被国家民政部、人事部、中国残疾人联合会授予“全国自强模范”。

1991 年 5 月 2 日　上午接待了三批来访者，并同他们一起合影留念。下午 14 时零 5 分逝世。

1991 年　对多次动员他搬进干部病房的护士说：“我是已脱离工作岗位多年的老病号，今年已经 74 岁了……如果我为个人安逸、舒适搬到那里去，那我就是拿国家的钱搞浪费。”

吴运铎作品

一、著作

1.《终身献给党的事业》，天津通俗出版社，1953 年 4 月，初版印刷发行 60000 册。

2.《把一切献给党》，工人出版社，1953 年 7 月。据统计到 2011 年，至少已印刷 59 次，累计出版发行超过 560 万册。

3.《把一切献给党》（俄文），苏联莫斯科：青年近卫军出版社，1956 年出版。

4.《把一切献给党》（修订本），1958 年，人民文学出版社。

5.《和运动员谈思想修养》，体育出版社，1959 年 1 月。

6.《和青少年谈道德修养》，上海教育出版社，1980 年 9 月。列入《中学生文库》。

7.《人生絮语》，工人出版社，1983 年 7 月。

8.《把一切献给党》，解放军文艺出版社，1989 年。由团中央推荐，作为“人生的路标”，十本书之一。

9.《把一切献给党》，工人出版社，1990 年。列入革命理想革命传统教育丛书。

10.《奏响生命之歌》，吴运铎口述，赵长安执笔，云南教育出版社，1999 年 12 月。

11.《吴运铎文集》，赵长安主编，中国工人出版社，2009 年 2 月。

12.《中国的保尔——吴运铎：人生隽语箴言》，赵长安编，兵器工业出版，2011 年 10 月。

二、文稿

1.《党给了我无穷的力量》，《工人日报》，1952 年 7 月 2 日。

2.《读青年来信所感到的》，《天津日报》，1954 年 8 月 9 日。

3.《枪榴弹造好了》，通俗读物出版社，1955 年 6 月。

4.《第三次负伤》，通俗读物出版社，1955 年。

5.《树立伟大的志向》，《中国青年报》，1957 年 2 月 28 日。

6.《什么是真正的幸福》，《新湖南报》，1957 年 3 月 30 日。

7.《好客的西伯利亚人——留苏回忆之一》，《工人日报》，1957 年 11 月 21 日。

8.《紧张的半小时——留苏回忆之二》，《工人日报》，1957 年 11 月 22 日。

9.《学习保尔》，《中国青年报》，1957 年 11 月 22 日。

10.《不要美化个人主义》，《北京日报》，1958 年 5 月 23 日。

11.《做一个热爱劳动的人》，《工人日报》，1959 年 2 月 24 日。

12.《对困难的回答是战斗》，《中国青年》，1959 年第 6 期。

13.《为了实现共产主义大目标》，《工人日报》，1959 年 9 月 28 日。

14.《谈骄傲》，《中国青年》，1959 年第 11 期。

15.《人生的最大快乐》，《中国青年》，1959 年第 13 期。

16.《让可爱的青春发出亮光》，《中国青年》，1960 年第 7 期。

17. 为《儿童时代》杂志开辟的《红色少年讲座》栏目撰稿，于 1960 年至 1962 年先后有 15 期刊发。

18.《旧的不灭，新的不长》，《中国青年报》，1962 年 8 月 30 日。

19.《做个自觉的革命者》，《中国青年报》，1964 年 8 月 30 日。

20.《兵工学报》创刊号序言，1963 年 3 月。

21.《淮南烽火》，邹峰、徐良记录整理，《上海文学》，1979 年第 1 期。

22.《保尔幸福吗？》入选《道德·情操·风尚》一书，工人出版社，1979年4月20日。

23.《让植根于现实的理想闪闪发光》，《工人日报》，1979年8月15日。

24.《愿做共产主义的铺路泥》，《解放军报》，1980年5月21日。

25.《心底无私天地宽》，《工人日报》，1980年9月30日。

26.《我和书的故事》，《上海书讯》，1981年3月25日。

27.《我的故乡——武汉》，《长江日报》，1981年6月27日。

28.《一个共产党员的希望——为纪念中国共产党诞生60周年》，《山西青年》，1981年第7期。

29.《为人民创业》等，《工人日报》，《北京日报》，1982年5—7月刊发。

30.《回忆在大连的日子》，《大连日报》，1982年8月3日。

31.《理想与实惠》，《工人日报》，1983年9月。

32.《学做青竹，正直向上》，施莹记录整理，《天津青年报》，1983年。

33.《九十秒钟的战斗》，入选《青春与美德》，工人出版社，1983年。

34.《从新四军一个兵工厂看我们的革命传统》，《解放军战士》1983年第18期。

35.《继承发扬“五四”运动的革命传统》，《中国教育报》，1984年4月8日。

36.《为社会主义现代化忘我地劳动》，载赵长安编写《劳动模范谈劳动》一书，安徽人民出版社，1984年7月。

37.《童年锁忆》（上），《神剑》，1985年创刊号。

《童年锁忆》（中），《神剑》，1985年第2期。

38.《人应该怎样生活》，载李燕杰主编《十老的叮咛》，宁夏人民出版社，1985年7月。

39.《我是一名共和国的战士》，《北京日报》，1989年5月2日。

40.《艰难困苦，玉汝于成》，载《新四军军工史料》，1990年8月。

41.《第二〇二研究所所史》（1957—1986）《序》，1990年12月。

42.《在“保尔”家做客》，《人民日报》，1991年5月20日。

43.《赞李志军》，《河北日报》，1991年6月9日。

44.《人活着要有生活目的》（遗作），《中国兵工报》,1995年8月2日。

45.《回忆仙墩庙子弹厂及其他》，载《中国人民解放军历史资料丛书：军事工业，根据地兵器》，解放军出版社，2000年3月。

三、报告

1. 1951年10月11日，应全国总工会之邀，作了三个小时的报告，讲自己的成长。

2. 1952年8月25日，在山东大学作《党给了我战胜一切困难的力量》的报告。

3. 1953年1月，为天津青年以《终身献给党的事业》为题，进行了讲座，当月被《天津青年》《中国青年报》整理后连续刊发。

4. 1954年5月，在《北京日报》举办的《把一切献给党》读者座谈会上发表了《关于劳动和集体》的讲话。

5. 1954年在天津大学作《为人民服务》的报告。

6. 1957年2月19日，在内蒙古包头市给千名青年作《青年们，做一个有崇高道德品质的真正幸福的人》的报告。

7. 1958年8月18日，在一机部一所作了《大搞技术文化革命》的报告。

8. 1958年11月19日，在一机部一所文工团成立会上讲，文艺生活是文化革命的一部分，是劳动的再现，可鼓舞我们的斗志，唤起我们的战斗精神。

9. 1959年3月17日，在一机部一所召开的共青团和青年会上作《学习向秀丽同志》的报告。讲了人为什么要活着，人活着要有正确的人生观、世界观，要实现人生的价值。

10. 1959 年 5 月 25 日，在一机部一所召开的“安全生产、确保质量、杜绝浪费”全所职工大会上讲话。提出安全生产文化的理念，要以文化引领一所的各项工作。

11. 1959 年 6 月 30 日，在一机部一所庆“七一”暨入党宣誓会上的讲话。指出党的大门是敞开的，做一个共产党员要不断地自我斗争，改造自己。

12. 1982 年，应邀为北京一所中学作了主题报告。

13. 1983 年 9 月，在天津市青少年集会上作《一切为了实现共产主义理想》报告，《天津日报》1983 年 9 月 29 日刊发。

14. 1983 年 9 月，为北京一所工读学校的学生作报告。

15. 1983 年 12 月 7 日　应邀参加《中国青年报》的《接班人》专刊关于人生的专题讨论，发表题为《为共产主义奋斗才是真正的人生支柱》报告。

16. 1985 年 5 月，在中国人民公安大学为师生作报告。

四、书信

1. 1951 年 11 月 2 日、1952 年 5 月 1 日，给庞家驹写信，信中表示人民给了他“中国的保尔·柯察金”的光荣称号。表示与保尔相比，自己做得还很不够，并与庞共勉：让我们携起手来，团结在光荣的毛泽东旗帜下奋勇前进！（注：庞家驹是全国总工会机关邮电工会兼职团总支副书记。）

2. 1954 年 10 月 7 日，给平定师范初师十八班全体同学写信。鼓励同学们要顽强地学习，要热爱劳动。

3. 1954 年 10 月 8 日，给乐至中学五五级秋高二班全体同学写信。感谢他们的信任，并勉励同学们勤恳劳动和奋发学习。《四川日报》1954 年 12 月 8 日以《忘我地劳动，顽强地学习》为题发表。

4. 1958 年 4 月 16 日，给交大学生王烱写信，指出个人主义是万恶之源。《光明日报》1958 年 5 月 21 日以《个人主义是新时代最大的耻辱》为题刊发。

5. 1962 年 11 月 6 日、27 日，两次给我国著名作家章靳以的女儿洁思写信。谈治病也应该讲点精神，要顽强、要乐观，与疾病作斗争。人活着要有自己的生活目的。

6. 1971 年 3 月至 1984 年 3 月，多次给宋景湖写信都关心问及他们的父母情况。与他们经常交流思想，指明方向，引导他们不要忘记过去，要以身作则，努力工作。(注：宋景湖的父亲曾是皖南新四军吴运铎当钳工时的修械所的司务长。吴运铎与他们亲如一家，看着他们兄弟从小长大。宋景湖参加工作，给兵工一厂厂长当勤务员，后又给吴运铎当勤务员。)

7. 1979 年 4 月 20 日，致信上海《青年信箱》编辑部胡斌所在学校组织大家观看电影《保尔·柯察金》后，对保尔幸福不幸福的问题作了回答，谈了看法和体会。指出，为祖国，为人类解放的伟大事业而斗争，就是最大的幸福。

8. 1982 年 10 月、1983 年元旦前，给孙恂多次写信，关心她的生活，就办残疾人流动图书馆和残疾人就业问题，出主意想办法，上下奔波并捐钱建立了“北京病残人图书馆”。（注：孙恂是北京病残青年俱乐部负责人，曾担任中央广播电台节目主持人，1999 年任中国残联肢残人协会副主席。）

9. 1982 年 10—12 月，多次写信给吴国兴，谈残疾人图书馆和就业问题。（注：吴国兴在“北京病残青年俱乐部”外联工作。）

10. 1982 年 10 月 14 日，就《辅导员》杂志社转给他青年辅导员李华的信中所提出的问题复信，对辅导员工作的意义、所担当的责任、前途等问题交流看法和体会。

11. 1983 元旦前，辽宁省一果树农场青年工人王殿兴要给他寄苹果，原因是吴运铎曾写信给王殿兴叮嘱他首先要做好工作，业余时间抓紧学习，受到感动。

12. 1983 年 2—3 月，曾三次给双手致残的王国新写信，鼓励他，要树立信心勇敢地面对生活。

13. 1983 年 2 月 16 日给盲人朱宪臣写信，就朱宪臣的作品提出了修改意见，并表示为书出版，竭力而为。

14. 1983 年 3 月和 11 月 2 日给张海迪写信，表示被她的事迹所感动并鼓励她写出书来。从信中可以看到她对前途、理想、信念、追求、困难、斗争、幸福等问题的深刻理解。

15. 1983 年 3 月开始，在半年多的时间里给失聪人游风秀写了 6 封信并寄去助听器，叮咛她千万不能自暴自弃，更不能厌世轻生，要抬起头走路，做生活的强者。

16. 1983 年 9 月 19 日给广东青年学徒工红英写信，就理想和现实问题谈了自己的看法。

17. 1983 年底给中国人民解放军兽医大学八 O 队 139 名共青团员写信，指出理想不会从天而降，它诞生在祖国和人民对自己的需要之中。

18. 1984 年 10 月 9 日，就续写《把一切献给党》一事，给工人出版社负责同志写信，谈了自己的看法。

19. 20 世纪 80 年代与工读学校的一名大学生书信来往了 3 年，鼓励他好好学习，振作起精神来做人。

20. 20 世纪 80 年代，给北京市丰台区残疾青年苏红写信，对其因身残而未被高考录取的苦闷进行了开导，并用自己的经历激励她鼓起生活的勇气。

五、寄语

1. 1953年9月1日，在给老战士的《把一切献给党》的书中扉页上赠言："冷静谦虚会使人更完善。叶英同志努力。"

2. 1958 年 5 月 28 日，吴运铎应邀为北京市三中等学校作报告并题词。

3. 1959 年 4 月，为五四青年运动 40 周年寄语青年朋友："要永远保持头脑的清醒，才能经受住任何困难和风暴的考验。当人们向你鼓掌时，或者是在赞扬你的时候，你不因自己的不足感到惭愧，反而是沾沾自喜，这时，你就应该给自己敲下警钟，你已走进了骄傲的大门。"

4. 1961 年 2 月，在德文版《把一切献给党》一书扉页上寄语："亲爱的民主德国的青年同志们和朋友们：在马克思列宁主义的旗帜下，巩固和发展中德友谊，让我们在建设社会主义的伟大事业中，携手前进。”

5. 1979 年应《工人日报》邀请作画，并题：“青松挺且直。”

6. 1980 年 3 月 4 日，于北京小汤山疗养院，为考察黄河第一人杨联康题词：“即使自己变成了一撮泥土，只要它是铺在通往真理的大道上，让自己的同志大踏步地冲过去，也是最大的幸福。”

7. 1980 年题词：自己的存在是为了别人生活得更好。

8. 1981 年 6 月，题：“向首钢共产党员和全体职工问好。祝首钢取得更大成就。”

9. 1981 年秋，给北京化工三厂干部舒兵同志等题词：“节高骨坚，宁折不弯；为梁为薪，献身于民”，“勤学苦练”，“业精于勤”，“学无止境”。

10. 1982 年 6 月 2 日，自勉题：“峰高无坦途，我当自奋力。”

11. 1983 年 3 月 3 日，为张海迪题词：“即使自身化作一撮泥土，只要它是铺在通往共产主义的大道上，让伙伴们大踏步地冲过去，也是最大的幸福。与当代保尔张海迪共勉。”

12. 1983 年初春，为天津市南开区少先队题：“祖国的花朵，人民的希望。天津市南开区全体少先队员努力。”

13. 1983 年 7 月 18 日，题：“祝《兵器科技史》杂志创刊，愿兵器科技史研究取得成果。”

14. 1983 年 12 月 30 日，为北京 44 中初一（1）班同学题：“努力学习，振兴中华。”

15. 1983 年在卧室挂着的自画的墨竹画上题诗：“老骥甘伏枥，躯残英气飒。潜心磨铁砚，笔冢生新花。”“色共水月皎，质比琼瑶坚。仗我笔锋利，割取峨嵋巅。”“小斋雨过浸焚香，几净窗明竹树凉。午枕觉来无余事，自磨新墨写潇湘。”

16. 1984 年 4 月，为《小学生时代》创刊题词。

17. 1984 年 6 月，为射阳镇题：“振兴中华，读书求知。”

18. 1984年7月10日，在大连棒棰岛宾馆与残疾青年座谈时题词：“废字与我无缘，强音做我们的主旋。”

19. 1984 年 7 月，为五二三厂全体青年题词：“继往开来。”

20. 1984 年 8 月 16 日，给残疾女青年于小波题：“青年当立志，振兴我中华——于小波小同志努力。”

21. 1984 年 8 月 17 日，为中国兵器内蒙古北方重工集团建厂三十周年题词：“巩固我国防，振兴我中华。”

22. 1984 年，北京劳模北师院副教授李燕杰出国慰问留学生，请吴运铎写寄语：“我们时代的青少年，不应该像‘驴推磨’似的打发日子。如果今天不比昨天做得好，也学得更好，那么生活将会走向暗淡无光。”

23. 1984 年在沈阳讲学时，为雷锋班题词：“学习雷锋精神，把一切献给党。”

24. 1984 年，为北京朝阳区福利汽车配件厂题词：“振兴中华，青年有责。”

25. 1984 年给青少年的寄语：“党开创的事业要由青少年一代来继承。每一个青年朋友都应该问问自己：‘我活着是为了自己，还是为祖国和全人类？’让我们把为人民创业当作生活的崇高目的，把有限的生命汇进无限的为人民创业的奋斗中去！我愿以此和青少年朋友们共勉！”

26. 1984 年，为北京市海淀区老年大学题词：“莫道桑榆晚，为霞尚满天。”

27. 1985 年 11 月，天津市红桥外国语中学领导专程来看望吴运铎，并聘他为该校名誉校长。他题词：“即使自身化为一撮泥土，只要它是铺在通往真理的大道上，让自己的同志大踏步地冲过去，也是最大的幸福。”

28. 1986 年 6 月 21 日，在黑龙江省佳木斯联合收割机厂领导和“吴运铎青年铆焊组”到医院拍摄录像片时，作了“即使自身化为一撮泥土，只要它是铺在通往真理的大道上，让自己的同志大踏步地冲过去，也是最大的幸福”的题词，还有“学习、奋斗、进取。与郑志国同志共勉”。

29. 1987 年元旦，在北京医科大学附属医院病榻上，为中国兵器工业第二〇二研究所建所三十周年题词：“努力攀登科学技术高峰，为常规兵器现代化作出更大的贡献！为火炮技术研究所建所三十周年题。”

30. 1988 年 4 月 28 日，为湖北黄石矿务局建井 80 周年题：“把光和热献给人类。”

31. 1989 年 12 月，在北京第二工人疗养院病榻上为《第二〇二研究所所史》作序，寄语全所职工“在新时期第二次创业中立下新的丰功伟绩，为国防科研事业做出更大的贡献”。

32. 20 世纪 80 年代初，为少年儿童题词：“当好小主人，接好革命班。”

33. 20 世纪 80 年代初，为北京市石景山工读学校题词：“可怜天下父母心。”

34. 20 世纪 80 年代初，会见全国特等战斗英雄郅顺义并题写条幅：“峰高无坦途，攀登莫畏难。”

35. 1990 年，为解放军学雷锋先进人物题词：“向雷锋同志学习，把一切献给党。”

36. 格言：“不参加变革社会的斗争，理想永远是一种幻想。”（收录于《中外名言大全》第 138 页）

37. 格言：“一个真正的人，他对困难的回答是：坚决的战斗；他对战斗的回答是：坚持到胜利；他对胜利的回答是：永远是谦虚。”（收录于《中外名言大全》第 20 页）

吴运铎纪念

一、报道

1. 新华社播发《钢铁是这样炼成的——介绍中国的保尔·柯察金、兵工功臣吴运铎》电讯稿，1951 年 10 月 1 日。《上海新闻日报》10 月 3 日、《人民日报》10 月 5 日等和当月全国各大报纸相继刊登。

2.《中国的保尔·柯察金——记中国兵工工人的旗帜吴运铎》（上、下），《工人日报》，1951 年 10 月 26 日、27 日。

3.《保尔·柯察金是怎样一个人——介绍钢铁是怎样炼成的》，仇天赖，《工人日报》，1951 年 10 月 30 日。

4.《会见中国的保尔·柯察金——吴运铎同志》，唐贤可，《天津日报》1952 年 12 月 16 日。

5.《我看见了中国的保尔·柯察金——吴运铎同志》，鲁文，《天津日报》，1953 年 1 月 16 日。

6.《把一切献给党的人——访全国人民代表大会代表吴运铎》，《光明日报》，1954 年 5 月 25 日。

7.《向“把一切献给党”学习些什么》，赵广恩等，湖南人民出版社，1955 年 4 月。

8.《吴运铎以稿费帮助北京市的少先队员建成海滨区红领巾工厂》，新华社，1958 年 11 月 16 日。

9.《有一分热，发一分光——访工会“四大”代表吴运铎》，中国新闻社，1978年10月16日。

10.《和吴运铎会见》，《文汇报》，1980年7月13日。

11.《访“中国的保尔·柯察金”》，鲁南，《人民日报》，1980年10月8日。

12.《吴运铎谈人生观问题》，赵长安，《吉林青年》，1980年12月。

13.《访中国的保尔——吴运铎》，赵长安，《山东青年》，1981年7月。

14.《当代中国的保尔——吴运铎关心残疾青年》，《中国青年报》，1983年2月。

15.《中国保尔——吴运铎应邀来津，今天向青少年作报告》，《天津日报》，1983年4月23日。

16.《把一切献给党的人》，《解放军报》，1983年10月24日。

17.《甘洒心血为后人——吴运铎同志离休之后》，赵长安，《退休生活》，1984年1月。

18.《亲近·爱护·关心——记中国的保尔吴运铎对青年的关怀》，赵长安，《老同志之友》，1984年8月。

19.《期待——吴运铎教育子女二三事》，赵长安，《老同志之友》，1986年5月。

20.《共和国不会忘记他》，程豁，《煤炭报》，1990年1月6日。

21.《两代英雄话雷锋》，陶克，《解放军报》，1990年3月13日。

22.《中国的保尔·柯察金：把一切献给党的吴运铎》，之生，《人民日报》海外版，1991年5月10日。

23.《把一切献给党的人：记吴运铎同志生命的最后历程》，杨祝夫、杨连元，《工人日报》，1991年5月18日。

24.《“中国的保尔”吴运铎同志逝世》，《人民日报》，1991年5月18日。

25.《中国的保尔——吴运铎的故事》（连载），赵长安，《工人日报》，1991年5月20日起，每周一期，至1992年2月17日。

26.《吴运铎在生命的最后日子里》，蒋洪，新华社，1991年6月10日。

27.《中国保尔》，《天津广播电视报》，1991 年 6 月。

28.《把一切献给党》，于建坤，《中国教育报》，1991 年 7 月 17 日。

29.《一个共产党员的赤胆忠心——吴运铎学习笔记辑录》，《求是》，1991 年第 14 期。

30.《九死一生——把一切献给党》，《中国青年报》，1993 年 2 月 20 日。

31.《吴运铎铜像在咸阳落成》，童家琦，1995 年 4 月 5 日起，《人民日报》《光明日报》《工人日报》《陕西工人日报》《中国兵工报》等多家报纸作了报道。

32.《钢铁是这样炼成的——评“铸魂丛书”》，云德，《文艺报》，2000 年 4 月 18 日。

33.《中国保尔——吴运铎和他的家人的百姓生活》，赵长安，《中国消费者报》，2001 年 6 月 24 日。

34.《吴运铎永久的“遗憾”》，赵长安，《中国老年报》，2003 年 5 月 30 日。

二、回忆

1.《我虽然没见过他》，邢鸿基，《天津日报》，1953 年 1 月 27 日。

2.《不老松——记吴运铎三张画》，何家栋，《工人日报》，1978 年 12 月 11 日。

3.《吴运铎鼓励她拿起画笔》，赵德新，《工人日报》，1984 年 11 月 25 日。

4.《苏北反扫荡中的一段往事》，辜坚，《工人日报》，1985 年 8 月 21 日。

5.《怀念爷爷——吴运铎》，吴凡，《工人日报》，1991 年 5 月 18 日。

6.《他把一生献给了党——沉痛悼念吴运铎同志》，邓朴方，《工人日报》，1991 年 5 月 19 日。

7.《悼吴运铎同志》，费路路，《工人日报》，1991 年 5 月 21 日。

8.《怀念我尊敬的老师——吴运铎》，张百发，《工人日报》，1991

年 5 月 21 日。

9.《洒泪相送，依依难别——悼吴运铎》，陆平，《工人日报》，1991 年 5 月 22 日。

10.《甘当铺路的泥——悼念吴运铎同志》，杨联康，《人民日报》，1991 年 5 月 28 日。

11.《节高骨坚　为梁为薪——怀念中国“保尔”吴运铎》，施莹，《天津日报》，1991 年 6 月 1 日。

12.《怀念吴运铎》，林铭刚，《解放日报》，1991 年 6 月 4 日。

13.《吴运铎——中国的保尔·柯察金》，沙惟，《天津日报》，1991 年 6 月 10 日。

14.《填补思想上的空白——吴运铎同志逝世联想》，杨学彰，《今日晚报》，1991 年 6 月 10 日。

15.《介绍当年请吴运铎来津作报告》，刘桂升于 1991 年 8 月 7 日访问原团市委群众文化科，王哲同志并记录。

16.《读当年吴运铎在津作报告》，刘桂升于 1991 年 8 月 19 日访问《天津日报》，记者李牧歌并记录。

17.《回忆吴运铎同志》，刘桂升，1991 年 12 月 13 日。

18.《难忘的岁月——忆在二师军工部工务科的一年》，俞启英、胡序周，《新四军军事工业史资料（第二师）》，1992 年 3 月。

19.《鸿爪印泥细细看——回忆二师子弹厂、炮厂》，洪泽，新四军军事工业史资料（第二师）》，1992 年 3 月。

20.《怀念“中国保尔”——吴运铎》，丁文贵，《工人日报》，1992 年 5 月 11 日、18 日。

21.《身残志坚，心存科技——忆良师益友吴运铎同志》，叶英，《工人日报》，1992 年 5 月 25 日。

22.《光辉的一页——记吴运铎在我国兵工战线上的突出贡献》，王新民，《工人日报》，1992 年 6 月 1 日。

23.《中国保尔——吴运铎》，赵长安，军事谊文出版社，1993 年 2 月。

24.《人生的答卷——中国保尔吴运铎》，刘书良，八一出版社，1993年12月。

25.《他把一切献给党——忆我的丈夫吴运铎抗战期间二三事》，陆平，《工人日报》，1995年9月1日。

26.《不尽的思念》，王吉文，《人民日报》海外版，1996年7月1日。

27.《老兵工精神的丰碑——深切怀念老所长吴运铎》，王吉文，《中国兵工报》第11期，1996年。

28.《吴运铎与安全文化》，王吉文，《军工报》，1997年1月8日。

29.《回顾》，王吉文，《二〇二通讯》，1997年4月15日。

30.《题词》，吴所长为202所题词，王吉文，《二〇二通讯》，1997年7月24日。

31.《人活着要有生活目的——在学习向秀丽同志座谈会上的讲话》，王吉文收集整理，《二〇二通讯》，1997年8月25日。

32.《心系一所》，王吉文，《二〇二通讯》，1997年9月25日。

33.《我们需要一种安全生产文化》，王吉文，《二〇二通讯》，1997年10月28日。

34.《文艺是劳动的再现》，王吉文，《二〇二通讯》，1997年11月25日。

35.《中国保尔——吴运铎是怎样成为时代楷模的》，刘书良，《金秋科苑》1999年第3—4期。

36.《一座不朽的丰碑——〈工人日报〉宣传“中国保尔”事迹始末》，赵长安，《工人日报》，1999年7月20日。

37.《保尔精神在校园》，乔德仁，《天津教育报》，2000年4月5日。

38.《寻找新世纪的保尔吴运铎》，瑙尼，《文艺报》，2000年4月18日。

39.《怀念老所长吴运铎》，王吉文，《中国兵工报》，2001年7月20日。

40.《吴运铎在大连兵工总厂》，吴凡吾，《中国老年报》，2002年7月20日。

41.《吴运铎不为人知的故事》，赵长安，《华声视点》，2002年12月。

42.《往事琐忆》，赵长安，载《书·社·人》，中国工人出版社，2004 年 7 月。

43.《站在中国保尔的塑像前》，《大连日报》，2004 年 8 月。

44.《为建立新中国而奋斗》，赵长安，《航天发射报》，2009 年 10 月 22 日。

45.《从黄石走出的中国保尔——吴运铎》，《黄石日报》，2011 年 5 月 19 日。

46.《兵工功臣，学习楷模》，王吉文，二〇二所《社区报》，2012 年 1 月 18 日。

47.《武汉走出的保尔·柯察金——吴运铎之子忆父亲》，《长江日报》，2015 年 10 月 5 日。

48.《一位抗战老兵与“中国保尔”的军工情怀》，牛晋利，载《兵工人的抗战故事》，兵器工业出版社，2015 年 12 月。

49.《我所了解的吴运铎》，王新民，载刘书良编著《人生的答卷——中国保尔吴运铎》。

50.《吴运铎在五十年代的活动》，何家栋，载《辽宁史料选编》（第一辑）。

51.《吴运铎最后的日子》，陆平、吴克，载于《人生的答卷——中国保尔吴运铎》第 336 页。

52.《“把一切献给党”给了我很大的力量》，张海迪谈《把一切献给党》对自己的影响，载于《奏响生命之歌》一书。

三、影视

1.《把一切献给党》（四幕九场话剧），沙惟、赵大民编剧，天津百花文艺出版社，1959 年 2 月。

2.《把一切献给党》（三幕八场话剧），李章、于真执笔，中国青年艺术剧院，中国戏剧出版社，1960 年。

3.《吴运铎》，茅毛、梁沪生，《电影作品》，1991 年 6 期。

4.《中国保尔——吴运铎》（电视剧），湖北，1992 年。

5.《兵工功臣吴运铎》，央视军事百科制作，2001 年 4 月。

6.《把一切献给党》（电视连续剧），广州，2001 年。

7.《中国的保尔——吴运铎》（电视连续剧），北京，2001 年。

8.《永远的丰碑》，中宣部、中组部组织摄制，2006 年 3 月。

9.《兵工奇人吴运铎》，央视海外节目中心专题部制作，2006 年 6 月。

10.《中国保尔——吴运铎》，《共和国不会忘记》，央视，2007 年 9 月。

11.《人民英雄——把一切献给党的吴运铎》，央视制作，2009 年 8 月。

12.《荆楚榜样——坚定的布尔什维克战士吴运铎》，湖北卫视制作，2009 年 9 月。

13.《吴运铎》，庆祝中国共产党建党 90 周年、纪念人民兵工创建 80 周年献礼大片，首映式 2011 年 6 月 7 日在人民大会堂小礼堂举行。

四、题 词

1. 1989 年，时任中国人民对外友好协会名誉会长的邓颖超同志在《树立起人生的路标》一书《序言》中写道："同新中国一起成长起来的一代青年，有谁没有从《钢铁是怎样炼成的》《把一切献给党》《红岩》等书中汲取过力量的源泉，找到人生的路标。"

2. 1994 年 11 月 20 日，中共中央常委、军委副主席刘华清，为中国兵器工业第二〇二研究所建立的吴运铎铜像题词："中国的保尔・柯察金。"

3. 1995 年 4 月 5 日，全国人大常委、原中国兵器工业总公司经理来金烈为吴运铎铜像揭幕题词："向吴运铎同志学习。"

4. 2001 年 6 月，剧作家沙惟为天津市红桥外国语中学吴运铎生平事迹展揭幕题词："中国保尔——吴运铎的生平事迹是生命的颂歌，灵魂的工程师，精神文明的财富，是大写的中国人，是共产党的楷模。祝吴运铎的生命价值观永世长存。"

5. 2006 年 11 月 1 日，北京吴运铎纪念馆馆长谷志瑞题词："向中国保尔吴运铎学习，做革命事业的接班人，建设祖国，努力奋斗！”

6. 2011年6月，中国残疾人联合会主席张海迪在推介电影《吴运铎》时题词：“吴运铎同志的事迹还应该再一次宣传，他是一个真正把自己的一切献给党的人。要下功夫塑造一个中国人自己的英雄。”

7. 中共辽宁省委常委，大连市委书记夏德仁2011年6月，在推介电影《吴运铎》时题词：“为了新中国，吴运铎同志把自己的智慧、汗水和鲜血奉献给了大连这座美丽的城市，他是我们大连人的骄傲和光荣！”

8. 2011年6月，中共包头市青山区委书记张世明在推介电影《吴运铎》时题词：“弘扬吴运铎精神，振兴装备制造业。”

五、文章

1.《永远不熄的火焰——读〈把一切献给党〉》，严文井，载《向英雄学习——给青年推荐几本优秀文学作品》，中国青年出版社，1954年。

2.《中国职工劳模列传》，高明歧，工人出版社，1985年2月。

3.《中华人民共和国资料手册》（1949—1985），人物篇，寿孝鹤编，社会科学文献出版社，1986年。

4.《吴运铎，你是一棵大树》（报告文学），王宗仁，《文汇报》，1987年。

5.《京华冰雪访英雄》（报告文学），商若冰，《长江日报》，1989年5月2日。

6.《革命根据地军工史丛书：新四军军工史料》，中国兵器工业历史资料编审委员会，1990年8月。

①人物录，第350页。

②大事记，第373页、387页。

7.《辛亥革命以来人物传记资料索引》，复旦大学历史系资料室编，王明根主编，上海辞书出版社，1990年12月。

8.《把一切献给党》摄影，车夫、牛崇田，《解放军画报》，1991年7月。

9.《新四军军事工业史资料（第二师）》，新四军军工史资料征集委员会、安徽省国防科学技术工业办公室，1992 年 3 月。

①回忆资料，第 92、118、124—141 页。

②人物资料，第 176 页。

③大事记，第 15、16、17、18、20、21、24、25 页。

10.《吴运铎——把一切献给党的人》，吉林省残疾人联合会编《中外残疾名人传》，华夏出版社，1992 年 4 月。

11.《公而忘私的奉献精神》，载《当代中国的兵器工业》，当代中国出版社，1993 年 12 月。

12.《吴运铎与青少年》，王然，载《人生的答卷——中国保尔吴运铎》，刘书良，八一出版社，1993 年 12 月。

13.《吴运铎》，载《中国科学技术专家传略》（工程技术编），机械卷Ⅰ，中国科学技术出版社，1996 年 2 月。

14.《中国军事百科全书》，第 6 卷，人物篇，1998 年。

15.《中国人民解放军历史资料丛书：军事工业，兵器》，解放军出版社，1999 年 11 月，主要组织领导人和科技人员，企事业单位领导人，第 1244 页。

16.《辞海》，1999 年版普及本，第 2069 页。

17.《奏响生命之歌》，吴运铎口述，赵长安执笔，云南教育出版社，1999 年 12 月。

18.《中国人民解放军历史资料丛书：军事工业，根据地兵器》，解放军出版社，2000 年 3 月。

①主要组织领导人和技术人员，第 724 页。

②大连建新工业公司，第 698 页。

③大事记，第 567 页。

④回忆史料，第 407 页。

19.《80 位共产党人的故事：中国保尔炸不倒》，《北京青年报》，2001 年 6 月 10 日。

20.《吴运铎传》，赵长安，北京，中国工人出版社，2002 年 5 月。

21.《新四军人物志》（上集）马洪才，江苏人民出版社，2004 年 9 月。

22.《中国的保尔——吴运铎的故事》，赵长安、王吉文，兵器工业出版社，2005 年 5 月。

23.《把一切献给党》（画册），中国航天科技集团公司第一研究院航天发射技术及特种车事业部编，2007 年 11 月。

24.《中国的保尔——吴运铎传》（修订版），赵长安，中国工人出版社，2008 年 3 月。

25.《忆我心中的吴运铎》，“弘扬吴运铎精神”兵器二〇二所离退休人员征文，宋芬芬等选编，2009 年 7 月。

26.《新中国 60 年杰出青年成长故事》，中国青年出版社，2009 年 10 月。

27.《不尽的思念——忆与老所长吴运铎共同工作的岁月》，兵器 202 所编，2015 年 3 月。

28.《吴运铎人生传奇》，赵长安，中国工人出版社，2015 年 7 月。

29.《人民兵工精神》，兵器工业出版社，2016 年 12 月。

六、展馆

1. 20 世纪 50 年代，苏联人民在莫斯科高尔基大街 14 号建立了中国保尔——吴运铎展览馆。

2. 1991 年 6 月，吴运铎纪念馆在北京建立。

3. 1995 年 4 月 5 日，（陕西咸阳）中国兵器工业第二〇二研究所为吴运铎铜像落成揭幕，并建立了吴运铎纪念馆。

4. 2001 年，吴运铎事迹展览室在（内蒙古包头）北方重工集团（北方兵器城）建成，并竖立雕像。

5. 2004 年 9 月 25 日，大连宝原核设备公司建立吴运铎纪念馆，并竖立了吴运铎铜像。

6. 2007 年 10 月 1 日，吴运铎铜像在株洲南方航空工业公司中心广场落成。

7. 2007 年 11 月，吴运铎事迹展览室建成，在（北京）中国航天博物馆举行开展仪式。

8. 2009 年 6 月，国防科技工业军工文化建设协调小组，对中国兵器工业第二〇二所吴运铎纪念馆等进行了考察评估。授予国家首批国防科技工业军事文化教育基地，9 月正式挂牌。

9. 2013 年 6 月 25 日，“中国保尔”吴运铎雕像在武汉市蔡甸中学落成，吴运铎事迹展览室开放。

10. 2015 年 4 月 18 日，吴运铎铜像在西安工业大学落成揭幕。

七、荣誉

1. 我国抗日战争时期兵工事业的开拓者之一，中国抗日战争时期新四军革命根据地兵工事业的开拓者。

2. 1951 年 9 月，作为中央人民政府政务院和全国总工会授予特邀劳动模范代表参加国庆观礼，并被誉为中国的“保尔 · 柯察金”。

3. 1954 年，进入中国作协，成为新中国第一代工人作家。

4. 20 世纪 50 年代以来，京、津、沪十几所中小学聘任为名誉校长，北京丰台角门中学、北京实验第二小学、北京门头沟中学、天津第二工读学校等校外辅导员。

5. 1983 年 8 月，大连市残疾人青年协会聘任为名誉理事长。

6. 1991 年 5 月 1 日，国家民政部等单位授予“全国自强模范”。

7. 2009 年 10 月，共青团中央评为“新中国 60 年杰出青年”。

8. 2009 年，中宣部等 11 部门评选为“100 位为新中国成立作出突出贡献的英雄模范人物”。

9. 2012 年，大连市总工会评为“大连百年工人运动十大杰出人物”。

主要参考书目及资料

1. 吴运铎，《把一切献给党》，工人出版社，1953 年。

2. 孔从洲，《孔从洲回忆录》，解放军出版社，1989 年。

3.《第二〇二研究所所史》（1957—1986），1990 年 12 月。

4.《新四军军工史料》，中国兵器工业历史资料编审委员会，1990 年。

5. 新四军军工史资料征集委员会，《新四军军事工业史资料》（第二师），1992 年。

6.《当代中国的兵器工业》，当代中国出版社，1993 年。

7.《军事工业根据地兵器》，解放军出版社，2000 年。

8.（苏）尼·奥斯特洛夫斯基，《钢铁是怎样炼成的》，人民文学出版社，2004 年。

9. 赵长安、王吉文，《中国的保尔——吴运铎的故事》，兵器工业出版社，2005 年。

10. 张珍，《张珍回忆录》，兵器工业出版社，2005 年。

11. 赵长安，《吴运铎传》（修订版），中国工人出版社，2008 年。

12. 赵长安主编，《吴运铎文集》，中国工人出版社，2009 年。

13.《东北之窗》增刊，2011 年 6 月 5 日。

14. 奚启新，《钱学森传》，人民出版社，2011 年 12 月。

15. 赵长安，《吴运铎人生传奇》，中国工人出版社，2015 年。

16. 中国兵器二〇二所编，《不尽的思念》（内部本），2015 年。

17.《四四七厂厂史》。

18. 刘可亮、方钢，《吴运铎的“江南情结” 》。

19. 刘可亮，《人民兵工精神凝箭魂》。

20. 周宪、周律，《永恒的丰碑》。

21. 周宪，《忆舅舅吴运铎江南行》。

22. 李晨、章炘炎、章玉洁，《那年、那地、那人，吴运铎与株洲军工的故事》。

23. 刘文婷，《“把一切献给党”成为生命本能——吴运铎在北重集团的日子里》。

24. 傅安生现场采访录（口述）。

图书在版编目（CIP）数据

吴运铎画传 / 中国兵器工业集团第二〇二研究所著. —北京：中国工人出版社，2018.7

ISBN 978-7-5008-6893-4

Ⅰ. ①吴… Ⅱ. ①中… Ⅲ. ①吴运铎(1917-1991)—传记 Ⅳ. ①K828.6

中国版本图书馆CIP数据核字（2018）第171678号

吴运铎画传

出 版 人	王娇萍
责任编辑	王学良
责任校对	孙逦伟
责任印制	栾征宇
出版发行	中国工人出版社
地　　址	北京市东城区鼓楼外大街45号　邮编：100120
网　　址	http://www.wp-china.com
电　　话	（010）62005043（总编室）　（010）62005039（出版物流部） （010）82075935（工会与劳动关系分社）
发行热线	（010）62004002　62033018　62046264　（010）82081553（传真）
经　　销	各地书店
印　　刷	三河市文通印刷包装有限公司
开　　本	700毫米×1000毫米　1/16
印　　张	19.5
字　　数	280千字
版　　次	2018年11月第1版　2018年11月第1次印刷
定　　价	50.00元

本书如有破损、缺页、装订错误，请与本社出版物流部联系更换